NEW MILITARY PARADIGM 3

# 창끝전투

기획 조상근
저자 조상근 · 박경남 · 조철희

창끝전투는
대대급 이하의 전투제대가 수행하는
치열한 근접전투를 의미한다.

# 일러두기

1. 15편의 소부대 전투사례의 주요내용은 다음과 같은 창군기, 6·25전쟁 그리고 베트남전쟁에 직접 참전했던 지휘관들의 회고록과 연구논문에 근거하였음을 밝혀둔다.

   가. 채명신, 『사선을 넘고 넘어』, 서울: 매일경제신문사, 1994.
   나. 채명신, 『6·25 참전 증언록』, 서울: 6·25참전유공자회, 2007.
   다. 채명신, 『베트남전쟁과 나』, 서울: 팔복원, 2006.
   라. 박경석, 『월남전선에서의 재구대대』, 서울: 병학사, 1984.
   마. 박경석, 「베트남전쟁 시 한국군의 전술교리와 작전」, 『베트남전쟁 연구 총서 1』, 국방부 군사편찬연구소, 2002.
   바. 박경석, 「베트남전쟁 시 한국군의 심리전과 대민지원활동」,『베트남전쟁 연구 총서 1』, 국방부 군사편찬연구소, 2002.

2. 15편의 소부대 전투사례 중 전투제대의 전투행동이 구체적으로 묘사되지 않은 부분은 현재 전술교리에 맞춰 각색 및 발전시켰다.

3. 15편의 소부대 전투사례는 크게 창군기, 6·25전쟁 그리고 베트남전쟁, 총 3개의 시기로 구분하였다. 각 시기는 하나의 장(章)으로서 대관세찰(大觀細察)의 방식을 적용하여 구성하였다. 독자들이 각 시기의 전반적인 상황을 이해한 가운데 각 시기별 소부대 전투사례를 읽을 수 있도록 '창군기 안보상황', '6·25전쟁의 경과(전쟁발발~휴전)', '베트남전쟁의 특성과 주월한국군의 작전수행과정'과 같은 참고자료(Icebreakers)를 각 장 전반부에 제시하였다.

4. 3장 베트남전쟁 전반부에 제시된 Icebreaker는 1·2장과는 다르게 당시의 역사 및 군사적 상황전개가 아닌, 현재 미군이 수행하고 있는 대반란작전 수행교리와 베트남전쟁 당시 주월한국군의 작전수행과정을 제시하였다. 왜냐하면 현대의 군사학자들은 베트남전쟁을 대반란전으로 분류하고 있고, 우연의 일치인지는 몰라도 베트남전쟁 당시 주월한국군의 작전은 현재 미군이 사용하고 있는 대반란작전 수행교리와 유사하게 적용되었기 때문이다.

5. 본서에 사용된 베트남전쟁 관련 사진은 '월남전과 한국'(http://www.vietvet.co.kr/)으로부터 제공받았고, 입체요도는 독자들의 이해를 돕기 위해 재구성되었으며, 6·25전쟁 부분에 제시된 각종 통계자료 및 도표는 육군본부 군사연구소가 작성한 자료를 참조하였다.

6. 요도 상의 피·아를 구분하기 위해, 아군은 사각형(□)으로 적은 마름모(◇)로 표현하였다.

(축) 약어목록

| 구 분 | | 의 미 |
|---|---|---|
| Bn | Battalion | 대대 |
| CAV | Cavarly | 기갑 |
| CHB | Clear-Hold-Build | 소탕-확보-재건 |
| Div | Division | 사단 |
| Inf | Infantry | 보병 |
| LZ | Landing Zone | 착륙장소 |
| NK | North Korea | 북한 |
| PL | Phase Line | 통제선 |
| PLA | People's Liberation Army | 중공군 |
| RCN | Reconnaissance | 수색 |
| SOF | Special Operating Force | 특수작전부대 |
| WP | Weapon | 화기 |

# 목 차

## 베트남전쟁

# 들어가며

몇 해 전, 필자는 미군사연구소(Center of Military History)에서 발간한 *Combat Actions in Korea*를 『한국전쟁에서의 소부대전투기술』이라는 제목으로 편역하였다. 당시 이 편역서는 군 내외로부터 비교적 좋은 평가를 받았다. 그 이유는 첫 번째로 이 편역서의 주요 내용이 대부대의 전략이 아닌 소부대의 전투기술을 다루었고, 두 번째로는 현재 우리 군에서 적용하고 있는 소부대전술에 입각하여 재해석했기 때문이었다.

이런 평가에도 불구하고 어느 독자의 서평은 나를 오랜 고민에 빠지게 하였다. 그의 서평은 그리 길지도 않았고, 심각한 내용도 아니었다. 단지 "한국군이 수행했던 소부대전투기술이었더라면 더 좋았을 텐데!"라는 한 줄의 아쉬움이었다. 그의 아쉬움은 오랜 시간 동안 내 뇌리를 떠나지 않았고, 나에게 또 다른 도전을 갖게 했다. 곧바로 나는 6·25전쟁과 베트남전쟁에서 한국군이 수행한 소부대 전투사례를 발굴하기 시작했다. 그러나 문제는 "어떤 주제를 가지고 어떻게 우리 선배들이 수행한 소부대 전투사례들을 구성하느냐?"였다.

스토리텔링을 할 수 있는 테마가 필요했다. 현재 전사연구에 교리를 접목시키는 작업을 진행 중인 여러 지인들과도 여러 차례 심도 깊은 토의를 실시했다. 그러나 뚜렷한 해답은 찾지 못하였다. 그러던 도중 나는 주월한국군사령관이셨던 채명신 장군님과 인터뷰를 할 수 있는 흔치 않은 기회를 얻었다. 당시 채명신 장군님은 북한 탈출로부터 6·25전쟁과 베트남전쟁 경험까지 수많은 이야기를 해주셨다. 동시에 수많은 소부대 전투사례도 말씀해주셨는데, 특히 6·25전쟁 시 창의적인 고지공격 방법과 백골병단의 적지종심작전, 베트남전쟁 시 중대전술기지 운용 및 두코(Duc co) 전투에 대한 이야기는 아직까지도 기억이 생생하다.

연구실에서 채명신 장군님과의 인터뷰 내용을 정리하면서, 오랫동안 고민했던 문제에 대한 명확한 해답을 얻었다. 채명신 장군님은 창군기, 6·25전쟁, 그리고 베트남전쟁에 모두 참전하셨고, 수많은 소부대 전투경험을 보유하고 계셨기 때문에 그를 중심으로 한 소부대 전투사례를 발굴한다면 우리 군 소부대 지휘자 및 지휘관들의 전투지휘능력 향상에 큰 도움이 될 것이라는 확신이 들었다. 이후 나는 채명신 장군님께서 직접 집필하신 『6·25전쟁 증언록』, 『사선을 넘고 넘어』, 『베트남전쟁과 나』를 수차례 정독했으며, 국방부 군사편찬연구소와 육군본부 군사연구소에서 보유하고 있는 그에 대한 자료를 수집하고 연구하였다.

이 과정에서 나의 수도기계화보병사단 중대장 시절 기갑여단에 대한 전투상보를 작성했던 경험과 한국학중앙연구원 한국학대학원에서의 한국전쟁사와 전장리더십 연구경험이 많은 도움이 되었다. 2012년, 미 국방어학원(Defense Language Institute)에서의 국외군사교육은 본 연구의 폭과 깊이를 더하는 계기가 되었다. 당시 텍사스에 위치하고 있는 미 3군단 사령부도 여러 차례 방문하였다. 그곳에서 베트남전쟁 당시 주월한국군과 주월미군의 전략전술을 비교 및 분석할 수 있는 좋은 기회를 얻었다. 왜냐하면 미 1기병사단은 미 3군단의 예속부대이고, 미 3군단 사령부 내에는 미 1기병사단 역사관이 위치하고 있어서, 베트남전쟁에 관련된 수많은 자료들을 수집할 수 있었기 때문이었다. 이렇게 2009년 후반기부터 시작된 채명신 장군님께서 직간접적으로 수행하신 소부대전투 관련 자료수집 및 기초연구는 2012년 말이 되어서야 비로소 정리가 끝났다.

본서에 대한 집필은 대부분 레바논에서 이루어졌다. 현재 나는 2013년 초부터 UNIFIL에서 현행작전을 계획하는 임무를 수행하고 있다. 현재 레바논의 상황은 특성과 강도의 차이는 있겠지만 베트남전쟁과 유사하게 비정규전 위주로 진행되고 있고, UNIFIL 예하 부대들도 베트남전쟁 당시 주월한국군처럼 군사작전과 민사작전을 병행하는 안정화작전을 주로 수행하고 있다. 그 결과 본서의 모든 소부대 전투사례들을 보다 실전적이고 현실감 있게 집필할 수 있었다.

본서에 기술된 내용은 창군기와 6·25전쟁의 경우 모두 채명신 장군님께서 직접 지휘하신 소부대 전투사례들로, 베트남전쟁의 경우 채명신 장군님의 작전개념을 가장 잘 수행한 재구대대의 전투사례들로 구성하였다. 창군기와 6·25전쟁에서의 소부대 전투사례들은 채명신 장군님께서 집필하신 『6·25전쟁 증언록』과 『사선을 넘고 넘어』에서, 재구대대의 전투사례들은 베트남전쟁 당시 수도사단 재구대대장이었던 박경석 장군이 집필한 진중회고록인 『월남전선에서의 재구대대』에서 발췌하였다. 이렇게 발췌한 자료들은 국방부 군사편찬연구소와 육군 군사연구소의 연구자료들과 비교하여 그 사실성을 확인하였다. 이어서 모든 소부대 전투사례들은 현재 우리 군의 소부대 전술과 접목하여 재해석하였다. 그러나 당시 상황을 현재 군사교리에 접목시켜 재해석한다는 것은 여간 어려운 작업이 아니다. 왜냐하면 당시 소부대 전투사례들을 현 전술교리에 접목시키기 위해서는 당시 소부대의 구체적인 기동 및 화력 계획이 필요하기 때문이다. 그래서 수집한 각 소부대 전투사례 중에 구체적 설명이 결여된 부분은 현 전술교리에 맞추어 집필하였다. 이 부문을 집필하는 동안 가장 많은 신경을 썼으며, 이 부분을 위해 군사교범을 수차례 정독했다. 그리고 본서의 공동저자이자 현재 합동군사대학교에서 재직 중인 전술 및 참모학 전문교관들과 수차례에 걸친 워 게임(war-game)을 통해 작성하였다. 그럼에도 이 부분이 당시 실제 전투사례들과 일치하지 않는 부분이 있다면 이에 대한 모든 책임은 대표저자에게 있다.

필자는 이 책을 통해 독자들에게 제공할 수 있는 본서의 특징을 다음과 같이 제시할 수 있다. 첫째, 현대 전쟁의 특징을 이해할 수 있다. 현대 전쟁은 연속적인 공격과 방어로 이루어진 정규전(conventional warfare)뿐만 아니라 게릴라전 및 안정화작전과 같은 비정규전(unconventional warfare)도 동시에 진행되고 있다. 본서에서는 공격, 방어, 안정화작전, 적지종심작전, 공중강습작전 등 다양한 분야의 소부대 전투사례를 소개하고 있어 독자들이 한 개의 전장에서 정규전과 비정규전을 동시에 수행하는 현대 전쟁의 가장 두드러진 특징인 전영역작전(full spectrum operations) 개념을 이해할 수 있다.

둘째, 우리 군의 전술교리 발전상을 추적할 수 있다. 채명신 장군님이 창군기부터 베트남전쟁까지 수행한 소부대 전투들을 분석해보면 그가 위관시절부터 적용 및 경험한 공격, 방어 및 (대)게릴라전술을 발전시켰음을 알 수 있다. 예를 들면, 그가 창군기 태백산 지구에서 경험한 대게릴라전은 베트남전쟁에서 민군심리작전[1]으로서, 창군기 송악산 전투에서 실시한 중대강습은 베트남전쟁에서 야간침투공격으로, 6·25전쟁 기간 M1 고지 전투에서 적용한 사주방어진지는 베트남전쟁에서 중대전술기지를 탄생시켰다. 따라서 본서에서 제공하는 다양한 소부대 전투사례들은 우리 군의 소부대 전술이 창군기, 6·25전쟁, 그리고 베트남전쟁을 거치면서 어떻게 발전되었는가를 알 수 있게 해준다.

셋째, 전투에서 실질적으로 적용할 수 있는 다양한 소부대 전술을 습득할 수

1 민군심리작전은 민군작전과 민사작전의 합성어이다. 본서에서는 '민군작전 및 민사작전'을 축약하여 '만군심리작전'으로 사용한다.

있다. 채명신 장군님께서 지휘 및 지도한 수많은 전투사례들을 분석해보면 패배한 전투는 없으며, 오히려 열악한 환경에서 대승을 거둔 경우가 많았다. 그 대표적인 사례가 바로 수도사단 1연대 재구대대 9·11중대가 수행한 야간침투공격과 기갑연대 3대대 9중대가 수행한 두코 전투 그리고 해병대 청룡여단 11중대가 수행한 짜빈동 전투이다. 당시 주월한국군 1개 중대는 몇 배 이상의 전투력을 보유한 북베트남 정규군 및 베트콩과의 혈투에서 승리를 거두었다. 이것은 당시 주월한국군이 구사한 전술들이 실제 전투에서 효과적이었다는 사실을 입증하는 것이다. 실제로 본서에서 제공하는 전투사례들을 통해 이 부분을 확인할 수 있고, 당시 북베트남 정규군과 베트콩을 총 지휘한 호치민은 "한국군을 만나면 무조건 피하라! 특히 '맹호'를 만나면 모든 작전을 취소하고 철수하여 병력과 장비 등 인민의 재산을 보존하라!"라고 강조할 정도였다.

마지막으로 효율적인 제병협동전투 방법을 습득할 수 있다. 특히 보병, 포병, 육군항공의 제병협동 방법을 제시하고, 이를 통해 전투력의 승수효과가 어떻게 달성되는지를 배울 수 있다. 따라서 제병협동전투를 강조하고 있는 현 시점에서 본서의 여러 소부대 전투사례는 우리 소부대 지휘자 및 지휘관들의 제병협동전투 수행을 위한 전투지휘능력 향상에 도움이 될 것으로 판단된다.

본서의 집필진은 우리나라 발전과 안보를 위해 목숨과 청춘을 바친 모든 분들이 실질적인 저자임을 밝힌다. 그분들의 숭고한 희생이 없었더라면 지금 우리의 번영과 발전 속도는 지금 우리가 느끼는 것과 같이 빠르지 않았을 것이다. 우리의 역사와 그 역사 속에서 나라의 발전과 번영을 위해 희생한 모든 분들을 기억하자는 것이 본서의 거시적인 목적이다. 더불어 이 책을 통해 우리 군의 소부대 지휘자 및 지휘관들의 전투지휘능력을 향상시키는 것이 본서의 미시적인 목적이다.

끝으로 본서를 위해 풍부한 자료를 제공해주시고, 자신들의 소중한 자료들을 활용할 수 있게 허락해주신 前 주월한국군사령관 채명신 장군님과 초대 재구대대장 박경석 장군님 그리고 '월남전과 한국' 관계자 여러분께 감사의 말씀을 전하고 싶다.

2013. 6. 25

레바논 샤마(Shama)에서

대표저자 조상근 씀

# 승전 교리의 첨예한 재조명

박 경 석
맹호 제1진 초대 재구대대장(예 육군준장)
한국군사학회 회장(역)
군사평론가협회 회장(역)

건군 이후 우리 국군은 6·25전쟁과 베트남전쟁을 체험하면서 비약적인 발전을 거듭해왔다. 군대의 강약은 실전을 겪어보지 않는 한 가늠할 수 없는 법이다. 우리 국군은 두 전역에서 많은 대가를 치르면서 청사에 빛날 공훈을 쌓았다. 6·25전쟁 초기의 실책은 그 후 되풀이되지 말아야 할 교훈으로 승화했고 패배를 줄이는 데 크게 기여했다.

이 책의 저자인 조상근 소령은 '창끝전투'를 대대급 이하의 전투 제대가 수행하는 치열한 근접전투라고 하였는데, 이 설명은 아주 적절하다. 창끝전투의 중요성을 간파한 저자의 혜안이 장하다. 전쟁에서 승리는 대부대 작전 수행을 위해 최전선에서 벌어지는 근접전투가 쌓이고 쌓여 쟁취되기 때문이다.

나는 예편 뒤 오늘까지 30여 년 동안 줄곧 군사발전에 전념하면서 6·25전쟁과 베트남전쟁에 대한 전례 분석과 교훈 정립에 임했다. 그 가운데 가장 드라마틱한 창끝전투의 모범사례로 6·25전쟁 휴전 직전의 20사단 60연대 1대대 1중대의 M1고지공격전투를 상정하고 있는데, 저자 또한 그 많은 6·25전쟁 전례 가운데 M1고지공격을 창끝전투 성공사례로 점찍고 있었다. 놀라운 일이다.

저자는 베트남전쟁의 대표적인 창끝전투 성공사례로 베트남전쟁 최초로 시도된 야간침투공격과 두코전투, 짜빈동전투를 선정하여 이 책에 게재하고 있다. 이는 정곡을 찌른 것이다. 이 세 작전의 전례는 한국군 건군 이래 최초로 1968년 자유중국(현재의 대만)에 육군 교수단이 파견되어 자유중국군에게 전수한 전술교리 수출 1호이다. 어디 자유중국군뿐이랴. 미군 또한 이 세 전례를 연구 목적으로 활용하고 있을 정도였다. 이러한 중대 단위 창끝전투의 획기적 승전사례로 말미암아 당시 삼류 군대 수준으로 인식되던 한국군은 일약 일류 군대로 재평가되는 쾌거를 성취하였다.

나는 이 모든 전투의 성공 이면에 불후의 명장 채명신이 있었음을 우리 후배들이 자랑스럽게 기억하기를 바라며 소부대 지휘관이 갖춰야 할 지략에 대해 체계적으로 소개한 『창끝전투』를 모든 장교의 필독서로 추천하는 데 주저하지 않는다.

# 창군기

**Icebreaker 1** 북한군의 군사력 증강
**Icebreaker 2** 북한군의 여건조성작전

Ⅰ. 1사단 11연대 1대대 4중대의 중대강습
Ⅱ. 2사단 25연대 1대대 2중대의 대게릴라작전

창끝전투

## Icebreaker 1 북한군의 군사력 증강

1942년 7월, 미드웨이 해전을 기점으로 태평양 전쟁의 주도권이 일본군에서 미군으로 넘어가자, 미군의 반격은 일본 본토로 향했다. 그러나 일본군은 본토를 사수하기 위해 가미카제 공격과 만세돌격 같은 극단적인 방법으로 대항하였고, 그 결과 미 해병1사단은 이오지마 전투에서 실제로 전체 병력의 1/3이 손실되었다. 이렇듯 미군의 사상률이 높아지자, 미 정부는 태평양 전쟁을 종결짓기 위해 일본 본토상륙 대신 히로시마와 나가사키에 핵폭탄을 투하하기로 결정하였다.

미군이 핵폭탄을 투하하자 소련은 서둘러 일본에 선전포고를 하고 일본의 전후 처리에 개입하였다. 당시 일본군은 미군의 본토 상륙을 저지하기 위한 거점으로 한반도를 요새화시켰기 때문에 한반도 내의 일본군 무장해제 또한 골칫거리였다. 왜냐하면 일본군을 무장해제시키는 동안 이오지마 전투와 같은 강력한 저항에 직면할 수 있고, 그럴 경우 수많은 사상자 발생이 불가피했기 때문이었다. 미 정부는 이런 정치적 부담을 해소하기 위해 대일 선전포고한 소련과 협력방안을 모색하기 시작했고 결국 38선을 기점으로 북쪽은 소련군이, 남쪽은 미군이 일본군의 무장을 해제시키게 되었다.

이로써 한반도는 미국과 소련의 보이지 않는 냉전의 장이 된 것이다. 미국과 소련은 우리나라의 정치 및 경제 발전과 안정을 위해 각각 남북한에서 신탁통치를 시작하였다. 그러나 소련은 비밀리에 북한군을 양성하고 한반도를 공산화시키기 위한 수순을 밟기 시작했다.

1949년 말부터, 소련과 중국은 북한의 전쟁준비를 본격적으로 지원하기 시작

**표 1. 6·25전쟁 이전 소련과 중국으로부터 북한군으로 전환된 한인 사단[1]**

| 구 분 | 1947년 7월 말 | 1947년 8월 말 | 1949년 초 | 1950년 5월 | ? |
|---|---|---|---|---|---|
| 부 대 | 중공군 166사단 | 중공군 164사단 | 스탈린그라드 참전부대 | 중공군 15사단 | 중공군 2개 연대 |
| 지휘관 | 방호산 | 김창덕 | ? | 전우 | ? |
| 규 모 | 1만 명 | 1만 명 | 5천 명 | 1만 명 | ? |
| 개 편 | 북한군 6사단 | 북한군 5사단 | ? | 북한군 12사단 | 북한군 1·4사단 배속 |

했다. 소련은 대규모 군사고문단을 북한에 파견하여 6·25전쟁을 기획하고 북한군을 훈련시켰으며, 전쟁에 필요한 무기 및 물자를 제공하였다. 그리고 중국은 1947년 7월 말부터 〈표 1〉과 같이 홍군 내 전투경험이 풍부한 한국인들을 북한군으로 전환하였다. 당시 중공과 소련으로부터 전환된 총 인원은 4만 명으로 추정되며 이는 북한군 전체 병력의 1/3 이상을 차지하였다.

반면, 당시 미 군정이 남한의 군사력 건설보다는 정치·경제 안정을 최우선 과제로 삼았기 때문에 남한의 군사력은 북한과 6·25전쟁 직전까지도 〈그림 1〉과 같이 현저한 차이가 있었다.

또한 위와 같은 이유로 인해 국군과 북한군의 전투수행능력도 현저한 차이가 날 수밖에 없었다. 당시 북한군은 6·25전쟁 직전까지 사단급 제병협동훈련을 마쳤으나, 국군은 〈표 2〉와 같이 사단별로 대대급 훈련을 마친 수준이었다.

1 육군본부 군사연구소, 6·25전쟁의 실패사례와 교훈, 대전: 육군본부, 2004, pp. 19-21.

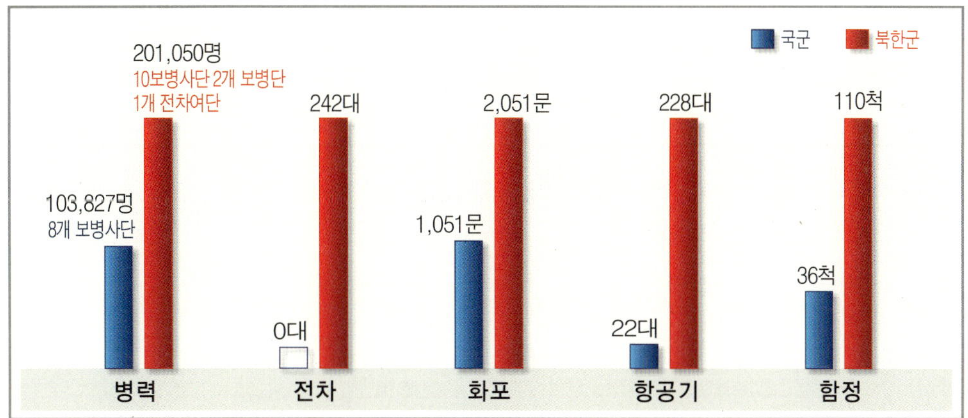


그림 1. 남북한 군사력 비교(1950. 6. 24)[2]

**표 2. 6·25전쟁 직전 양측 훈련수준 비교[3]**

| 구 분 | 한국군 | 북한군 |
|---|---|---|
| 훈 련 | 16개 대대<br>대대 훈련 완료 | 사단급 기동훈련 완료<br>보전포 협동훈련 완료 |
| 사단급 지휘<br>경험자 | 김홍일 | 김무정, 방호산,<br>이권무 등 다수 |

2 〈국방일보(2013. 6. 10)〉, "북 적화야욕 막아낸 자유수호 전쟁".

3 합동군사대학교 6·25전쟁사 자료.

# Icebreaker 2 북한군의 여건조성작전[4]

광복 이후, 남한 내의 공산주의자들은 한반도의 공산화를 위한 여건조성에 박차를 가하였다. 이들은 시위 및 파업을 주동하여 사회질서를 어지럽혔다. 특히, 조선공산당은 1946년 다량의 위조지폐를 찍어내어 남한의 경제적 혼란을 야기하려 하였다. 이 조선정판사 위조지폐 사건 이후, 미 군정은 이들의 정치적 활동을 불법으로 규정하였다. 그 결과 조선공산당원들의 활동은 지하화 및 폭력화되었다. 이후 이들은 군 내의 반란사건과 산업 지역에서의 폭동을 조장하여 남한의 사회질서와 치안은 악화되었다. 미 군정은 남한의 안정을 위해 특단의 조치를 취하게 된다. 국군은 대대적인 숙군작업을 진행하

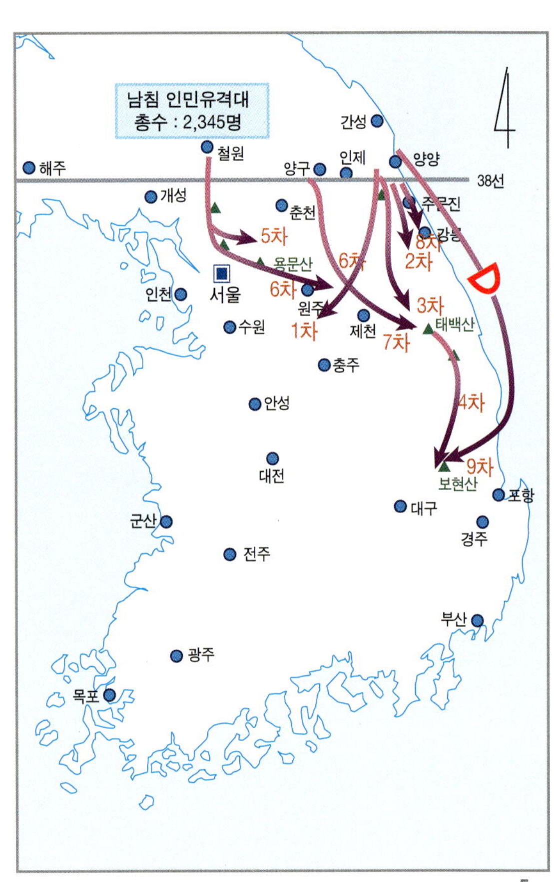


그림 2. 북한 게릴라 침투현황(1948. 11. 14~1950. 3. 28)[5]

---

4 여건조성작전(shaping operation): 결정적 작전의 성공을 보장하기 위한 여건을 조성하고 유지하기 위한 작전을 말하며, 결정적 작전이 수행되기 전·중·후에 수행될 수 있다.

5 국방부 전사편찬위원회, 비정규전사(1945-1960), 서울: 국방부, p. 147.

였고, 조선공산당과 연계된 반란군에 대한 대규모 토벌작전도 전개하였다.

북한은 6·25전쟁 직전까지 〈그림 2〉처럼 대규모 게릴라들을 침투시켰다. 이들은 남한 내 주요 산악지역에 근거지를 형성하고 있는 기존 공산주의자들과 연계하여 게릴라전을 전개하였고, 남한 내 주요 산악지역에 해방구를 설치하고 주변 마을의 관공서와 경찰서를 습격하는 등 반란활동을 지속하였다.

당시 국군 2·3·5사단은 후방지역의 게릴라들을 격멸하기 위해 각각 대전, 대구 광주 지역에 분산되어 있었다. 그 결과 38선 일대에서의 국군의 방어밀도는 〈그림 3〉과 같이 북한군에 비해 상대적으로 낮아졌고, 북한군의 기습공격에 그만큼 취약해졌다.

동시에 북한군은 국군 지휘자 및 지휘관의 전투지휘능력, 전술, 무기체계, 그리고 훈련정도를 파악하기 위해 6·25전쟁 이전까지 지속적으로 38선 일대에서 국지도발을 자행하였다.

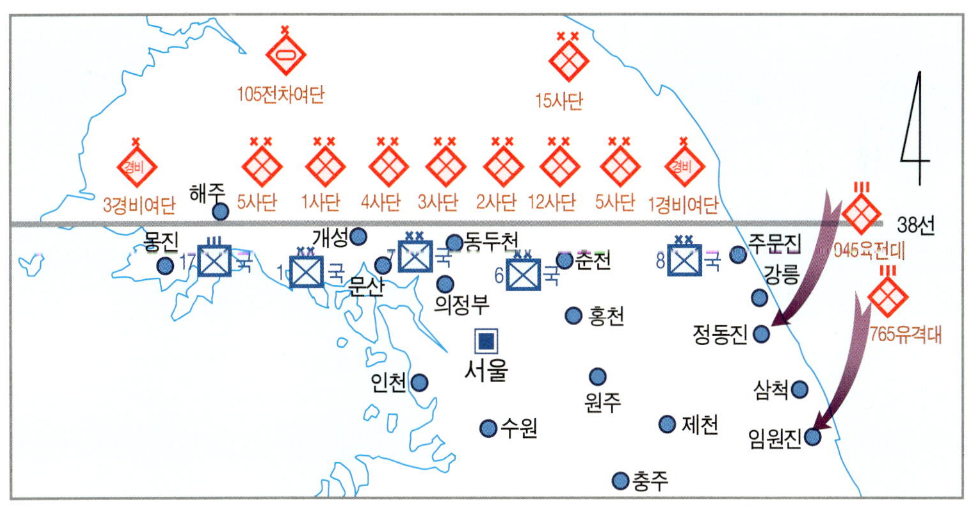


**그림 3.** 6·25전쟁 직전 38선 일대 국군과 북한군 배치[6]

6 〈국방일보(2013. 6. 11)〉, "북한군 남침으로 비극적 전쟁 시작".

# Ⅰ. 1사단 11연대 1대대 4중대의 중대강습

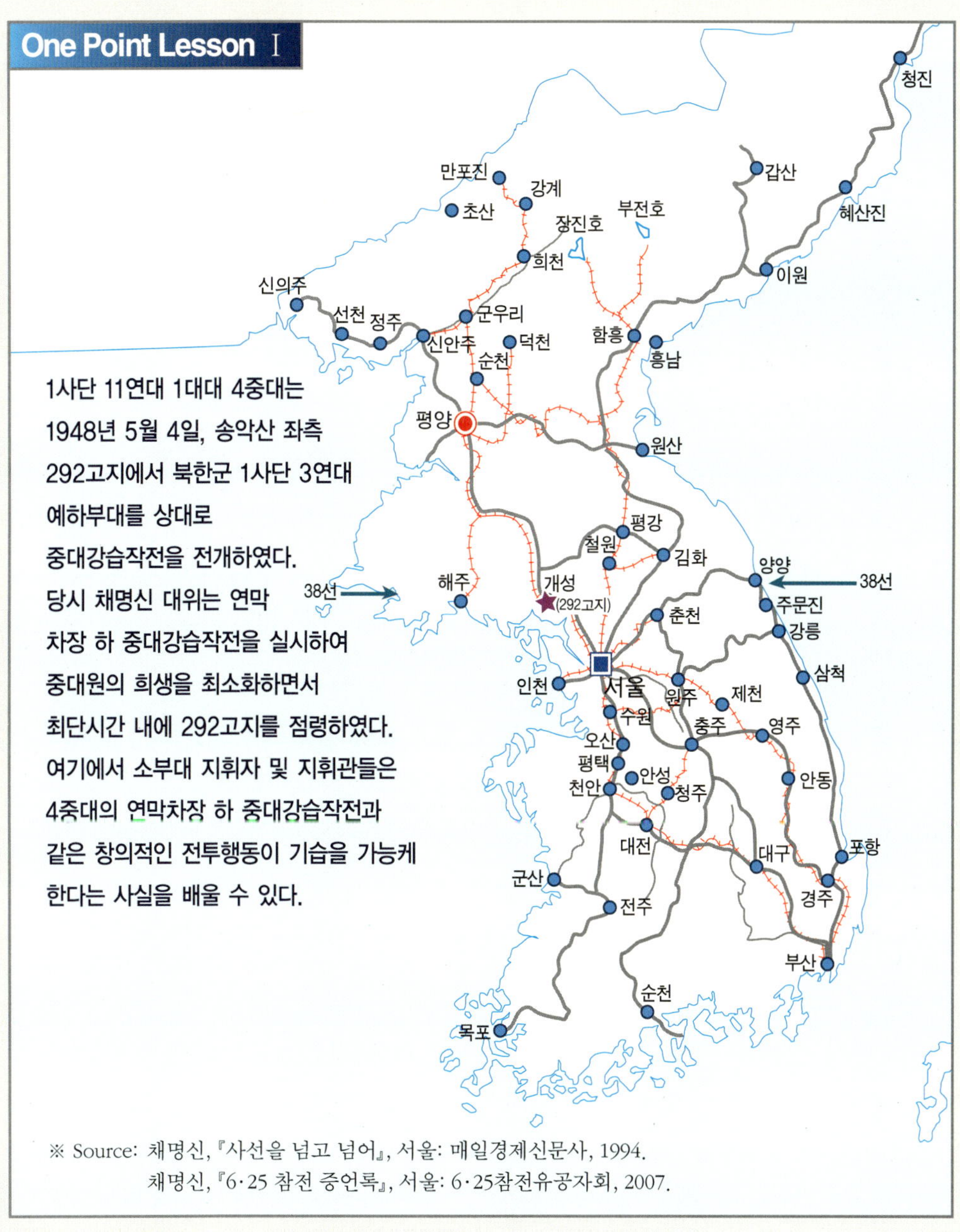


※ Source: 채명신, 『사선을 넘고 넘어』, 서울: 매일경제신문사, 1994.
채명신, 『6·25 참전 증언록』, 서울: 6·25참전유공자회, 2007.

## Ⅰ. 1사단 11연대 1대대 4중대의 중대강습

북한군이 6·25전쟁 이전 38선 일대에서 국지전을 감행한 이유는 아군의 훈련수준, 전투능력, 그리고 간부들의 지휘능력을 시험해보기 위해서였다.

- 채명신 장군의 『사선을 넘고 넘어』 중에서 -

1950년 6월 25일, 6·25전쟁이 발발하기 이전 북한군은 정규군과 게릴라를 투입하여 수차례 38선에 배치된 한국군의 진지를 침투공격하였다. 이는 북한군이 6·25전쟁 이전 자신들의 전투기량을 향상시키기 위한 전술적인 의도와 한국군이 자신들의 공격 시기를 알아차리지 못하도록 기만하기 위한 전략적인 의도가 다분한 것으로, 이런 북한군의 침투공격은 1948년 말부터 빈번해졌다. 특히 6·25전쟁 당시 북한군의 주 기동로 중에 하나였던 개성-서울 축선 상에 위치한 송악산 일대는 남북 간의 치열한 소부대 전투가 전개되었던 곳이다.

1947년 4월 8일, 채명신 생도는 소위로 임관하여 제주도 9연대로 배치되었다. 하지만 곧 제주 4·3사건이 발생되자 그는 수차례 생사의 갈림길에 놓이게 되었다. 그러나 그는 기독교 정신을 바탕으로 한 골육지정(骨肉之情)의 리더십을 발휘하여 공산주의 사상에 물든 소대원을 개화시키고, 그들의 진정한 충성심으로 인해 군 내 보이지 않는 적의 위협으로부터 살아남을 수 있게 되었다.

1948년 8월 말, 채명신 소위가 소속된 1사단 11연대는 38선 방어임무를 위해 제주도에서 개성 일대로 전개하였다. 이후 급박한 전선상황으로 인해 채명신 소위는 곧바로 소위에서 중위로, 다시 중위에서 대위로 진급하고 중화기중대장인 4중대장에 보직되었다. 당시 11연대의 위치가 바로 육탄 10용사로 유명한 송악산 일대였다.

송악산은 38선 남쪽 100m 지점에 위치한 낮은 고지로서 〈그림 4〉처럼 488고지 - 292고지 - 155고지 - 비둘기 고지가 나란히 연결되어 있었다. 비록 송악산의 해발 높이가 488m였지만 송악산 주변이 평야지대라는 사실과 38선 남쪽 100m 지점에 위치하고 있다는 사실은, 송악산이 당시 개성 북방 일대 38선을 감제할 수 있는 전략적 요충지임을 감지할 수 있게 했다. 이로 인해 북한군은 6·25전쟁 이전부터 송악산에 대한 침투공격을 빈번히 실시하였다.

당시 북한군 1사단 3연대 예하 대대병력 1,000명이 송악산 북쪽 냉정리에 주둔하고 있었다. 또한 한국군 1사단 11연대는 292고지 전사면에서 진지공사를 실시하고 있었다. 이는 1948년 말부터 빈번해진 북한군의 침투공격을 저지하고, 송악산의 지리적 이점을 최대한 활용하기 위한 조치였다. 그러나 북한군은 1948년 5월 3일, 292고지 일대에서 진지공사를 하고 있던 11연대를 기습공격하여 292고

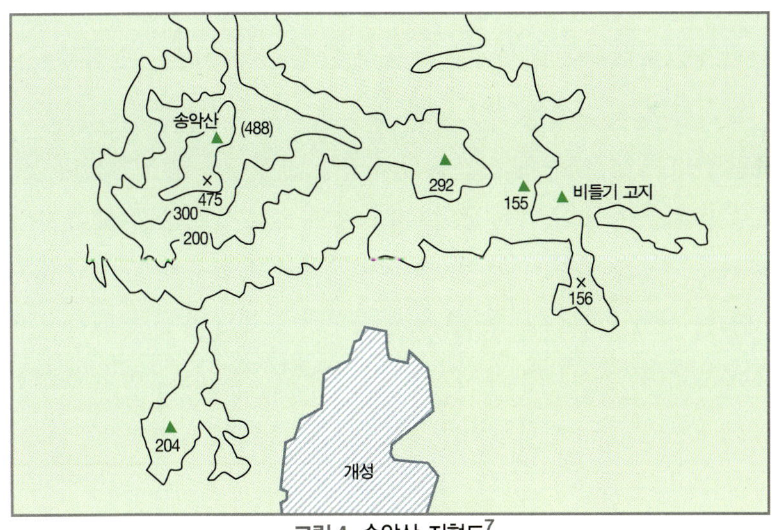


그림 4. 송악산 지형도[7]

7 육군본부 정보참모부, 『북괴 6·25남침분석』, 서울: 보진재, 1970, p. 109.

지를 점령하였다. 진지공사에 집중하고 있었던 11연대는 북한군의 기습공격을 제대로 방어하지 못하고 삽과 곡괭이 같은 축성도구를 진지 주변에 버려두고 후퇴하고 말았다. 이후 북한군은 송악산의 4개 능선을 모두 점령하고 진지강화 및 재편성에 들어갔다.

바로 다음날인 5월 4일, 사단 사령부로부터 송악산 탈환명령이 예하부대에 하달되었다. 이는 시간이 흐르면 흐를수록 북한군이 점령한 송악산 정상 부근의 진지강도가 강해지기 때문이었다. 이때 채명신 대위가 지휘하는 4중대는 292고지를, 김영직 대위가 지휘하는 하사관 교육대는 비둘기 고지를 탈환하라는 명령을 받았다.

이때 벌어진 11연대 예비인 하사관 교육대의 전투가 바로 '육탄 10용사'로 잘 알려진 비둘기 고지 전투이다. 당시 비둘기 고지 곳곳은 북한군의 유개호와 기관총진지가 배치되어 있었다. 그 결과 11연대는 여러 차례 공격작전을 감행했음에도 불구하고 비둘기 고지 점령에 실패하였다. 이에 김영직 대위는 정상적인 공격으로는 아군의 피해만을 가중시킨다고 판단하고 특공대를 조직하여 북한군의 특화점을 공격하기로 결정하였다. 이들은 81mm 박격포탄과 수류탄으로 급조한 급조폭발물을 휴대하고 적의 토치카와 기관총진지로 돌진하였다. 이들이 고지 정상으로 돌격하는 동안 북한군의 직사 및 곡사화기 사격은 끊이지 않았지만, 이들은 비둘기 고지를 반드시 점령해야 한다는 신념 하나로 포화를 뚫고 계속해서 돌진하였다. 이들은 팔다리 및 복부에 관통상을 입었지만 감투정신 하나로 비둘기 고지 경사면에 있는 10개의 유개호를 모두 파괴하였다. 이후 하사관 교육대(-)는 곧바로 후속공격을 실시하여 비둘기 고지를 점령하였다. 한마디로 육탄공격을 실시한 10명의 숭고한 희생으로 인해 하사관 교육대는 난공불락(難攻不落)과 같았던 비둘기 고지를 탈환할 수 있었던 것이다.

같은 시기 하사관 교육대와 같이 292고지를 공격하던 4중대 또한 험난한 지형

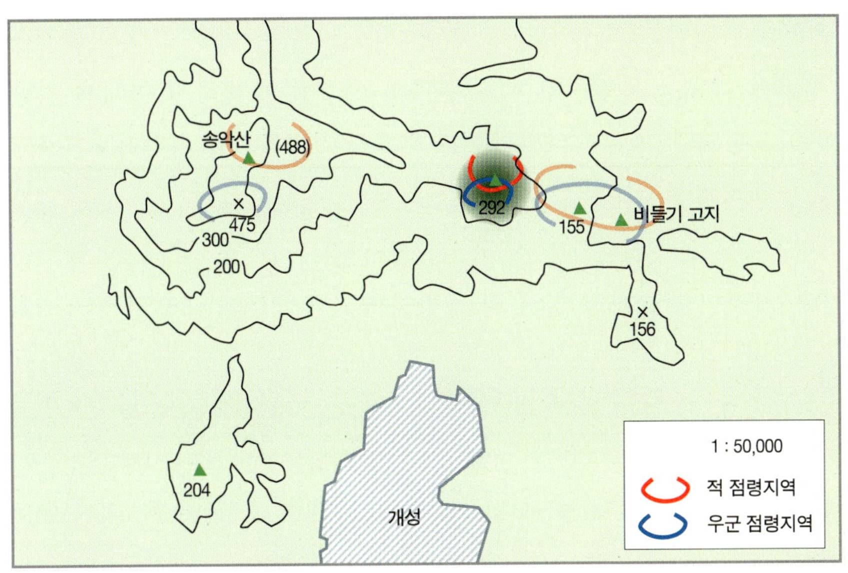


**그림 5. 4중대 공격계획**

에 가로막히게 되었다. 4중대가 공격하는 292고지는 5부 능선 이전까지는 완만한 경사였지만, 그 이후부터는 급경사 지역이었고, 설상가상(雪上加霜)으로 정상으로 향하는 모든 기동로는 북한군의 기관총사격으로부터 모두 노출되어 있었다. 또한 북한군은 송악산을 점령한 지 하루만에 적이 접근할 수 있는 모든 기동로 상에 토치카를 구축하여 방어의 강도를 강화시켜 놓은 상태여서 적지 않은 피해가 예상되었다. 즉, 정상적인 고지공격으로는 북한군의 직접 및 간접 화력으로부터 피해만 가중될 뿐이었다. 이에 채명신 대위는 병력의 피해를 최소화하고 신속히 292고지를 점령할 수 있는 방법을 고민하기 시작했다. 그리고 장고 끝에 창의적인 공격방법을 대대장에게 건의하였다.

채명신 대위는 대대장에게 "여명에 작전을 개시하면 완만한 지형을 통과할 수 있지만, 급경사를 극복할 때는 날이 밝게 됩니다. 그러면 중대는 북한군의 관측과 사격에 노출되게 됩니다. 결국 작전의 성공은 기대할 수 없으며, 아군의 피해만 속출하게 됩니다. 따라서 저는 적의 허를 찌르기 위해 주간에 공격을 실시하되, 아군의 기동을 차장하고 적의 관측과 사격을 방해하기 위해서 기동로 상에 연막을 운용하겠습니다. 역발상으로 적에게 기습공격을 감행하도록 하겠습니다"라고 공격계획을 보고하였다.

그러자 대대장은 "연막차장 하 공격은 우리가 한 번도 시도하지 않았던 공격방법인데, 그것이 가능하겠는가?"라고 반문하면서 채명신 대위의 공격계획에 우려를 표하였다. 그러나 대대장은 채명신 대위의 신념을 꺾을 수는 없었다.

5월 4일 09:00, 81mm 박격포의 연막탄이 292고지 곳곳을 수놓자 4중대는 기동을 시작하였다. 이때는 하사관 교육대(-)가 비둘기 고지에서 육탄 10용사의 특화점 공격에 이어 후속공격을 하는 시점이었다. 채명신 대위는 중대 선두에서 호각을 이용하여 중대를 진두지휘(陣頭指揮), 4중대는 292고지 정상으로 이르는 최단거리 기동로를 따라 신속히 기동하였다. 연막차장 하 기동이었기 때문에 4중대원들은 방향탐지가 곤란한 상황이었다. 하지만 중대 선두에서 호각을 이용하여 시호통신하는 채명신 대위의 기지로 4중대는 신속히 292고지 정상으로 돌진할 수 있었다. 이때 북한군은 포병 및 박격포를 유도하여 4중대의 접근을 저지하려고 했지만 연막으로 인해 관측이 제한되자 적의 간접화력은 정확성을 상실해버렸다. 그 결과 292고지 정상에 위치한 북한군은 당황하기 시작하였고, 4중대 선두가 292고지 정상에 도착했을 때 북한군은 전의를 상실했다. 왜냐하면 연막으로 인해 북한군은 아군의 정확한 규모를 판단할 수 없었으며, 또한 122mm 포와 120mm 중박격포 등 곡사화력과 적의 접근로 상에 배치한 기관총도 무용지물(無用之物)이 되었기 때문이다. 즉, 연막의 방해[8] 효과는 4중대로 하여금 기습을 달성하게 했으며, 북한군을 심리적으로 마비시켰다.

8 방해(obscuration): 적에게 시계를 최소화하고, 적의 조기전개를 강요하며, 방향을 전환하게 하고 시호통신을 하지 못하게 하는 것.

4중대가 북한군의 진지에 진입하여 사격을 개시하자 북한군은 혼비백산(魂飛魄散)하여 북쪽으로 도주하였다. 북한군은 무기와 탄약, 심지어 전우의 시체도 유기한 채 38선 너머로 후퇴하였다. 4중대가 292고지 정상을 점령하자 채명신 대위는 대대장에게 "목표점령 완료! 도주하는 적을 추격하여 섬멸하겠음"이라고 무전기로 보고하였다. 이에 대대장은 이 상황을 믿을 수 없다는 듯이 "벌써 점령했는가?"라고 반문하고, 이어서 "38선 넘어서 적을 추격하지 말고, 대신 화력을 유도하여 적을 섬멸하라!"라고 지시하였다. 이에 채명신 대위는 도주하는 적에게 포병 및 박격포 화력을 유도하면서, 동시에 적의 반돌격[9]에 대비하여 292고지 후사면에 진지강화 및 재편성을 실시하였다.

당시 4중대가 도주하는 북한군을 추격하여 전과를 확대할 수도 있었지만 정치적 장애물인 38선으로 인해 그럴 수 없었다. 그 대신 강력한 곡사화력으로 적의 전투의지를 말살시켜, 다시는 38선 너머로 도발행위를 감행할 수 없게 만들었다. 결국 4중대와 하사관 교육대의 공격으로 292고지와 비둘기 고지를 탈환하여 사기가 오르자, 11연대는 그 여세를 몰아 송악산의 4개 고지를 모두 탈환할 수 있었다. 특히, 육탄 10용사의 감투정신과 연막을 활용하여 292고지를 공격한 채명신 대위의 기지는 적에게 피탈된 송악산 일대를 재탈환하는 데 견인차 역할을 담당하였다. 결국 11연대는 이 송악산전투에서 적 137명 사살, 기관총 등 114정의 무기 노획 그리고 4개 고지 모두 탈환이라는 대전과를 거두었다.

이 292고지 전투에서 소부대 지휘자 및 지휘관들이 알아야 할 중요한 사실이 두 가지가 있다. 첫째는 6·25전쟁 이전 북한군이 38선 부근에서 지속적으로 국지전을 감행한 이유이다. 물론 여기에는 수많은 정치적, 전략적, 전술적 이유가 있겠지만, 소부대 전투제대를 지휘하는 소부대 지휘자 및 지휘관들에게는 채명

9 반돌격(counterattack): 북한군의 역습.

신 장군의 회고록 내용이 마음에 와 닿을 것이라고 생각한다. 채명신 장군은 그의 회고록에서 당시 북한군이 6·25전쟁 이전 38선 일대에서 국지전을 감행한 이유를 아군의 훈련수준, 전투능력 그리고 간부들의 지휘능력을 시험해보기 위해서였다고 기술하고 있다. 그리고 이 시험 이후 1년 만에 북한군은 6·25전쟁을 일으켰다. 당시 북한군의 시험결과가 궁금한 대목이다. 따라서 소부대 지휘자 및 지휘관들은 항상 전술적 식견을 배양하고 철저한 교육훈련을 통해 강군육성에 최선을 다해야 할 것이다.

두 번째로 채명신 대위가 송악산전투에서 고안한 창의적인 공격방법이다. 그는 이 송악산전투에서 처음으로 정규전을 승리로 이끌었다. 그리고 그는 송악산전투에서 창의성과 기동성을 강조하여 최소한의 희생으로 최대의 효과를 창출하였다. 이 창의성과 기동성은 이후 6·25전쟁과 베트남전쟁에서 그가 수많은 전술을 창안함에 전술적 모티브를 제공하였다. 따라서 소부대 지휘자 및 지휘관들이 이 책을 통해 채명신 장군이 창안한 전술의 발전과정을 연구한다면 전술적 식견을 배양하는 데 크게 도움이 될 것이다.

# II. 2사단 25연대 1대대 2중대의 대게릴라작전

**One Point Lesson II**

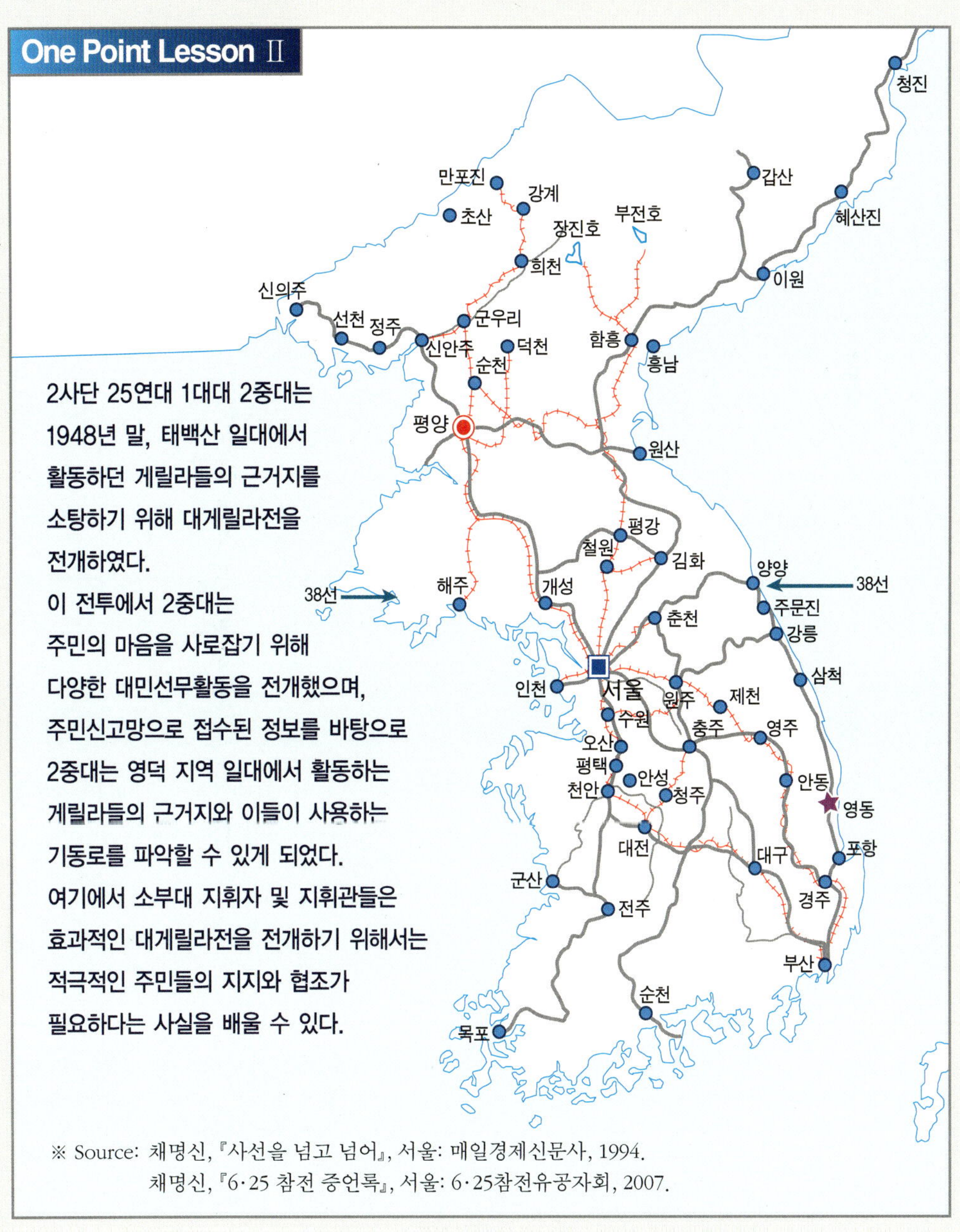


2사단 25연대 1대대 2중대는 1948년 말, 태백산 일대에서 활동하던 게릴라들의 근거지를 소탕하기 위해 대게릴라전을 전개하였다.

이 전투에서 2중대는 주민의 마음을 사로잡기 위해 다양한 대민선무활동을 전개했으며, 주민신고망으로 접수된 정보를 바탕으로 2중대는 영덕 지역 일대에서 활동하는 게릴라들의 근거지와 이들이 사용하는 기동로를 파악할 수 있게 되었다.

여기에서 소부대 지휘자 및 지휘관들은 효과적인 대게릴라전을 전개하기 위해서는 적극적인 주민들의 지지와 협조가 필요하다는 사실을 배울 수 있다.

※ Source: 채명신, 『사선을 넘고 넘어』, 서울: 매일경제신문사, 1994.
채명신, 『6·25 참전 증언록』, 서울: 6·25참전유공자회, 2007.

## II. 2사단 25연대 1대대 2중대의 대게릴라작전[10]

주민과 게릴라와의 관계는 물과 물고기의 관계이다(水魚之交).
물고기는 절대로 물을 떠나 살 수 없다.
- 모택동 3대 규율 8항주의의 핵심사상 -

1948년 10월, 여수에 주둔하고 있던 14연대는 연대 내 공산주의자들의 선동으로 반란을 일으켰고, 이로 인해 여수와 순천 일대는 순식간에 피비린내 나는 전투현장으로 바뀌었다. 정부는 14연대의 반란활동이 일파만파(一波萬波)로 확산되자 서둘러 반란진압을 위한 정규군(이후 대반란 작전부대)[11] 을 급파하였다. 이들은 신속히 14연대 반란활동 지역에 포위망을 구축하여 14연대의 이동을 차단하고, 곧바로 탐색격멸작전을 전개하였다. 그 결과 14연대의 반란활동은 점차 수그러들었고, 반란을 주도했던 공산주의자들은 대반란 작전부대의 포위망을 뚫고 지리산과 태백산 일대로 도주하여 게릴라전을 준비하였다. 이렇듯 대반란작전으로 남한 내 공산주의자들의 반란활동이 저하되자 북한은 10회에 걸쳐 2,500명의 게릴라들을 태백산 일대로 침투시켰다. 그리고 그들은 태백산 일대의 게릴라들과 연계하여 대담하고 공세적인 반란활동을 전개하였다. 특히, 북에서 남파된 게릴라들은 강동정치학원에서 특수훈련을 받은 정예 게릴라전 부대였고, 제주도에

10 대게릴라작전: 침투에 성공한 후 근거지를 확보하거나 잔류하여 게릴라전을 수행하는 적을 탐색, 격멸하기 위하여 실시하는 작전.

11 여기에서는 현대 교리에 맞춰 반란진압을 위해 파견된 부대는 대반란 작전부대로, 이들의 작전은 대반란작전으로 통일하도록 하겠다.

서 게릴라 활동을 지휘한 김달삼이 1949년 8월 경에 태백산 일대로 잠입하여 태백산 일대의 전 게릴라들을 규합한 후 반란활동을 전개했기 때문에 그 강도와 파괴력은 정규전을 방불케 하였다. 이로 인해 태백산 일대의 영덕, 청송, 영양, 울진, 영일, 봉화 지역은 게릴라들의 관공서 습격, 방화, 물자약탈, 살인, 납치 등이 끊이지 않았고, 태백산 일대의 치안은 주민들이 기초적인 경제생활을 할 수 없을 만큼 불안정해졌다.

정부는 태백산 일대의 게릴라들을 섬멸하고, 치안을 확보하기 위해 태백산지구 전투사령부를 창설하고 본격적으로 대반란작전을 전개하였다. 이때 채명신 대위는 1949년 10월 경, 영덕, 청송, 봉화 지역을 책임지는 25연대 1대대 2중대장으로 전속되었다. 그러나 채명신 대위가 중대본부가 위치한 영덕군 영해면에 도착했을 때, 그 지역의 치안은 생각 이상으로 불안정하였다. 태백산에 근거지를 형성한 게릴라들이 주간에 지역 마을을 습격하는 한편, 신고를 접수하고 출동한 대반란 작전부대도 게릴라 부대들의 매복 및 기습적인 공격으로 많은 피해를 입었다. 이로 인해 2중대원 중 일부는 부상을 입고 총도 빼앗겼다.

1949년 말, 25연대 1대대는 작전지역을 변경하였다. 이로 인해 채명신 대위가 지휘하는 2중대는 영해면에서 대대본부가 위치하고 있던 영덕읍으로 주둔지를 이전하였다. 그러나 영덕읍의 민심은 흉흉했다. 왜냐하면 주간에는 대반란 작전부대의 강공 일변도의 작전으로 대민피해가 발생하고 있었으며, 야간에는 게릴라들이 자신들에게 협조하지 않는 영덕읍민들을 인민재판을 통해 살해하고, 주민들로부터 식량과 옷가지를 강탈하였기 때문이다.

채명신 대위는 민심을 수습하는 것이 급선무라고 생각하고, 중대원들에게 "우리가 이들의 신뢰를 얻지 못한다면 우리는 이곳에서 작전이고 뭐고 아무것도 할 수 없다"라고 대민관계의 중요성을 강조하였다. 그리고 채명신 대위는 중대원들이 지역주민들에게 군인다운 절도 있는 모습을 보일 수 있도록 군인기본자세

교육과 제식훈련을 철저히 실시하였고, 대민피해를 방지하기 위한 정신교육도 강화하였다. 이와 동시에 채명신 대위는 모택동의 유격전을 연구하였다. 왜냐하면 모택동이 대장정 기간 동안 수행한 유격전이 현대 게릴라전의 전형적인 모델이기 때문이었다. 특히, 채명신 대위는 아래와 같은 홍군의 대민 전략전술인 '3대 규율 8항주의(三大規律 八項注意)'를 심도 깊게 연구하였다. 당시 홍군은 '3대 규율 8항주의'를 몸소 실천하여 주민들로부터 지지를 받고, 이를 통해 전력의 열세에도 불구하고 백군을 물리쳤다. 따라서 이 '3대 규율 8항주의'는 대민관계 개선의 실증적인 사례이며, 당시 대민피해가 극심한 영덕읍 일대에서 대반란작전을 시작하는 채명신 대위에게는 현 상황을 해쳐나갈 모티브를 제공하기에 충분했고, 실제로 채명신 대위는 홍군이 적용한 '3대 규율 8항주의'를 바탕으로 주민들의 마음을 사로잡을 수 있는 다양한 대민선무방법을 개발하여 중대원들을 훈련시켰다.

**3대 규율**[12]

1. 모든 행동은 지휘에 복종할 것
2. 군중의 바늘 하나, 실 한 오라기라도 건드리지 말 것
3. 일체의 노획품은 모두 조직에 바칠 것

**8항주의**[13]

1. 말은 친절하게 할 것
2. 매매는 공평하게 할 것
3. 빌려온 물건은 돌려줄 것
4. 파손한 물건은 배상할 것
5. 사람을 때리거나 욕하지 말 것
6. 농작물을 해치지 말 것
7. 여성을 희롱하지 말 것
8. 포로를 학대하지 말 것

12 김정계·허창무(역), 『모택동의 군사전략』, 대구: 중문출판사, 1994, p. 311.

13 위의 책, p. 312.

2중대는 게릴라들이 자주 출몰하고, 그들에게 협조하는 주민들이 가장 많은 곳으로 알려진 지역을 중심으로 대반란작전을 전개하였다. 여기에서 채명신 대위는 그 동안 훈련했던 다양한 대민선무활동을 시작하였다. 우선 중대 숙영지는 대민피해를 원천봉쇄하기 위해 마을과 이격된 곳에 설치하였다. 그러나 마을 사람들의 권유로 2중대원들은 호당 5~10명 단위로 분산되었고, 주민들과 숙식을 같이 하게 되었다. 하룻밤 동안 주민들과 숙식을 같이하게 된 2중대원들은 출동 전 주민친화활동을 전개하기 시작했다. 2중대원들은 공손한 자세로 주민들을 대했고, 자신들이 가져온 식자재로 주민들에게 식사를 제공했으며, 건빵이나 담배 같은 보급품을 주민들에게 나누어주면서 그들의 호감을 사기 시작했다. 또한 채명신 대위는 중대 운영비로 영덕 특산물인 곶감을 사주었다. 그러자 마을 주민들은 놀라움과 고마움을 감추지 못하였다.

대민선무활동을 마치고 마을을 떠나기 전, 채명신 대위는 주민들에게 "편히 쉬고 떠납니다. 여러분들은 게릴라들의 폭력과 억압에 쉽게 굴복당할 수밖에 없을 것입니다. 다 이해합니다"라고 말했다. 채명신 대위가 잠시 말을 마치고 주민들을 바라봤을 때, 그들의 눈빛은 동요되고 있었다.

채명신 대위는 곧 바로 "앞으로 그들이 와서 식량을 달라면 주십시오. 저는 그것을 나무라지 않겠습니다. 그러나 단 한 가지, 그들이 어느 쪽에서 나타나서 어느 쪽으로 갔는지 저에게 알려 주십시오. 정보제공은 우리 부대에 직접 오셔도 좋고, 편지를 보내셔도 됩니다. 여러분의 안전을 위해 비밀을 절대 보장하겠습니다"라고 말을 마치자, 주민들의 눈은 신뢰의 빛으로 가득 차 있었다.

이렇듯 성공적인 대민선무활동의 결과, 2중대는 게릴라에 대한 다양한 정보를 주민들로부터 얻게 되었다. 이를 바탕으로 채명신 대위는 게릴라의 활동로를 지속적으로 추적하였다. 그 결과 영덕읍 일대에서 활동하는 게릴라들의 활동 지역과 루트가 명확히 식별되었다. 이후 2중대는 주민들로부터 게릴라 출현 신고를

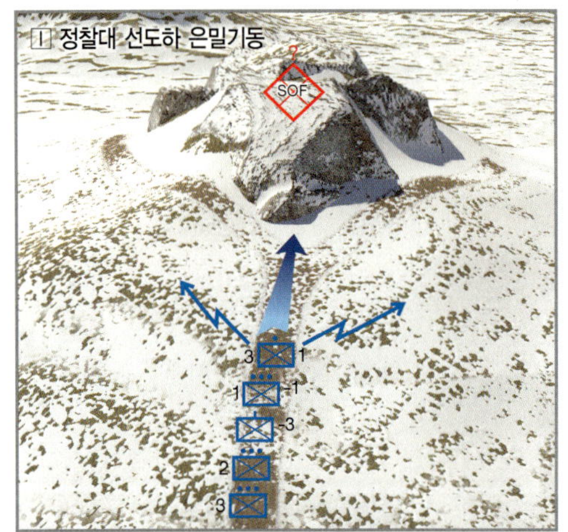

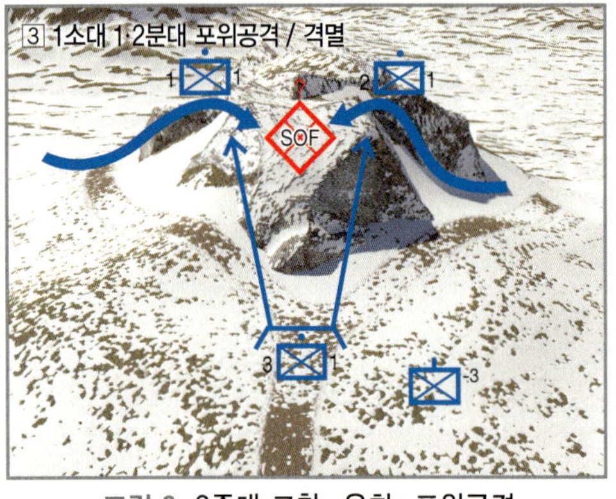


그림 6. 2중대 고착-우회-포위공격

받으면 그들의 퇴로에 사전 매복하여 근거지로 복귀하는 게릴라들을 격멸할 수 있었다. 이는 2중대가 효과적인 대민선무활동을 통해 주민들로부터 게릴라에 대한 상세한 정보를 획득했기 때문에 가능했다. 즉, 당시 2중대는 주민과 연계된 적극적인 정보수집활동을 전개한 것이다.

1949년 말, 2중대는 위와 같은 정보작전을 통해 영덕읍 서쪽에 위치한 동대산 일대에 게릴라들의 대규모 근거지가 있다는 첩보를 획득하고, 그들을 탐색격멸하기 위해 야간작전을 전개하였다. 주간에 작전을 실시할 경우, 게릴라들이 아군의 접근을 먼저 관측하고, 더 깊은 산중으로 도피하기 때문이었다. 2중대는 정찰대(1소대 3분대) - 1소대(-) - 중대본부 - 2소대 - 3소대 순으로 험난한 700고지를 개척해 나아갔다(1). 2중대는 칠흑 같은 어둠으로 한 치 앞도 분간할 수 없었고, 오로지 중대장이 휴대한 나침반만을 의존한 채 밀집대형으로 전진하고 있었다.

잠시 후, 중대장의 눈에 우뚝 솟은

암석지대가 나타났다. 채명신 대위는 직감적으로 이 암석지대가 주변을 통제할 수 있는 '목' 지점임을 식별하고, 휘파람으로 중대병력을 정지시키고, 경계병 3명을 복귀시켰다.

채명신 대위는 "전방에 보이는 저 암석지대가 수상하다. 정찰대는 교대전진으로 저 암석지대로 접근하고, 1소대 1분대는 암석지대 좌측으로, 2분대는 우측으로 우회하여 적의 퇴로를 차단하라!"라고 단편명령을 하달하였다(2). 그러자 정찰대와 1소대(-1)은 야간전술보행으로 암석지대를 향해 접근하였다. 중대본부도 정찰대을 후속했다. 그러던 중 갑자기 암석지대에서 섬광과 함께 사격이 시작되었다. 그러자 정찰대(고착), 좌우측에서 우회하던 2개 분대 그리고 중대본부가 순식간에 암석지대를 포위하여 게릴라 3명을 사살하였다(3). 그 중 한 명은 북한에서 파견된 중대장급 간부였다. 그가 소지한 수첩에는 마을별로 활동하고 있는 게릴라 현황과 현재 자신들이 보유하고 있는 식량 현황까지 상세하게 기록되어 있었다.

이어서 중대장은 "이 일대를 정밀수색하라!"라고 지시하였다. 얼마의 시간이 지난 후 2중대원들은 암석지대에서 약 300m 떨어진 지점에서 약 50명의 게릴라들이 은거할 수 있는 아지트를 발견하였다. 이후 채명신 대위는 일부 병력으로 하여금 아지트 주변을 철저히 수색시키고, 중대 주력은 게릴라 도주 예상로를 따라 추격하게 하였다. 이후 2중대는 노획한 수첩의 정보를 바탕으로 대게릴라작전을 전개하여 영덕읍 일대를 조기에 안정시킬 수 있었다.

여기에서 소부대 지휘자 및 지휘관들이 배워야 할 중요한 사항이 있다. 첫째, 현대전의 양상은 이라크 및 아프가니스탄전쟁에서와 같이 더 이상 정규전이 아닌 비정규전으로 전개된다. 우리나라 또한 예외는 아니다. 왜냐하면 북한은 24만명의 특수작전부대를 보유하고 있고, 그들은 평화 시 북한 지도부의 정치적 목적을 실현하기 위해서 장기적인 저강도 분쟁(low-intensity conflicts)[14]을 수행할 가능성이 높고, 전쟁 시 정규전 부대와 다양한 수준에서의 배합전[15]을 통해 전략적, 작전적, 전술적으로 운용될 가능성이 높기 때문이다. 따라서 소부대 지휘자 및 지휘관들은 미래 북한의 특수작전부대가 수행할 수 있는 비정규전의 양상과 특성을 사전에 연구하여 미래의 불확실성에 대비해야 할 것이다. 특히, 채명신 대위가 태백산 지역에서 수행한 대게릴라작전 사례는 북한군이 전쟁 및 평화 시기 어떻게 비정규전을 수행하고, 어떻게 하면 북한군의 비정규전에 효과적으로 대처할 수 있는지에 대한 실마리를 제공하고 있다.

둘째, 위 2중대의 암석지역 전투는 소부대 전투제대가 공격작전 간 수행할 수 있는 전형적인 소부대 전투기술을 보여주고 있다. 2중대는 전방에 의심되는 적 은거 예상지역이 나타나자 먼저 정찰대를 보내어 정찰을 실시하고 적의 징후를 확인한 후, 그 지역을 점령하기 위해 고착-우회-포위공격 순의 공격전술을 적용하였다. 이 전술은 소부대 전투에서 가장 기본적인 전투기술이며, 소부대 지휘자 및 지휘관들은 적과 조우 시 METT-TC를 고려하여 이 전투기술을 적극적으로 응용해야 한다.

---

14 저강도 분쟁(low-intensive conflict): 정치적, 사회적, 경제적 또는 심리적 목표 달성을 위해 실시되는 제한된 정치 군사적 투쟁.

15 배합전: 정규작전부대와 특수작전부대를 동시에 운용하여 종심 깊은 전선을 형성, 아군을 동시에 타격하는 북한군의 전형적인 전투 및 작전 수행방법.

# 6·25전쟁

# 창끝전투

## Icebreaker 1 개관

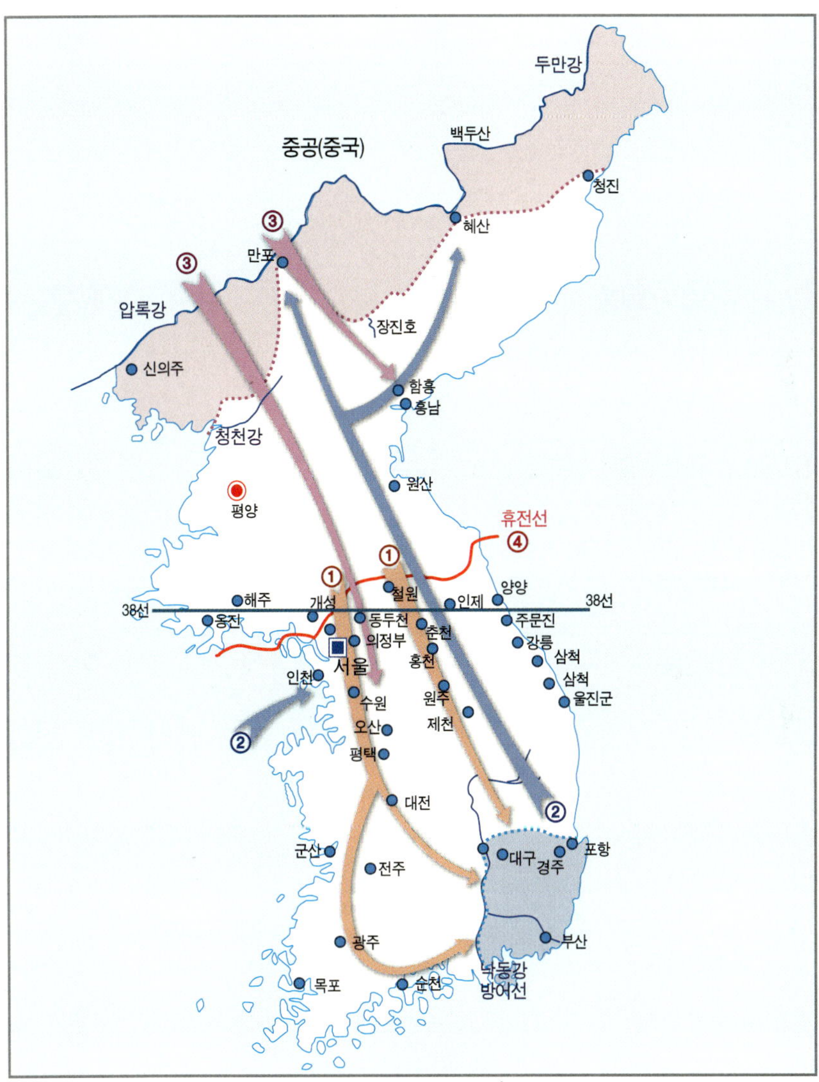


그림 1. 밀물과 썰물[1]

1 〈국방일보(2013. 6. 10)〉, "북 적화야욕 막아낸 자유수호 전쟁".

1950년 6월 25일 04:00, 북한군은 보·전·포 협동작전으로 38선 전 지역을 돌파하여 남한을 공격하기 시작했다.

이후 유엔군과 중공군의 순차적인 참전으로 인해 전쟁은 자유진영(유엔군) 대 공산진영(북·중 연합군)의 대결로 1953년 7월 27일 양측 간에 휴전이 조인될 때까지 마치 '밀물과 썰물(the tide and the ebb)'처럼 3년 동안이나 〈그림 1〉처럼 지속되었다.

이 3년 동안, 자유진영과 공산진영의 피를 말리는 공방전은 폭과 종심이 좁은 한반도 지역 내에서 여러 차례 반복되었다. 이 3년간의 치열한 공방전은 〈표 1〉과 같이 총 4단계로 진행되었다.

**표 1. 자유진영과 공산진영의 공방전**[2]

| 구 분 | | 전선의 흐름 | 기 간 |
|---|---|---|---|
| ① | 기습남침 | 북한의 기습남침, 서울 피탈 | 3일 |
| | 지연방어 | 한강선 => 낙동강선 | 1개월 |
| | | 낙동강 방어작전 | 1.5개월 |
| ② | 반격 | 낙동강선 => 38도선 | 15일 |
| | 북진 | 38도선 => 압록강선 | 1개월 |
| ③ | | 평양북방에서의 전투 | 1.5개월 |
| | 후퇴 | 평양 => 서울 | 1개월 |
| | 재반격 | 38도선 연합 공방전 | 7개월 |
| ④ | 교착전 | 휴전협상과 고지쟁탈전 (38도선 일대) | 2년 |

2 〈국방일보(2013. 6. 10)〉, "북 적화야욕 막아낸 자유수호 전쟁".

# Icebreaker 2 6·25전쟁 1단계

## "남침과 낙동강 방어선으로의 지연방어(1950. 6. 25~9.14)"

북한군은 주타격방향을 서울로 지향하면서, 한강 이북 지역에서 국군의 주력을 포위소멸하기 위해 파상공세(波狀攻勢)를 전개하였다. 이 공격계획은 〈그림 2〉와 같이 소련군 군사고문단에 의해 작성되었고, 이 계획을 실현하기 위해 북한군은 소련군 군사고문단에 의해 강도 높은 교육훈련을 받았다. 그 결과 북한군은 개전 3일 만(1950. 6. 28)에 서울을 점령했다.

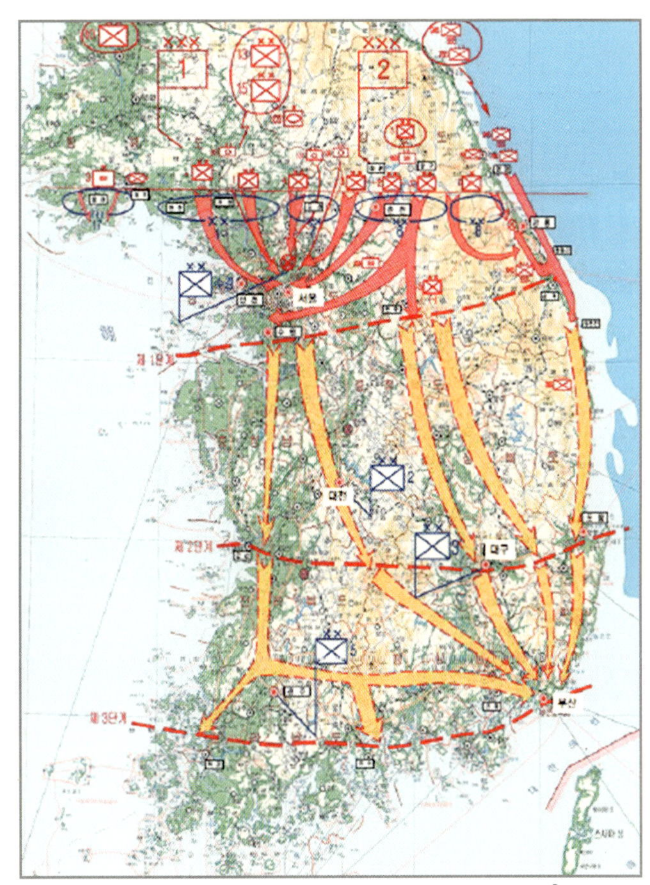


그림 2. 소련군 군사고문단이 작성한 선제타격 계획[3]

3 〈국방일보(2013. 6. 25)〉, "'북 기습남침' 구소련 문서공개로 명명백백".

그러나 이런 북한군의 압도적인 전투력과 사전에 치밀하게 계획된 공격계획에도 불구하고 1950년 7월 1일 유엔군이 참전하여 〈그림 3〉과 같이 지연방어를 전개하자 북한군의 공격기세는 저하되기 시작했다. 특히, 북한군 상황을 면밀히 파악하던 중국 첩보조직들은 북한군이 대전전투(1950. 7. 20) 이후 공격한계점에 도달한 것으로 판단하여, 중국 정부는 6·25전쟁에 개입할 준비를 시작하였다.[4]

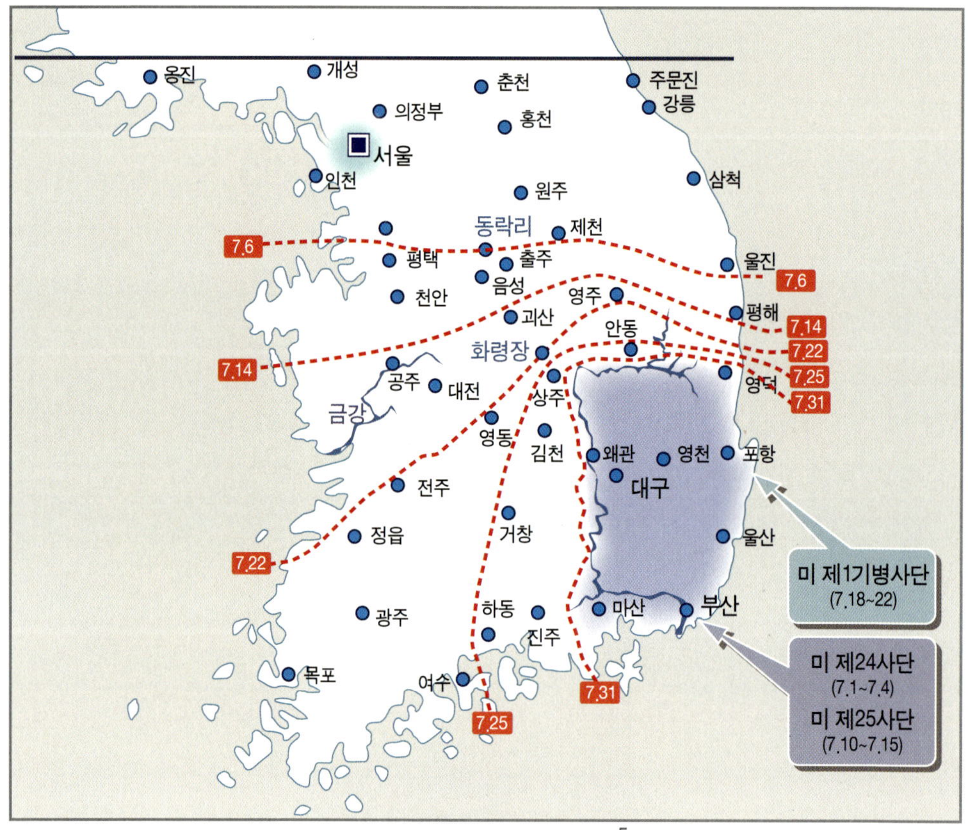


**그림 3. 유엔군의 참전과 지연전**[5]

---

**4** 조상근, 「한국전쟁에서의 중공 지도부의 인천상륙작전 예측과정」, 『군사』 제71호, 군사편찬연구소, 2009.

**5** 〈국방일보(2013. 6. 12)〉, "악조건 속 동락리·화령장에서 쾌승".

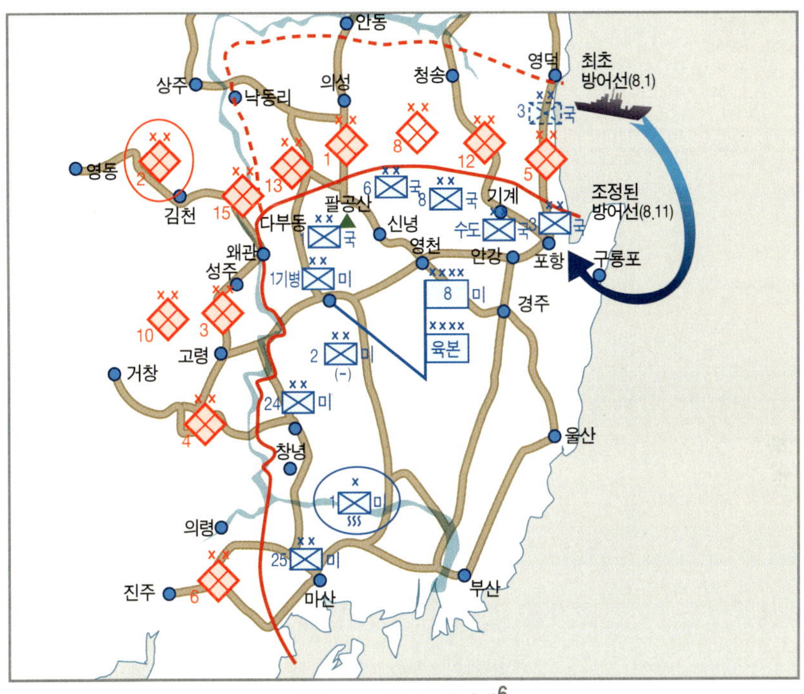


그림 4. 낙동강 방어선[6]

미 8군사령관인 워커 장군은 1950년 8월 1일부로 전 예하부대를 통제하여 〈그림 4〉와 같이 낙동강 방어선을 형성하였다.

유엔군은 낙동강 방어선에서 북한군의 8월 및 9월 공세를 성공적으로 저지하였다. 또한 당시 유엔군은 북한군에 비해 압도적인 제공권과 제해권을 점하고 있었고, 이들은 과도하게 신장된 북한군의 병참선을 집중적으로 타격했기 때문에 북한군의 전력은 급격히 저하되었다. 반면, 유엔군은 증원부대가 속속 부산항을 통해 도착하고 있었기 때문에 공세이전의 여건을 조성할 수 있었다.

6 〈국방일보(2013. 6. 13)〉, "'워커' 죽음으로 지켜라 방어 결의".

# Icebreaker 3 6·25전쟁 2단계

## "인천상륙작전과 북진(1950. 9. 15~10. 24)"

1950년 9월 13일, 영천 전투를 끝으로 북한군의 9월 공세는 사실상 끝이 났다. 영천전투 이후, 북한군은 더 이상의 공격이 불가능하였다. 그렇지만 이미 한반도의 90%를 점령한 김일성은 낙동강 방어선 일대의 북한군을 철수시키기 않았다. 오히려 그는 경인 지역에 배치된 예비부대(18사단 87연대, 849전차연대)마저 낙동강 방어선으로 투입시켰다. 그 결과 북한군은 자신들의 후방을 방호할 적절한 전력을 보유하지 못하게 되었다.

맥아더 장군은 이런 호기를 놓치지 않았고, 곧바로 반격으로 전환하였다. 그는 태평양 전쟁 당시 11회의 상륙작전을 계획 및 지휘한 경험과 1945년 9월 8일에는 일본군을 무장해제하기 위해 인천에 미 1개 연대를 상륙시킨 경험을 보유하고 있었다. 그리고 그는 상륙장소의 여건보다는 상륙 후 적의 철수로와 병참선을 신속히 차단할 수 있는 지리적 여건을 더 중요시했다. 그 결과 유엔군은 1950년 9월 15일, 인천상륙작전을 감행하게 되었다. 당시 인천상륙작전은 전형적인 망치와 모루전법(Hammer and Anvil Tactics)[7] 이었다. 당시 미 10군단은 〈그림

7 강신철, 「알렉산더 대왕의 망치와 모루 전술: 합동과 제병협동의 뿌리를 찾아서」, 『군사연구』 120호, 육군본부 군사연구소, 2004, pp. 357-358. '망치와 모루' 전법은 기동전의 대표적인 전술로 마케도니아의 왕 필리포스(BC 359-336)가 처음으로 도입한 개념이다. 그는 개별 전투요소의 통합을 이루었을 뿐만 아니라 공격전술의 기본개념인 이 '망치와 모루' 개념을 처음으로 확립한 인물이다. 그는 에파미논다스의 사선진 전법(병력을 우익 또는 좌익에 집중 배치한 전투대형으로 기원전 371년 류크트라 전투에서 테베군이 최초로 사용)으로부터 주공과 조공의 개념을 도입해 병력을 나누어 운용하는 방법을 배웠는데, 기병을 주공부대로 보병을 조공부대로 운용했다. 즉 기병으로 하여금 망치 역할을 하면서 적을 포위하도록 하고, 보병에게는 기병 공격을 돕기 위해 모루 역할을 맡겨 적을 붙잡아 놓도록 했다.

5>와 같이 망치로서 인천에 상륙했고, 낙동강 방어선 내의 미 8군은 모루로서 미 10군단과 연결작전을 실시하여 철수로가 차단된 북한군을 격멸하였다.

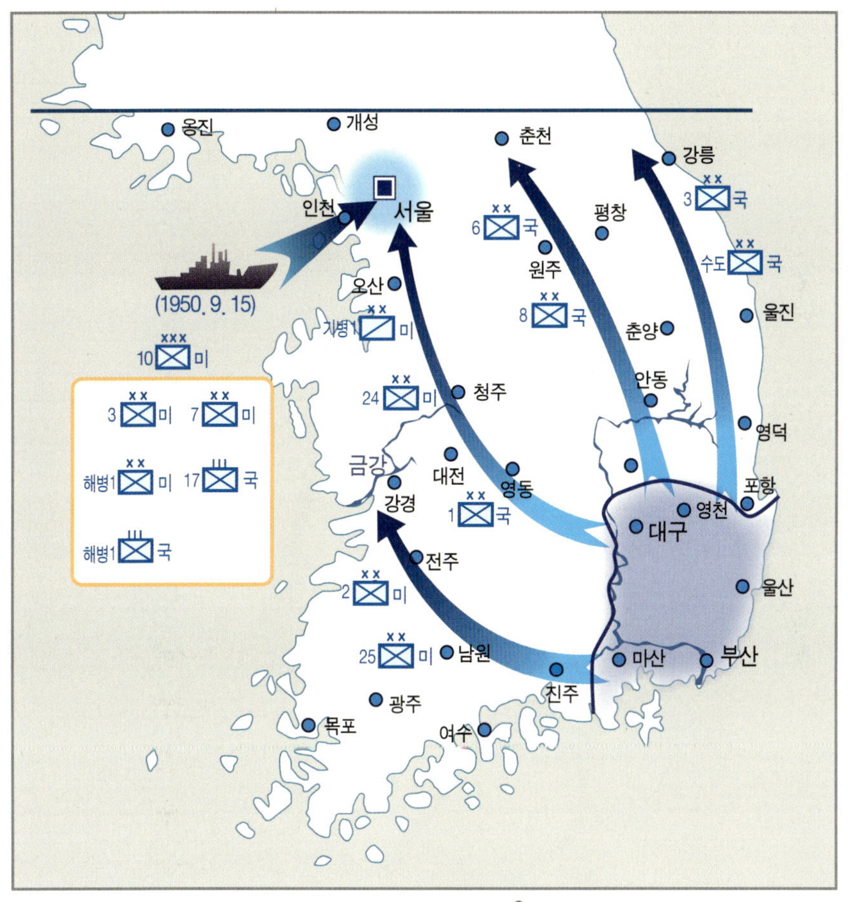


그림 5. 인천상륙작전[8]

8 〈국방일보(2013. 6. 17)〉, "맥아더 인천상륙… 전세 일거 역전".

1950년 9월 26일, 인천상륙작전 이후 11일 만에 미 10군단과 미 8군은 오산에서 연결작전에 성공했고, 유엔군은 9월 30일 38선 일대까지 진출하게 되었다. 6·25전쟁 이전의 영토를 회복한 유엔군은 〈그림 6〉처럼 10월 1일부로 38선을 넘어 북진을 시작했다. 10월 10일에는 미 10군단이 원산을, 20일에는 미 1군단이 평양을 점령했고, 24일에는 청천강에 도달했으며, 국군 6사단은 10월 26일 국경 일대 초산에 도착했다.

그림 6. 유엔군의 북진[9]

9 〈국방일보(2013. 6. 18)〉, “10월 1일 38선 첫 돌파… 진격 개시”.

# Icebreaker 4 6·25전쟁 3단계

## "중공군의 참전과 유엔군의 재반격(1950. 10. 25~1951. 7. 9)"

유엔군의 북진은 순조롭게 진행되는 것처럼 보였다. 그러나 적대국과는 절대로 국경을 같이 하지 않는다는 중공의 군사전략은 6·25전쟁을 또 다른 국면으로 접어들게 하였다. 중공군 5개 군 18개 사단 25만 명은 이미 북한의 산악지역에 은거하면서 이미 승리감에 도취되어 '추수감사절 공세'를 전개하고 있는 유엔군을 지켜보고 있었다. 북한의 지형은 낭림산맥을 중심으로 동과 서로 분리되어 있었고, 각각의 지역 또한 종격실 산맥 및 능선의 영향으로 좌우로 횡단할 수 있는 도로가 극히 제한되었다.

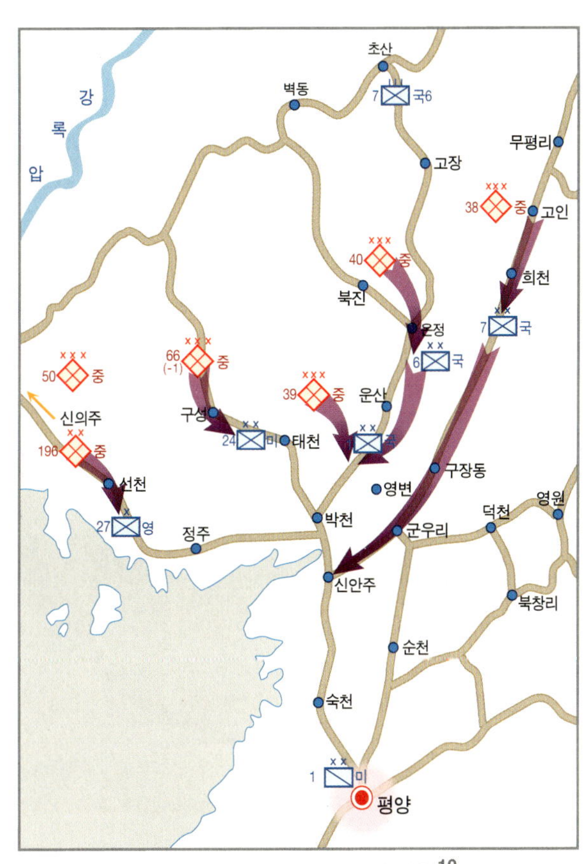


그림 7. 중공군의 1차 공세 계획[10]

10 조상근, 『Fog of War – 인천상륙작전 vs 중공군』, 서울: 집문당, 2010, p. 90.

중공군은 이런 유엔군의 방심과 북한의 지형을 최대한 활용하여 1951년 10월 25일 서쪽에서 북진하는 미 8군을 대상으로 1차 공세를 감행한다. 당시 중공군은 〈그림 7〉처럼 전략적 포위와 전술적 포위를 배합하여 미 8군의 주력을 섬멸하려고 하였다.

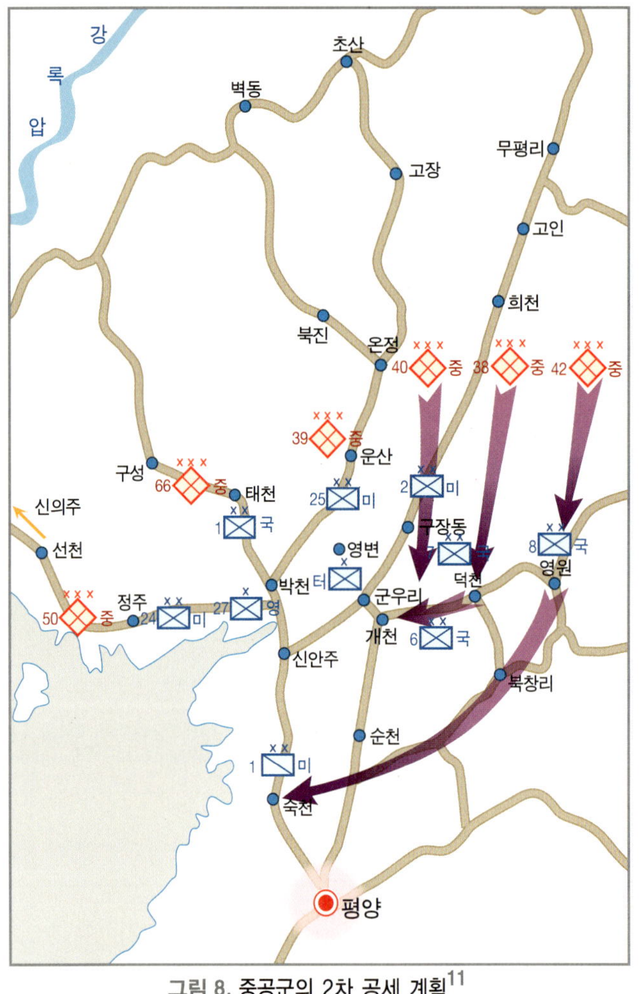


그림 8. 중공군의 2차 공세 계획[11]

그러나 국군 1사단이 운산 전투에서 중공군 39군과 40군의 정면압박을 저지하고, 국군 7사단이 비호산 전투에서 중공군 38군의 우회기동을 저지하여 미 8군은 중공군의 다중 포위망에서 가까스로 벗어날 수 있었다.

중공군의 1차 공세에도 불구하고 유엔군은 중공군의 실체를 제대로 파악하지 못했다. 유엔군은 다시 '크리스마스 공세'를 전개하는데, 중공군은 1차 공세와 마찬가지로 유엔군을 북한 북부지역의 산악지역으로 유인하여 격멸하려고 하였다. 새로이 중공군 9

11 조상근, 『Fog of War — 인천상륙작전 vs 중공군』, p. 104.

병단이 증원되자 서부 지역은 팽덕회가 지휘하는 13병단이 〈그림 8〉처럼 미 8군을, 동부 지역은 송시륜이 지휘하는 9병단이 미 10군단을 공격하게 되었다.

11월 말 미 8군이 군우리 지역에, 미 10군단이 장진호 지역에 도달하자 중공군의 2차 공세가 시작되었다. 중공군은 전략적 포위와 전술적 포위를 배합하고, 제파식 공격으로 연합군의 예하부대들을 격파해 나가기 시작했다. 나팔과 피리를 불면서 야간공격하는 중공군 자체가 유엔군에게는 공포의 대상이 되어버렸다. 그렇지만 서부전선에서 미 1기병사단이 전략적 포위망을 형성하기 위해 우회기동하는 중공군 42군을 북창에서 저지하고, 동부전선에서 미 해병1사단의 '후방으로의 공격'으로 인해 유엔군은 다시 한 번 중공군의 다중 포위망을 벗어나게 된다. 특히, "해병대 역사상 부하를 적진에 남겨둔 경우는 없다"라고 강조하면서 지상철수를 진두지휘한 미 1해병사단장 스미스 소장과 "미군이 피난민을 흥남에 두고 간다면 국군 1군단은 피난민을 엄호하면서 철수하겠다"라고 강조하면서 피난민 10만 명의 생명을 구한 김백일 장군은 아직까지도 우리 기억 속에 자리 잡고 있다.

중공군의 2차 공세 이후, 유엔군은 38도선으로 철수하여 방어선을 형성하였다. 전황은 다시 한 번 6·25전쟁 이전의 상태로 돌아간 것이다. 중공군은 12월 31일, 공격기세를 유지하기 위해 〈그림 9〉처럼 3차 공세를 개시하였다. 1951년 1월 4일, 유엔군은 서울을 재피탈당하고 다시 한 번 철수하여, 37도선을 연하는 선에서 방어선을 구축하였다. 그렇지만 중공군의 공세는 그리 오래가지 않았다. 왜냐하면 서부전선의 38도선 이남 지역은 대부분 평지라서 중공군은 미군의 강력한 화력에 대단히 취약했으며, 병참선의 신장으로 작전지속능력이 저하되었기 때문이었다. 중공군의 3차 공세 이후, 전 전선에서 중공군은 자취를 감추었다. 새로 부임한 미 8군사령관인 리지웨이 장군은 1951년 1월 15일, 실추된 미군의 사기를 향상시키고 중공군의 실체를 파악하기 위해 수원 방향으로 위력수색(작전

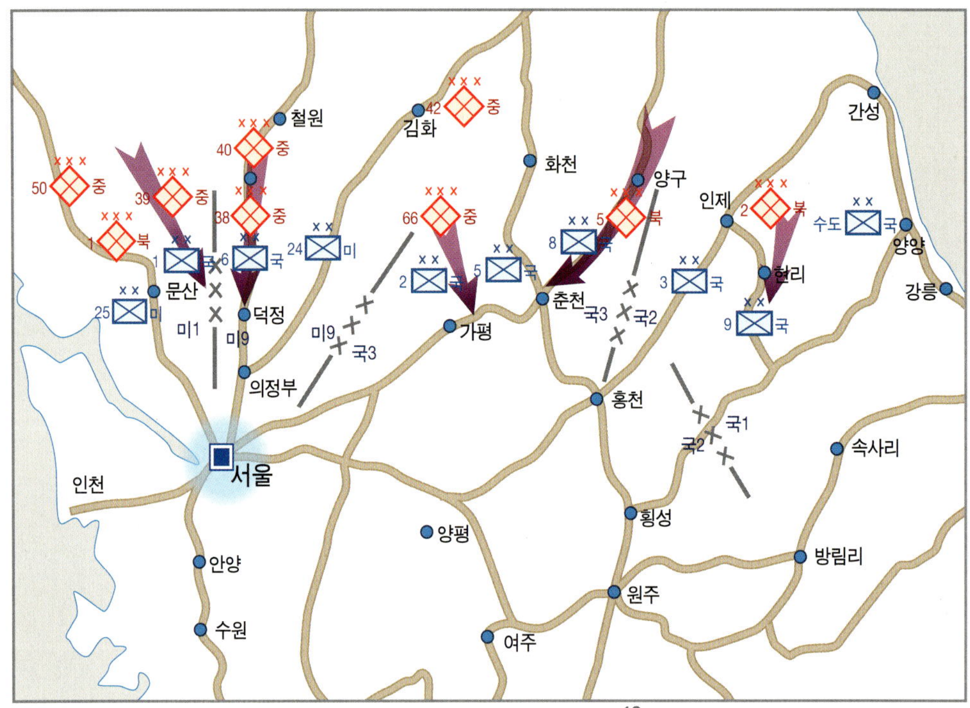


**그림 9. 중공군의 3차 공세 계획**[12]

명: Wolfhound)을 지시했다. 그러나 수원 일대의 중공군의 저항은 약했고, 그들의 화력이나 반격전력도 미비했다. 리지웨이 장군은 위력수색 결과 중공군이 현재 또 다른 공세를 준비하고 있는 것이 아니라 전투력을 복원하고 있다고 판단하고 즉시 반격작전을 계획하였다.

1951년 1월 25일부터 미 1군단과 미 9군단은 〈그림 10〉처럼 각각 1개 사단을 투입하여 37도선에서 한강까지의 5개 통제선을 차근차근 통과하면서 제한된 공격작전(작전명: Thunderbolt)을 전개하였다. 그러나 한강 이남 지역에서의 중공군의 저항은 거세지 않았다. 리지웨이 장군은 1월 30일부로 미 1군단과 9군단에 공

---

**12** 조상근, 『Fog of War – 인천상륙작전 vs 중공군』, p. 116.

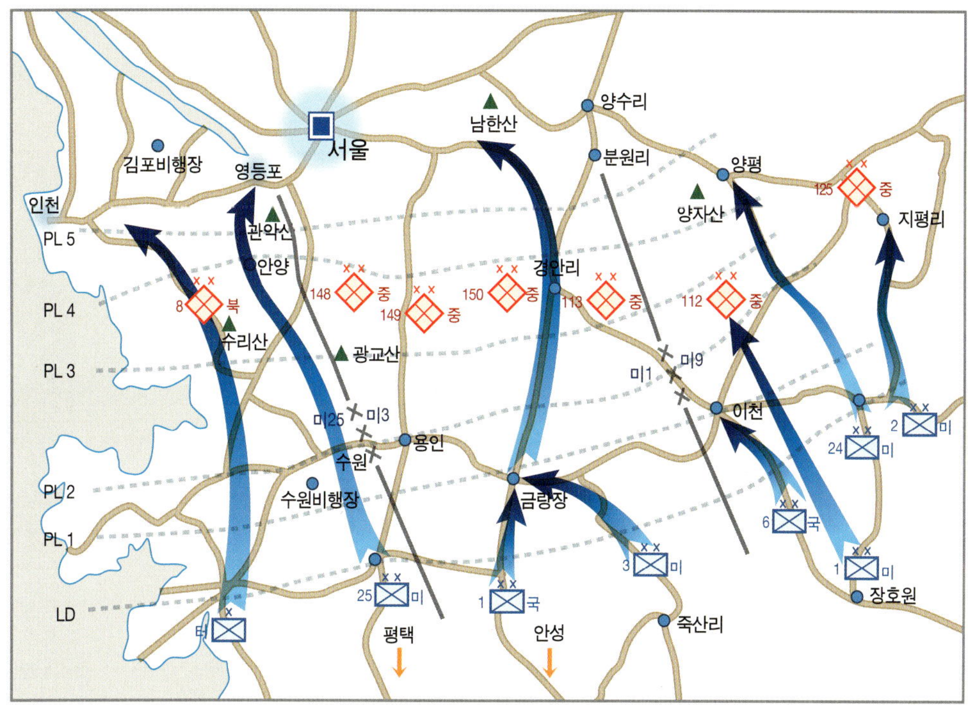


**그림 10. 유엔군의 썬더볼트 작전**[13]

격명령을 하달했고, 결국 이들은 2월 10일 한강 이북지역에 도달하였다.

그렇지만 유엔군의 전력이 중공군에 비해 월등하다고는 판단할 수 없는 상황에서 정치적 목표인 서울을 공격목표로 선정할 수는 없었다. 대신 리지웨이 장군은 서울 탈환을 위한 유리한 상황을 조성하기 위해 중동부 전선을 북상시키기 위한 라운드 업(Round Up) 작전을 계획했고, 1월 말 미 10군단 예하 미 2사단 23연대 전투단은 지평리로, 기갑부대는 원주를 향해 접적전진을 실시하였다.

그러나 중공군의 입장에서도 전장의 주도권을 유지하기 위해서는 유엔군의 공격을 간과할 수는 없었다. 이에 팽덕회는 9개 사단을 1951년 2월 11일, 유엔군

---

**13** 조상근, 『Fog of War－인천상륙작전 vs 중공군』, p. 134.

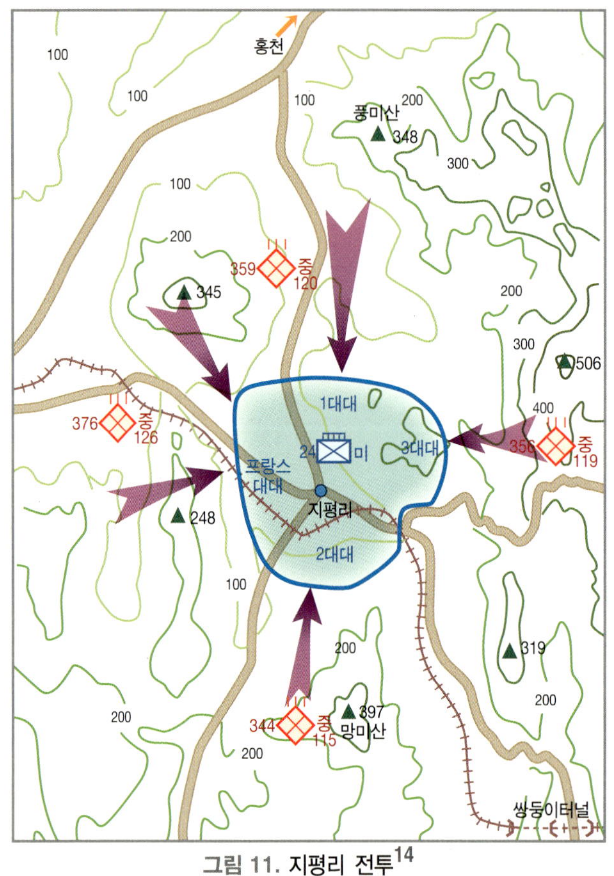


그림 11. 지평리 전투[14]

전선에서 돌출된 지평리와 횡성을 공격하는 4차 공세 1단계 작전을 전개했다. 중공군은 후방침투와 제파식 집중공격으로 국군 8사단과 3사단을 공격하였다. 국군 8사단은 중공군의 파상공세로 3시간 만에 붕괴되었지만, 국군 3사단은 조직적인 지연방어를 전개하면서 횡성 후방으로 종심공격을 실시하여 미 10군단의 퇴로를 차단하려는 중공군 66군을 저지하였다.

중공군의 횡성 공격으로 미 9군단 지역에 종심 깊은 돌파구가 형성되자 미 9군단 우측에 배치된 미 10군단도 전선조정이 불가피하였다. 그러나 지평리는 〈그림 11〉처럼 미 9군단과 10군단의 전투지경선이 지나는 지점으로서 양개 부대의 안정적인 전선조정을 위해서는 반드시 확보되어야 할 중요 지역이었다.

지평리에 위치한 미 23연대 전투단은 10군단의 전선조정을 끝까지 엄호한 후, 적진에 고립되었다. 2월 13일부터 중공군 2개 사단은 지평리를 포위하고 15일까지 미 23연대 전투단을 공격했다. 그러나 미 9군단 예하 크롬베즈 특임대(미 1기병

14 조상근, 『Fog of War — 인천상륙작전 vs 중공군』, p. 139.

사단 5연대)가 항공기와 포병의 강력한 화력지원으로 미 23연대 전투단과의 연결 작전에 성공하자, 중공군은 다시 어디론가 사라져버렸다.

지평리 전투에서 승리한 유엔군은 중공군과 싸워서 이길 수 있다는 자신감을 획득했다. 이에 리지웨이 장군은 중공군에게 새로운 공격을 준비할 시간적 여유를 주지 않고, 지평리 전투 이후 과도하게 남하되어 있는 동부전선 제천-영월 지역의 적을 포위 및 섬멸하기 위해 도살작전(Killer Operation)을 계획하였다. 1951년 2월 21일, 미 9군단은 원주-횡성 방향으로, 국군 3군단은 제천-평창 방향으로

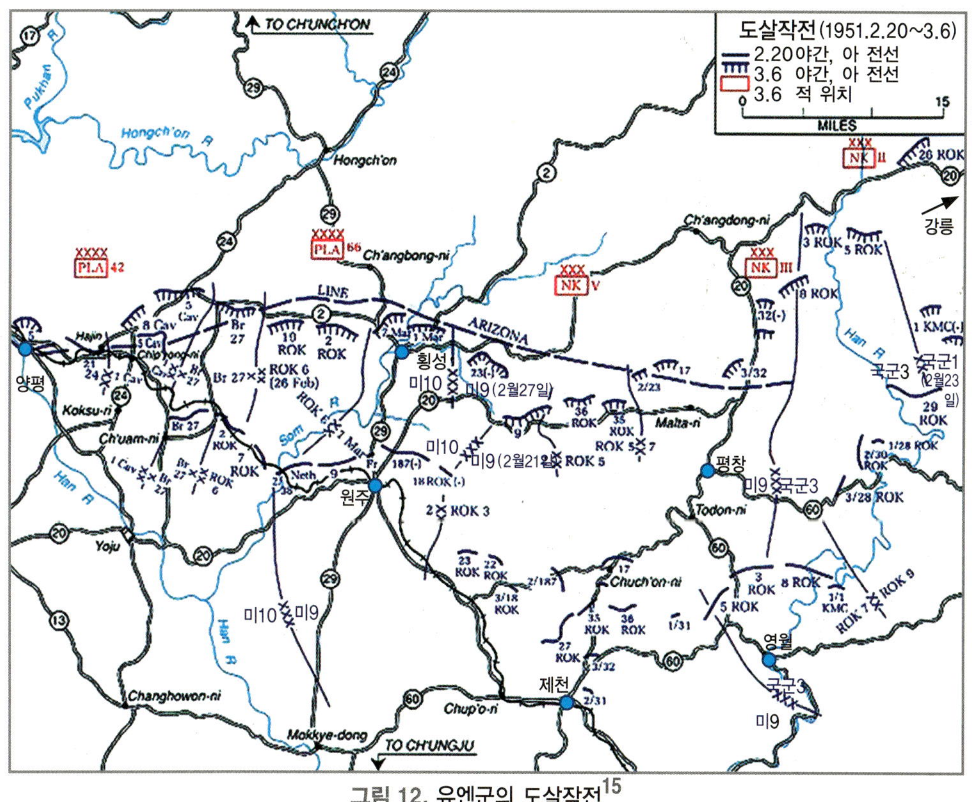

그림 12. 유엔군의 도살작전[15]

15 http://history.army.mil/books/korea/maps/map25_full.jpg.

공격했으나 악기상으로 인해 중공군의 주력은 섬멸하지 못했다. 그러나 3월 6일 작전이 종료되었을 때는 동부전선이 〈그림 12〉처럼 양평-횡성-속사리-강릉을 연하는 선까지 추진되었다.

도살작전 이후, 세계의 관심은 유엔군이 언제 서울을 재탈환할 것인가에 초점이 맞춰졌다. 그러나 리지웨이 장군은 서울을 직접 공격하는 것은 많은 피해가 불가피하다고 판단했다. 이에 그는 중부전선의 가평-춘천-홍천-횡성 방향으로 대규모 돌파구를 형성한 후, 서부의 중공군과 동부의 북한군을 분리시키고 서울

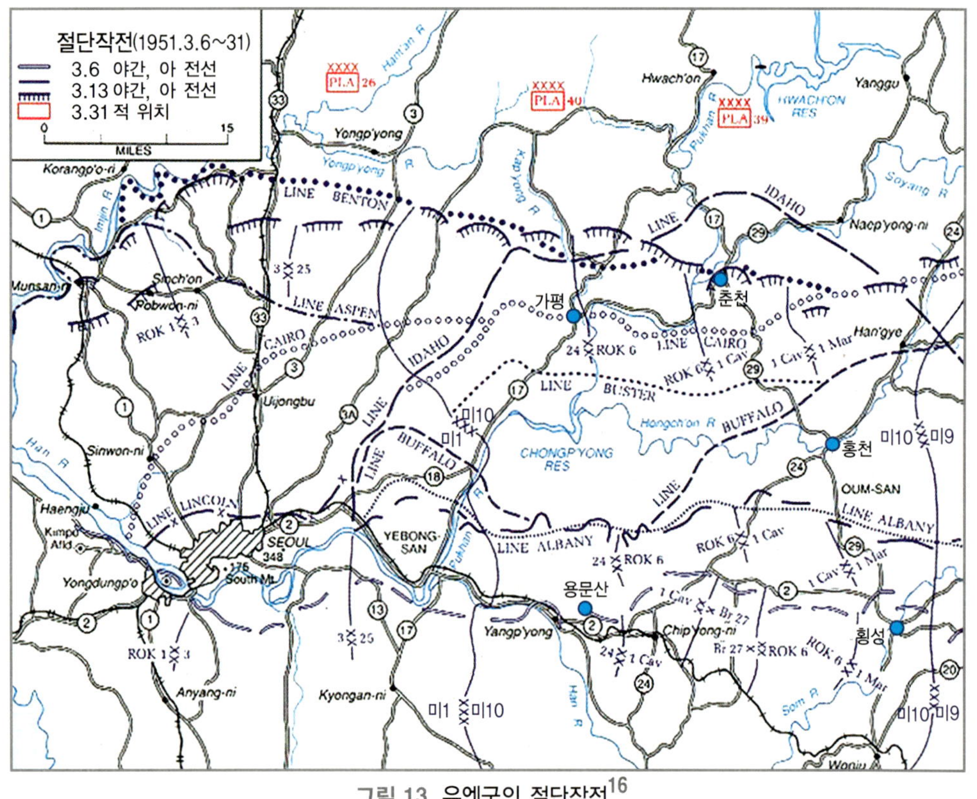


그림 13. 유엔군의 절단작전[16]

16 http://history.army.mil/books/korea/maps/map26_full.jpg.

을 동쪽에서 포위하는 절단작전(Ripper Operation)을 계획했다(〈그림 13〉 참조).

1951년 3월 7일, 미 9군단이 용문산-홍천을 공격하자 중공군의 전선은 급격히 붕괴하기 시작했다. 미 9군단의 주공인 미 1해병사단은 3월 14일 홍천 외곽까지 진출했고, 미 1기병사단은 3월 21일 춘천을 점령하였다. 그 결과 유엔군은 양평-춘천선을 확보하고 공격기세를 유지할 수 있었다.

이때 중공군은 이미 네 차례의 공세작전에서 전투력이 30% 이상 저하된 관계로 반격작전을 계획할 수 없었다. 이에 팽덕회는 본국에서 새로이 증파된 19병단 및 3병단의 전개시간을 확보하기 위해 1951년 4월까지 지연방어를 계획하였다. 팽덕회는 중공군과 북한군을 2개 제대로 편성하여 2개의 저지선을 점령했다. 이때 병력은 전경후중(前輕後重)의 원칙에 따라 1저지선에는 최소의 병력을 배치했고, 화력은 전중후경(前重後輕)의 원칙을 적용하여 1저지선에 최대로 배치하였다. 그 결과 조중연합군은 1951년 4월 말 증원병력인 중공군 19병단과 3병단이 38선 일대에 전개할 때까지 2개월 동안 유엔군의 공격을 저지할 수 있었다.

중공군의 4차 공세 이후, 휴전 논의가 시작되었다. 왜냐하면 전 세계의 예상과는 달리 선전하고 있는 중공군의 전력과 소련군의 직간접적 개입을 무시할 수 없었기 때문이었다. 그 결과 유엔군은 다시 북진한다거나 중공군의 주력을 격멸하기 위한 대규모 작전을 더 이상 구사할 수 없게 되었다. 이로 인해 유엔군은 현 접촉선에서 유리한 위지를 선점하기 위한 전술적 차원의 소규모 작전을 전개하기 시작했다. 그 대표적인 예가 1951년 4월 1일부터 9일까지 실시한 요철작전(Rugged Operation)이다. 미 8군은 요철작전을 통해 중공군의 별다른 저항없이 임진강-연천-화천저수지-양양에 이르는 캔사스 선(Kansas Line)에 진출했다.

그러나 중공군이 4월 10일부터 평강-철원-김화를 연결하는 철의 삼각지대에 집결하기 시작했다. 유엔군은 4월 11일부터 〈그림 14〉처럼 캔사스 선의 방어를 더욱 견고히 하기 위해 캔사스 선 전방 10~20km 지점에 전초선(Wyoming Line)을

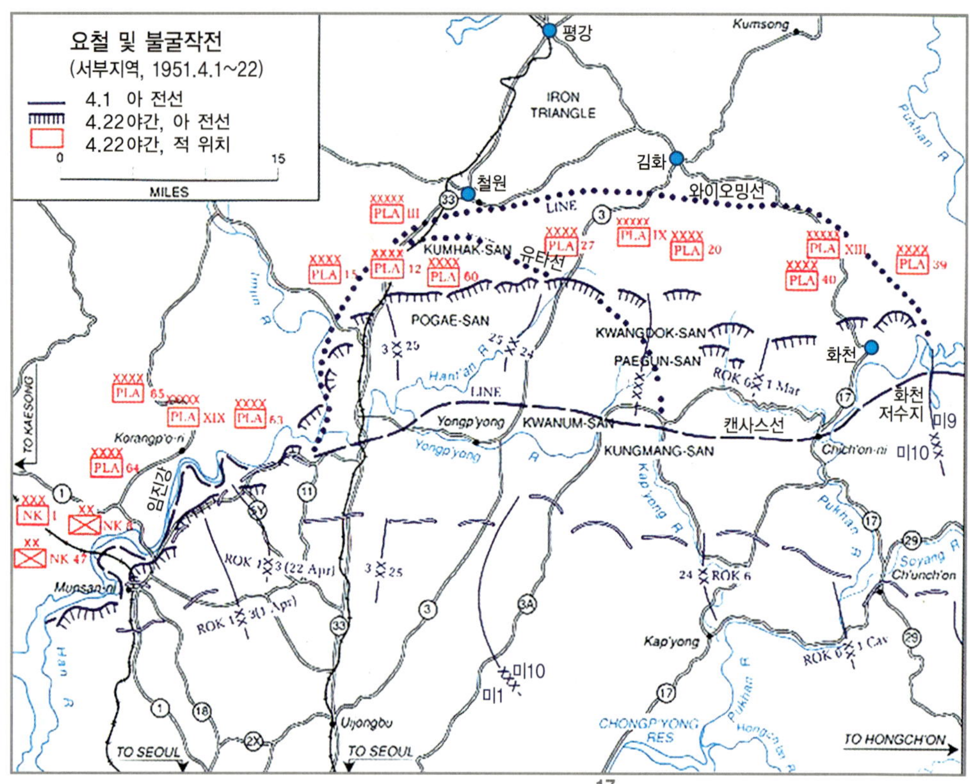

그림 14. 요철 및 불굴작전[17]

형성하고, 교통의 중심지인 철의 삼각지대를 확보하기 위해 불굴작전(Dauntless Operation)을 전개하였다. 그렇지만 중공군의 저항은 예상외로 강력했다. 리지웨이 장군은 이것을 중공군의 대규모 공세의 징조로 판단하고, 전 예하부대에 급편방어로 전환하여 적의 공격에 대비하라고 지시했다.

중공군 또한 유엔군처럼 휴전에서 유리한 고지를 점하기 위한 승리가 절실히 필요했다. 이에 조중연합군 사령관 팽덕회는 "30만 5천 명의 대병력을 투입하여 서

17 http://history.army.mil/books/korea/maps/map29_full.jpg.

울을 탈취해 모택동에게 노동절 선물로 바친다"라는 복안 아래 5차 공세 1단계 작전을 전개하였다. 1951년 4월 22일, 강력한 공격준비사격에 이어 중공군 예하부대들은 〈표 2〉와 〈그림 15〉와 같이 각자의 공격목표를 향해 여명공격을 시작하였다.

그러나 개성-문산 축선으로 공격하여 서울을 최단시간 내에 점령하려고 했던 중공군 19병단 9개 사단은 국군 1사단과 영국군 29여단이 파평산과 설마리에서 3일 간 선전함으로써 그들의 작전목적을 충분히 달성할 수는 없었다. 그리고 중부전선의 중공군 13병단 6개 사단도 국군 6사단에 심대한 피해를 입히고 종심으로 진출하기는 했으나 미 1해병사단과 영국군 27여단의 역습으로 철수하고 말았다. 동시에 서부전선의 중공군 3병단과 9병단도 유엔군의 강력한 화력에 심대한 피해를 입고 철수하였다. 결국 팽덕회는 1951년 4월 29일부로 전 예하부대에 유엔군과의 접적을 단절하고 급편방어로 전환하라고 지시했다.

중공군의 5차 공세 1단계 작전이 끝나고 양측은 잠시 소강상태에 접어들었다.

그러나 1951년 5월 초부터 중공군은 다시 분주하게 움직이기 시작했다. 리지웨이 장군에 이어 미 8군사령관에 부임한 밴플리트 장군은 중공군에게 또 다시

**표 2. 중공군 5차 공세 1단계 작전 시 전투편성**

| 구 분 | 주 공 | | | 조 공 | |
|---|---|---|---|---|---|
| | 서 부 | | | 중 부 | 동 부 |
| 공격제대 | 중공군 19병단 | 중공군 3병단 | 중공군 9병단 | 중공군 13병단 | 북한군 3·5군단 |
| 공격축선 | 개성-문산 | 영천-동두천 | 김화-포천 | 화천-춘천 | 인제-신남 |
| 공격목표 | 국군 1사단, 영 29여단 | 미 3사단, 터키여단 | 미 25사단, 미 24사단 | 국군 3사단 | 국군 5사단 |
| 공격임무 | 전략목표인 서울 점령 | | | 미 1해병사단 견제 | 미 2·7사단 견제 |
| | | | | 서부전선으로 전환 방지 | |

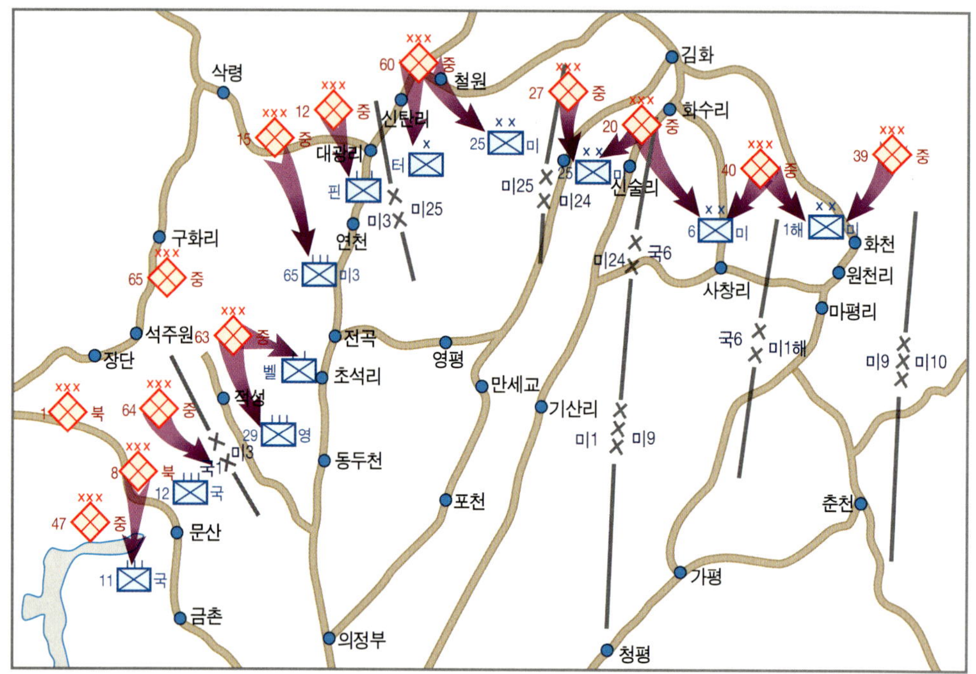


그림 15. 중공군의 5차 공세 1단계 작전[18]

공격을 허용한다면 차후 휴전협상에서 주도권을 상실할 수도 있다고 판단했다. 이에 그는 현 접촉선에서 한 발자국도 물러서지 않기 위해 중공군이 접근할 경우 '밴플리트 사격'[19]이라 불리는 강력한 화력으로 그들을 격멸하라고 지시했다.

유엔군사령부는 이번에도 중공군이 휴전협상에서 유리한 고지를 점하기 위해 서울을 공격할 것으로 판단했다. 그 결과 미 3사단과 같은 미 8군의 예비전력은 대부분 서부전선 후방에 배치되었다. 그 결과 국군이 배치된 중동부 전선의 종심

18 조상근, 『Fog of War – 인천상륙작전 vs 중공군』, p. 157.

19 밴 플리트 사격은 적의 인해(人海)전술을 화해(火海)전술로 대응한다는 개념으로 탄약통제보급률을 다섯 배로 상향 조정시켜 제한 없이 사격하도록 하는 것이다. 이는 화력에 취약한 중공군의 약점을 십분 활용한 전술이면서 유엔군 장병들의 생명을 지키고자 했던 밴 플리트 장군의 지휘철학에 근거한 것이었다.

은 상대적으로 얇아졌다. 그러나 밴 플리트 장군은 중동부 전선이 대부분 산악지역이므로 국군이 산악지형을 잘 이용한다면 중공군의 공격을 막아낼 수 있을 것으로 판단했다.

그렇지만 중공군의 주공은 중동부의 국군을 지향했다. 왜냐하면 팽덕회는 아무리 병력이 우세하더라도 화력이 열세하면 유엔군을 상대로 승리할 수 없다는 교훈을 5차 공세 1단계 작전에서 얻었기 때문이었다. 1951년 5월 16일, 중공군 예하 부대들은 〈표 3〉과 〈그림 16〉과 같이 5차 공세 2단계 작전을 전개하였다.

그러나 북한군 3·5·2군단이 험난한 지형으로 인해 3중 양익포위망의 우측 포위망을 형성하지 못하고, 중공군 3병단 예하 12군이 미 2사단 지역을 국군 5사단 지역으로 오인 공격함으로 중공군의 3중 양익포위작전을 성공하지 못했다. 오히려 포위망을 형성하기 위해 국군 종심으로 진출한 중공군 9병단 예하 20군과 27군이 고립되게 되었다. 이후 미 3사단과 미 187공수연대의 역습이 실시되자 국군 종심으로 70km를 진출한 중공군 20군과 27군은 순식간에 전의를 상실하게 되었

**표 3. 중공군 5차 공세 2단계 작전 시 전투편성**

| 구 분 | 견 제 | 조 공 | 조 공 | |
|---|---|---|---|---|
| | 서 부 | 중 부 | 동 부 | |
| 공격제대 | 중공군 19병단 | 중공군 3병단 | 중공군 9병단 | 북한군 3·5·2군단 |
| 공격축선 | | 가평-양평 | 오마치-침교-속사리 | |
| 공격목표 | 미 1·9군단 | 국군 6사단과 미 7사단 전투지경선 | 국군 5·7·9·3·수도·11사단 | |
| 공격임무 | 견제 | 서부전선의 미군과 동부전선의 국군 분리 | 3중 양익포위로 국군 격멸 | |

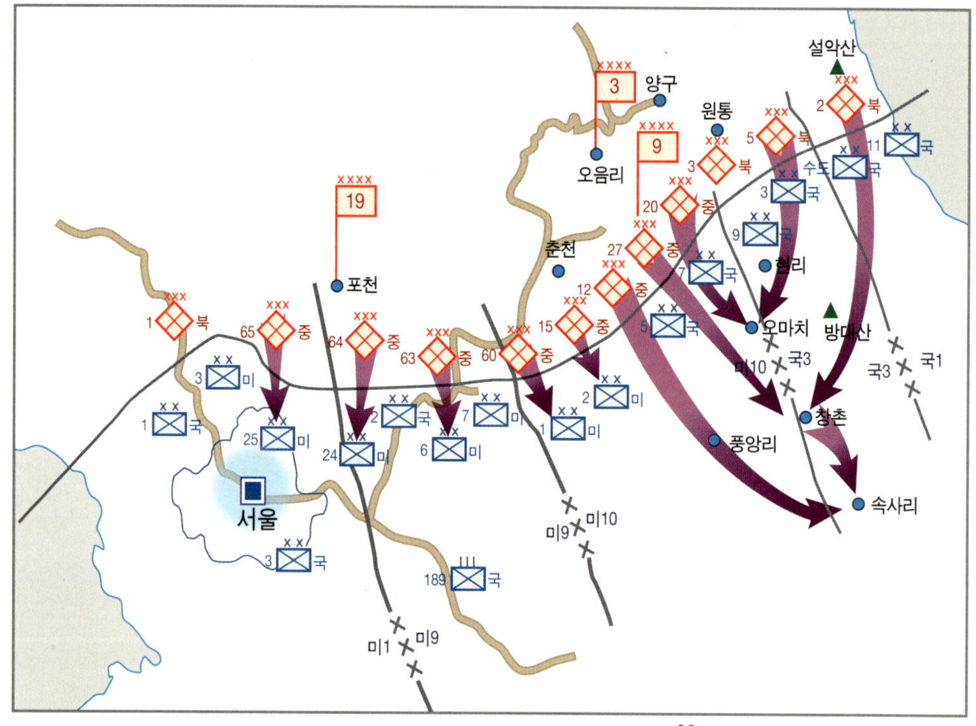


그림 16. 중공군의 5차 공세 2단계 작전[20]

다. 결국 팽덕회는 동부전선에서 종심으로 진출한 예하 부대에 철수명령을 하달했다. 그렇지만 게르하르츠 및 하젤 특수임무부대에 의해 퇴로가 차단된 중공군 180사단의 경우 국군 6사단의 역습으로 괴멸적인 피해를 입고 대붕호(화천호)를 오랑캐를 격파한 호수라는 뜻의 파로호(破虜湖)로 만들어버렸다.

이후, 유엔군은 공격기세를 유지하여 3차 반격작전을 실시하였고, 5월 말에는 다시 38선을, 6월 중순에는 문산-철원-간성에 이르는 선까지 진출하게 되었다.

20 조상근, 『Fog of War－인천상륙작전 vs 중공군』, p. 164.

# Icebreaker 5 6·25전쟁 4단계

"자유진영과 공산진영 간의 휴전협상 및 38선 일대에서의 고지쟁탈전(1951. 7. 10~1953. 7. 27)"

1951년 7월 10일, 양측 간의 첫 번째 휴전회담이 시작되었다. 이 휴전회담은 1953년 7월 27일 휴전이 조인될 때까지 수도 없이 진행되었다. 왜냐하면 38선 일대에서의 전술적 승리는 휴전회담에서의 주도권 장악을 위한 유용한 수단이자 방법이었기 때문이었다.

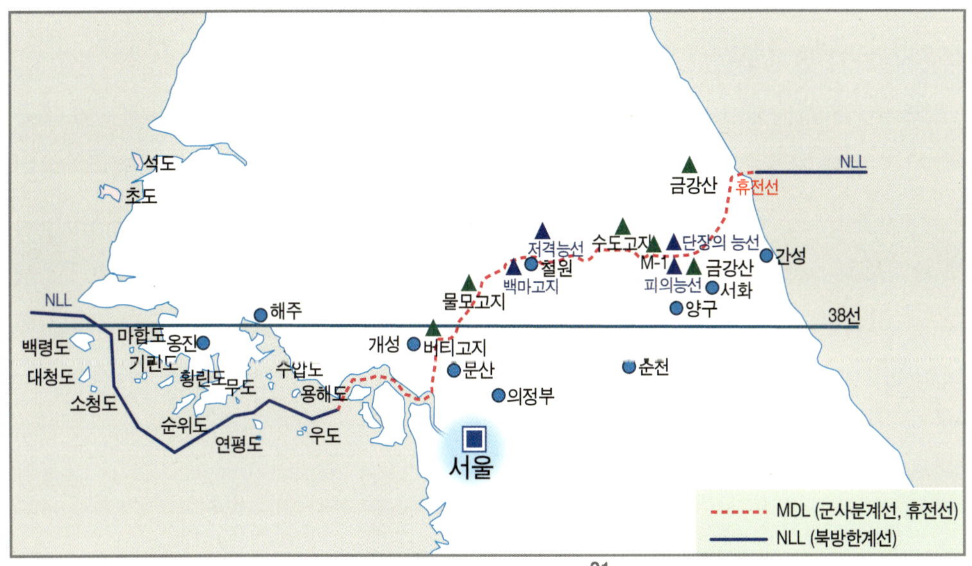

그림 17. 주요 고지쟁탈전[21]

21 〈국방일보(2013. 6. 21)〉, "2년 협상 끝에 7월 27일 정전".

유엔군과 조중연합군은 38선 전 지역에서 한 치의 땅이라도 더 빼앗기 위해 치열한 고지쟁탈전을 전개하였다. 포로 교환, 군사분계선 및 비무장지대 설정과 같은 정치적 이슈가 붉어질 때마다 38선 일대의 주요 고지는 하루에도 몇 번이나 주인이 바뀌었다. 특히, 1952년 말부터 휴전회담에서 주요 정치적 이슈가 결렬될 때마다, 38선 일대의 주요 고지들의 고도는 막대한 양의 화력이 집중되어 조금씩 낮아졌다. 〈그림 17〉과 같이 백마고지 전투, 저격능선 전투, 피의 능선 전투, 단장의 능선 전투 등이 휴전회담이 진행될 동안 발생한 대표적인 고지쟁탈전이다.

양자 간의 휴전회담은 치열한 고지쟁탈전과 함께 2년이나 지속되었고, 결국 1953년 7월 27일 10:00, 판문점에서 정전협정이 조인되었다. 이로써 3년간의 동족상잔의 비극은 끝이 났다. 하지만 6·25전쟁이 남긴 상처는 너무도 컸다. 이 전쟁을 통해 국군은 약 62만 명의 사상자가 발생했으며, 유엔군은 약 15만 명 이상의 사상자가 발생하였다. 그리고 약 37만 명의 민간인이 희생되었다.

그러나 우리는 모든 역경을 극복하고, 전쟁 이후 가장 짧은 시간 안에 전후복구에 성공하여 지금은 전 세계의 첨단기술을 주도하고 있는 선진국이 되었다. 이러한 성공은 6·25전쟁 당시 국가를 위해 희생한 우리의 선배 전우들과 자유주의와 국제평화를 위해 기꺼이 자신의 목숨을 바친 유엔군의 희생이 없었다면 불가능했을 것이다(〈표 4〉 참조). 따라서 우리는 그분들의 희생을 절대로 잊어서는 안 될 것이며, 아직도 6·25전쟁은 끝나지 않았다는 사실 또한 잊지 말아야 할 것이다.

**표 4. 6·25전쟁 참전국[22]**

| 구 분 | 국 가 |
|---|---|
| 전투부대 파병국 (16) | 미국, 영국, 캐나다, 터키, 호주, 필리핀, 태국, 네덜란드, 콜롬비아, 그리스, 뉴질랜드, 에티오피아, 벨기에, 프랑스, 남아공, 룩셈부르크<br>※ 미국, 영국, 캐나다, 터키는 연 인원 1만 명 이상의 병력을 파병했다. |
| 의료 지원국 (5) | 노르웨이, 덴마크, 스웨덴, 이탈리아, 인도 |
| 전시물자 지원국 (32) | 과테말라, 도미니카, 대만, 라이베리아, 레바논, 멕시코, 버뮤다, 베네수엘라, 베트남, 사우디아라비아, 스위스, 아르헨티나, 에콰도르, 엘살바도르, 오스트리아, 온두라스, 우루과이, 이란, 이스라엘, 이집트, 인도네시아, 일본, 자메이카, 칠레, 캄보디아, 코스타리카, 쿠바, 파나마, 파키스탄, 헝가리 |
| 전후복구 지원국 (7) | 독일, 리히텐슈타인, 모나코, 바티칸시티, 아이티, 파라과이, 페루 |
| 지원의사 표명국 (3) | 나카라과, 볼리비아, 브라질 |

22 〈국방일보(2013. 6. 10)〉, "북 적화야욕 막아낸 자유수호 전쟁."

# Ⅰ. 2사단 25연대 1대대 2중대의 매복전투

One Point Lesson Ⅰ

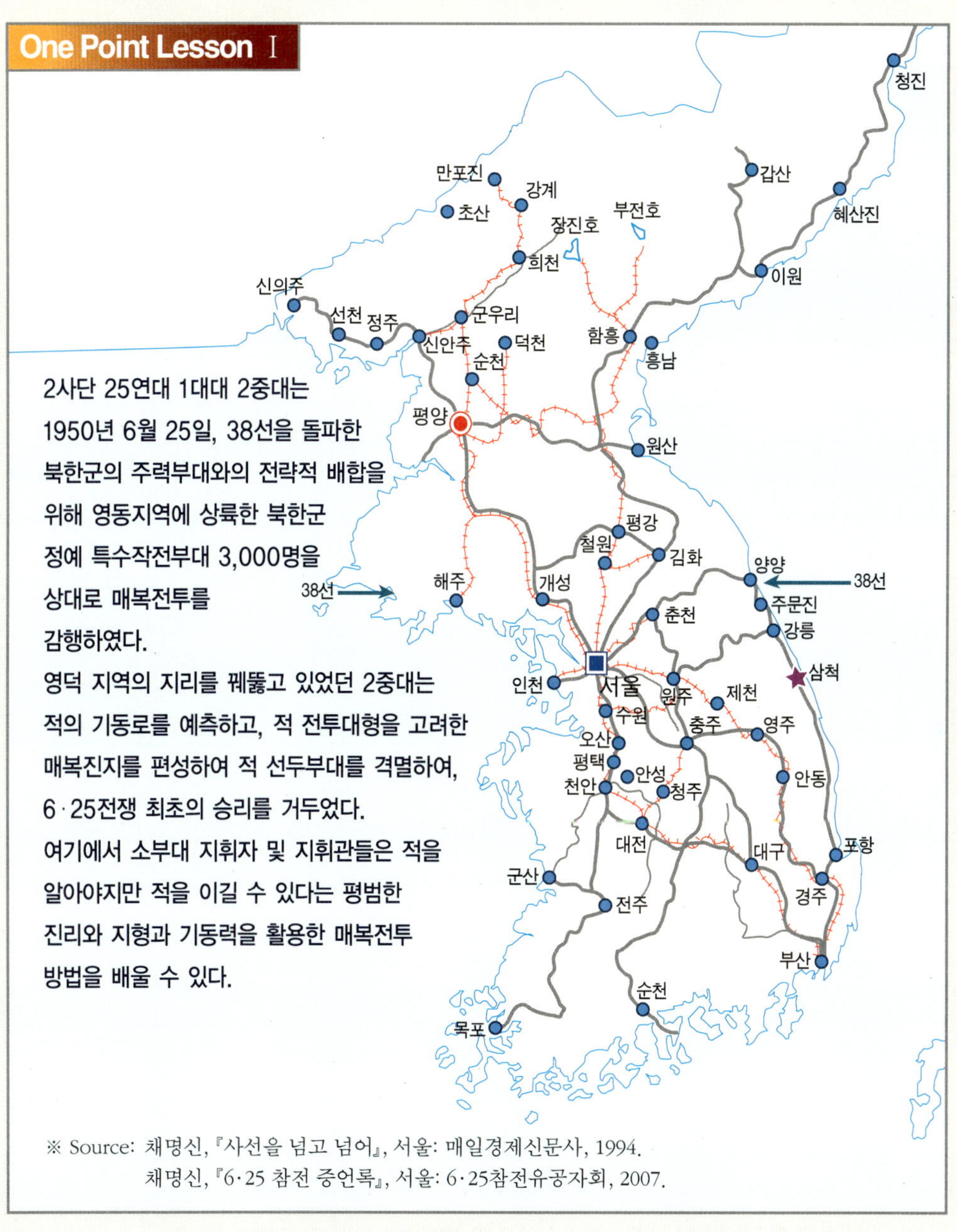


2사단 25연대 1대대 2중대는 1950년 6월 25일, 38선을 돌파한 북한군의 주력부대와의 전략적 배합을 위해 영동지역에 상륙한 북한군 정예 특수작전부대 3,000명을 상대로 매복전투를 감행하였다.
영덕 지역의 지리를 꿰뚫고 있었던 2중대는 적의 기동로를 예측하고, 적 전투대형을 고려한 매복진지를 편성하여 적 선두부대를 격멸하여, 6·25전쟁 최초의 승리를 거두었다.
여기에서 소부대 지휘자 및 지휘관들은 적을 알아야지만 적을 이길 수 있다는 평범한 진리와 지형과 기동력을 활용한 매복전투 방법을 배울 수 있다.

※ Source: 채명신, 『사선을 넘고 넘어』, 서울: 매일경제신문사, 1994.
채명신, 『6·25 참전 증언록』, 서울: 6·25참전유공자회, 2007.

## Ⅰ. 2사단 25연대 1대대 2중대의 매복전투

매복전투를 수행하기 위해서는 소부대 전투제대를 적의 전투대형과 동일하게 적 접근 경고, 적 본대 저지, 적 첨병 및 첨병소대를 격멸할 수 있도록 지형을 고려하여 편성해야 한다.

- 채명신 장군의 매복전투 수행절차 -

1950년 6월 25일 새벽 4시, 북한은 38선을 넘어 기습적으로 남침하였다. 이로 인해 채명신 대위가 지휘하는 25연대 1대대 2중대는 장기간의 대게릴라작전을 마치자마자 집결지인 안동에서 다시 38선으로 향했다. 이때 연대본부는 2중대에게 즉각 부대이동을 중지하고 삼척 지역으로 상륙한 북한군 정예병 3,000명을 저지, 격멸하라는 명령을 하달받았다. 그들은 남쪽으로 후퇴하는 우리 정부와 군 주력의 퇴로를 차단하고, 전방에서 압박하는 북한군 주력부대와 전략적 배합을 통해 단기간 내에 우리 전쟁지도본부와 주력을 격멸하여 6·25전쟁을 조기에 종료시키기 위한 특수작전부대였다.

하지만 2중대의 병력은 200명 정도였다. 단 200명으로 3,000명을 상대하는 것은 계란으로 바위를 치는 것과 다름없었다. 이에 채명신 대위는 아군의 피해는 최소화하면서 적의 피해는 최대화하는 철저한 게릴라 전술을 전개하기로 결정하였다. 그는 태백산 지역에서 오랜 시간 동안 대게릴라작전을 수행하면서 게릴라 전술을 누구보다도 상세히 알고 있었고, 수많은 작전을 통해 영동 지역의 지리와 지세를 꿰뚫고 있었다.

채명신 대위는 부하들에게 "적은 분명히 여러 제대로 분산하여 내륙으로 침투할 것이고, 첨병-첨병소대(-)-중대(-1)-본대 순으로 남하할 것이다. 또한 이들은 내륙으로 신속히 진출하기 위해 주요 계곡을 이용할 것이다. 따라서 우리는 적의 예상 침투로 상에 위치한 계곡에 매복하고, 적의 첨병소대를 격멸한 후 신속하게 그 지역을 이탈하는 전술을 사용할 것이다"라고 말했다.

이후 채명신 대위는 지형정찰을 실시하여 북에서 남으로 발달된 계곡로를 발견하고, 예하 소대들을 전투제대로 나누어 배치하였다. 2중대는 계곡로 중간에 중대(-)가, 이로부터 500m 북쪽으로 1소대, 또 이로부터 2km 북쪽에 경계병을 배치했고, 그리고 중대(-)로부터 500m 남쪽에 3소대(-)를 배치하였다. 우선 경

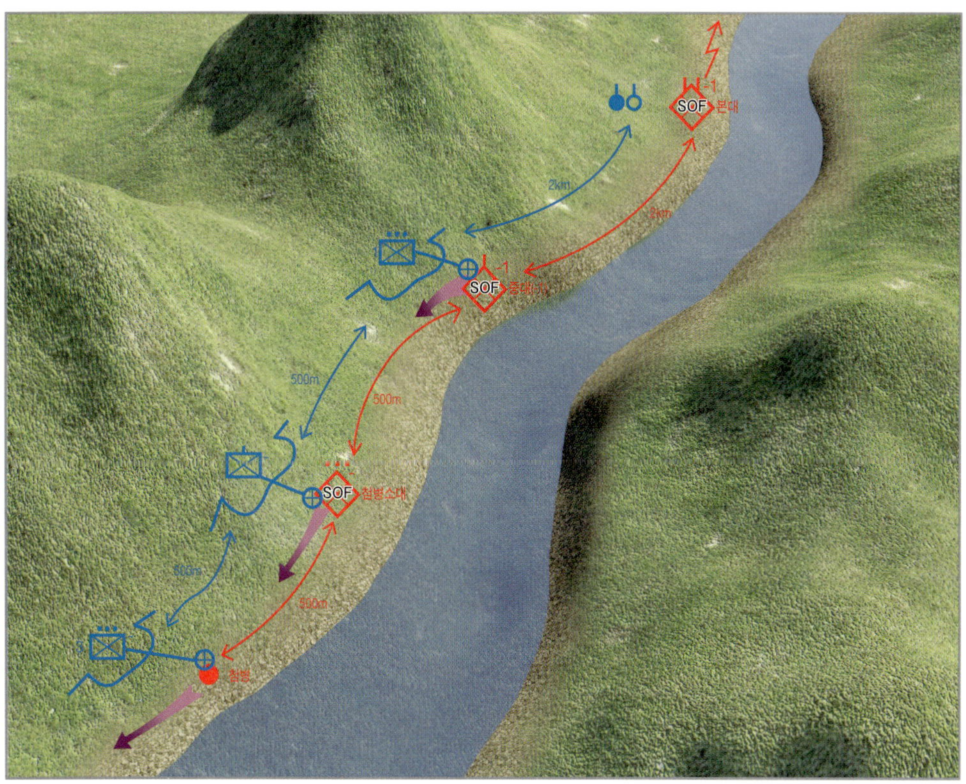


그림 18. 2중대 매복작전

계병은 적의 접근을 조기에 경고하고, 북쪽 1소대는 중대(-)가 적의 첨병소대를 공격할 시 적 중대(-)의 증원을 저지하며, 남쪽에 배치된 3소대(-)는 적의 첨병을 격멸하는 임무를 부여받았다.

얼마 후 경계병이 적의 첨병 5~6명이 경계대형을 갖추고 계곡으로 진입했다고 보고하였다. 채명신 대위는 적 첨병들을 흘려보내고, 적 첨병소대(-)가 중대(-) 전방에 접근하기만을 기다렸다. 적 첨병소대(-)가 중대(-) 전방에 나타나자 채명신 대위는 일제히 사격명령을 지시했다. 이 순간 적 첨병들과 첨병소대(-)는 2중대의 조준사격으로 지리멸렬(支離滅裂)되었다. 적의 중대(-1)는 첨병소대(-)와 이격되어 있었기 때문에 적시 적절한 증원을 하지 못하고 그저 총소리만을 들었다.

채명신 대위는 곧바로 현장을 정리하고 2차 매복전투를 위해 신속히 이동하였다. 채명신 대위는 2차 매복지점으로 이동하여 매복진지를 편성하면서 대대장에게 전과를 보고하였다. 대대장은 2중대의 전과를 격찬했지만, 곧바로 2중대에게 안동으로 복귀하라는 명령을 하달했다.

여기에서 소부대 지휘자 및 지휘관들은 매복전투의 진수를 배울 수 있다. 후방으로 침투하는 적의 특수작전부대는 경계 및 방향탐지를 위해 첨병과 첨병소대(-)를 운용한다. 이때 아군이 적 전술을 무시하고 적의 첨병을 공격한다면, 오히려 아군의 위치가 탄로나 적의 본대로부터 역공을 당할 수 있다. 따라서 매복전투를 수행하기 위해서는 소부대 전투집단을 적의 전투대형과 동일하게 적 접근경고, 적 본대 저지, 적 첨병 및 첨병소대(-)를 격멸할 수 있도록 편성해야 한다. 채명신 대위는 태백산 일대에서 수많은 대게릴라작전을 통해 게릴라 전술과 그 지역 지형에 익숙했기 때문에 위와 같은 전과를 거둘 수 있었다.

1차 매복전투 이후 채명신 대위는 곧바로 2차 매복진지로 이동했다. 왜냐하면 1차 매복지점에서 지체할 경우, 오히려 적 주력으로부터 포위공격을 당할 수 있기 때문이었다. 이는 채명신 대위가 당시 상대적으로 전투력이 강한 적을 조금씩 소모시키는 전형적인 게릴라 전술을 구사했음을 입증한다. 현재 이 전술은 스워밍(swarming)으로 알려져 있다.

스워밍은 마치 참새가 마당에서 말리는 곡식을 두고 집주인과 벌이는 실랑이와 비슷하다. 집주인은 곡식을 말리기 위해 마당에 곡식을 펼쳐 놓고, 집주인이 사라지면 참새들은 어디선가 우르르 몰려든다. 그리고 집주인이 나타나면 어디론가 사라진다. 또 집주인이 집안으로 들어가면 참새들을 어디선가 우르르 나타나 곡식을 먹는다. 여기에서 참새들은 게릴라들로, 집주인이 말리는 곡식을 정규군의 전투력으로 비유할 수 있다. 참새들은 한꺼번에 모든 곡식을 먹지 않고, 집주인의 눈치를 보면서 조금씩 곡식을 먹어치운다. 결국 이런 실랑이가 장기간 지속되면 집주인의 곡식은 사라지게 되고, 참새들은 자신들의 목적을 달성하게 된다.

여기에서 2중대가 수행한 1차 매복전투는 참새들이 첫 번째로 곡식을 향해 몰려드는 것과, 2중대가 2차 매복지점으로 이동한 것은 참새들이 주인을 피해 날아갔다가 다시 곡식을 향해 몰려드는 것과 유사하다. 만약 당시 대대장의 철수명령이 없었다면 2중대는 남북으로 길게 뻗은 계곡에서 연속적인 매복섬멸전을 전개하여 북한군 특수작전부대에게 심대한 타격을 주었을 것이다.

현재 북한군은 특수작전부대를 24만 명 이상 보유하고 있다. 이들은 전쟁 시 북한군 정규군과 전술적, 작전적, 전략적 배합을 통해 우리의 전후방을 어지럽힐 것이다. 따라서 6·25전쟁 당시 2중대가 수행한 매복전투는 우리 군이 전·평 시 북한군 특수작전부대의 위협에 효과적으로 대처할 수 있는 교훈을 제공할 수 있다. 이 2중대의 매복전투는 소부대 지휘자 및 지휘관들이 반드시 연구 및 숙달해야 하는 유용한 전술기술임에 틀림없다.

# II. 2사단 25연대 1대대 2중대의 270고지 급편방어

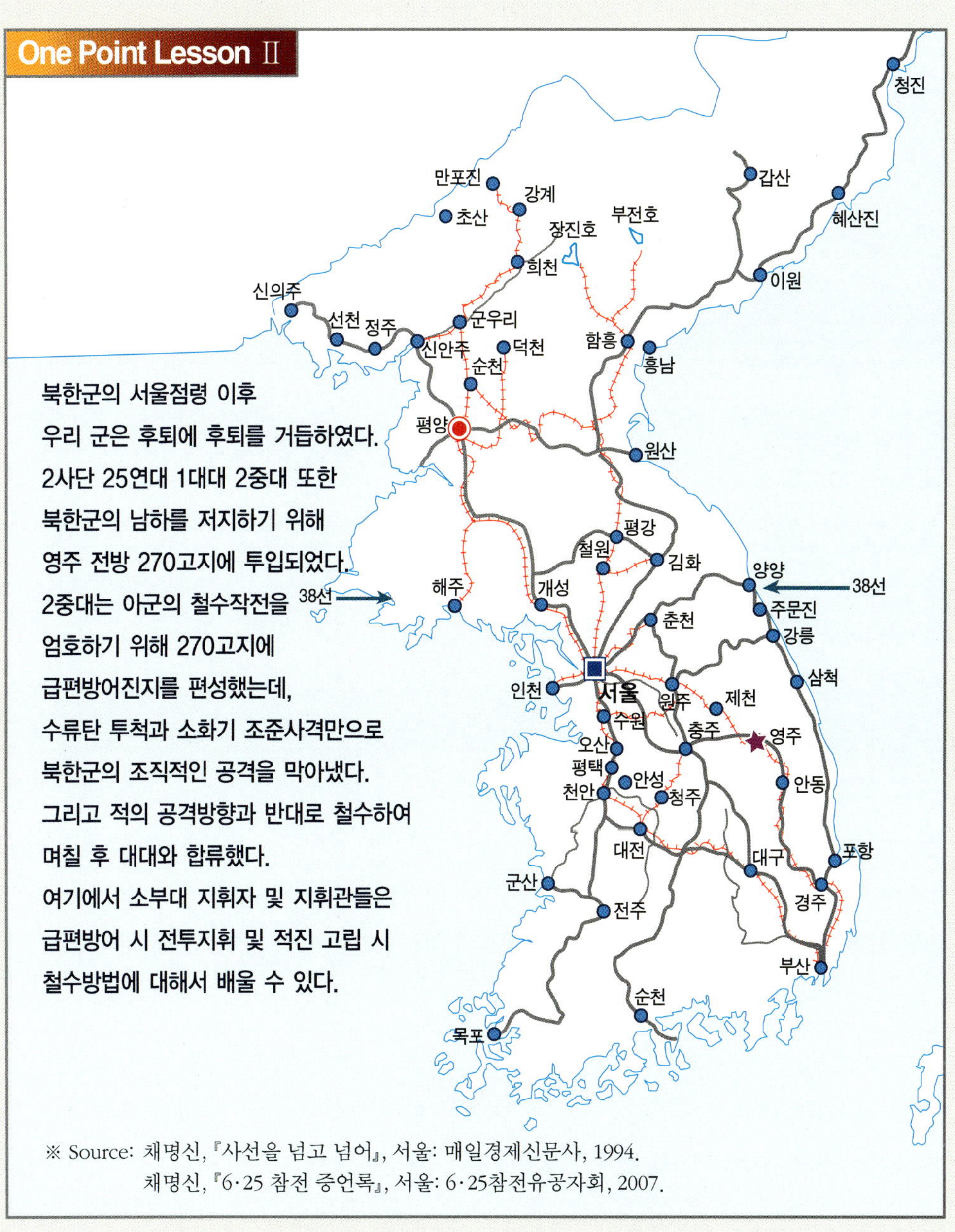


북한군의 서울점령 이후
우리 군은 후퇴에 후퇴를 거듭하였다.
2사단 25연대 1대대 2중대 또한
북한군의 남하를 저지하기 위해
영주 전방 270고지에 투입되었다.
2중대는 아군의 철수작전을
엄호하기 위해 270고지에
급편방어진지를 편성했는데,
수류탄 투척과 소화기 조준사격만으로
북한군의 조직적인 공격을 막아냈다.
그리고 적의 공격방향과 반대로 철수하여
며칠 후 대대와 합류했다.
여기에서 소부대 지휘자 및 지휘관들은
급편방어 시 전투지휘 및 적진 고립 시
철수방법에 대해서 배울 수 있다.

※ Source: 채명신, 『사선을 넘고 넘어』, 서울: 매일경제신문사, 1994.
채명신, 『6·25 참전 증언록』, 서울: 6·25참전유공자회, 2007.

## II. 2사단 25연대 1대대 2중대의 270고지 급편방어

가까운 길을 곧게만 가는 것이 아니라
돌아갈 줄도 알아야 한다(迂直之計).

- 孫子兵法의 軍爭篇 중에서 -

적의 특수작전부대의 일부를 격멸하고 25연대 1대대 2중대는 대대본부가 위치한 안동으로 복귀하였다. 이때 25연대 1대대는 풍기 근처에 있는 8사단 21연대에 합류하라는 명령을 하달받았다. 당시 우리 군은 북한군의 기습공격으로 후퇴에 후퇴를 거듭했고, 지휘관계보다는 지리적 접근성을 고려하여 이와 같은 단편명령이 수시로 하달되는 상황이었다. 우여곡절(迂餘曲折) 끝에 25연대 1대대는 풍기 남쪽에서 8사단 21연대에 합류하였다.

이후 2중대는 북한군의 공격기세를 둔화시키기 위해 다음 저지선으로 신속히 이동하였고, 영주로 진입하는 주요 도로를 통제할 수 있는 270고지에 급편방어진지를 편성하였다. 채명신 대위는 270고지에 도착하자마자 부하들에게 진지공사를 지시했다. 이때 채명신 대위는 특이한 방법으로 진지를 편성했는데, 부하들에게 사주방어가 가능하도록 고지 전사면과 후사면에 모두 진지를 구축하도록 지시했다. 왜냐하면 당시 아군의 상황은 계획에 의한 조직적인 저지선 형성이 아니라, 그저 북한군의 공격기세를 둔화시킬 목적으로 주요 목 지점에 가용부대를 배치시키는 형태라서 고립방어전투가 불가피했기 때문이다. 즉, 채명신 대위는 적진 후방에서 고립방어전투를 각오하고 부하들에게 사주방어진지 구축을 명령했던 것이다. 그리고 그는 부하들에게 개인호의 직경을 어깨너비보다 한 뼘 정도 넓게 구축하도록 지시했다. 개인호의 직경이 너무 넓을 경우 적의 강력한 곡사화기 화력에 취약하기 때문이었다.

얼마 후, 적의 정찰대가 270고지 주변에 나타나더니, 적의 포탄과 박격포탄이 낙하하기 시작했다. 곧바로 채명신 대위는 부하들에게 "적의 공격준비사격[23]이다. 포격이 끝날 때까지 호 밖으로 나오지 마라!"라고 명령하였다. 잠시 후, 270고지 일대는 하얀 포연과 폭발음으로 가득 찼고, 지축을 뒤흔드는 심한 진동이 밀려왔다(1).

약 20분이 지나자 적의 강력한 공격준비사격은 270고지 후사면으로 연신[24]되었다. 이것은 적의 지상공격이 시작된다는 신호였다. 아니라 다를까 270고지 전사면에는 대대병력의 북한군이 전개하여 공격하고 있었다(2). 채명신 대위는 부하들에게 "내 명령이 없이는 절대로 사격하지 말고, 적을 최대한 접근시켜 수류탄을 던지고, 조준사격을 실시해라! 수류탄은 1발 이상 투척하지 마라!"라고 명령했다. 북한군은 2중대의

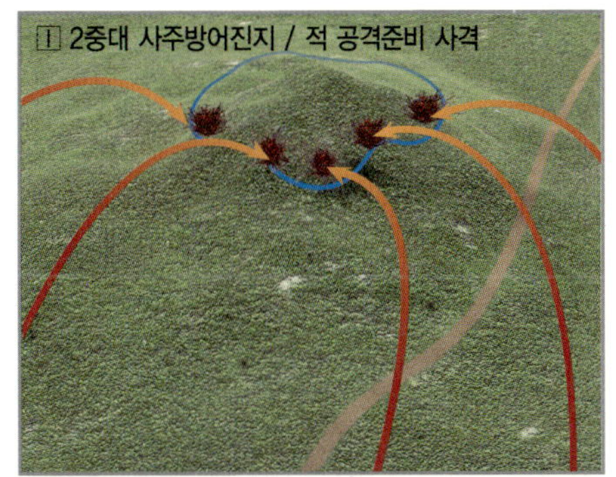

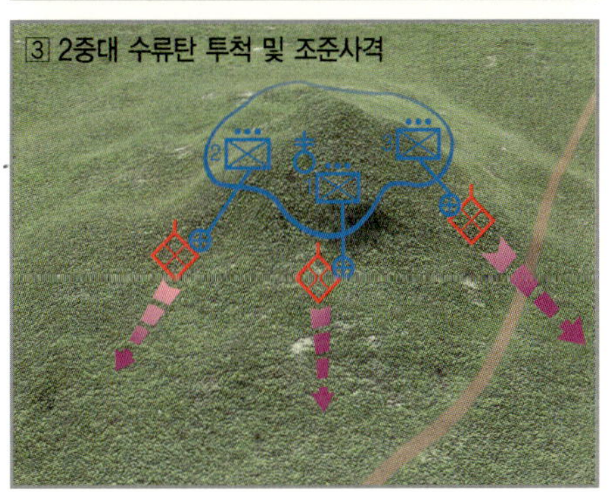


그림 19. 2중대의 270고지 사주방어

23 공격준비사격(preparation fire): 공격부대의 공격을 지원하기 위하여 적의 진지, 물자, 화력지원수단, 그리고 통신소, 지휘소, 관측소 등을 파괴·요란 및 제압하기 위하여 실시되는 사격.

24 연신(lift): 기동부대가 공격목표에 향해 접근할 때, 오폭을 방지하기 위해 곡사화력의 사거리를 신장시키는 것.

반응이 없자 자신들의 공격준비사격으로 2중대의 대부분이 전멸된 것으로 착각하고 신속하게 270고지 정상으로 공격했다. 이때 북한군은 횡대대형으로 전개하여 엄폐물[25]을 이용하여 교대전진[26]하였다. 채명신 대위는 이 모습을 관측하면서 북한군은 고도의 훈련을 받은 정예병력임을 직감하였다.

북한군이 진지전방 30m 지점에 이르자 채명신 대위는 "수류탄 한 발!"이라고 명령했고, 곧 북한군의 전투대형은 흐트러졌다. 이어서 채명신 대위는 "조준사격을 실시하라!"라고 명령했다. 갑작스런 수류탄 세례를 받은 북한군은 후퇴하기 시작했고, 잠시 후 더욱 강력한 북한군의 포격이 270고지 전사면에 작렬했다. 약 20분간의 포격이 종료되자, 270고지 전방에 북한군의 기마부대가 나타났다. 북한군이 2차 포격으로 2중대 대부분이 섬멸되었다고 판단했기 때문이었다. 이때 채명신 대위는 사격을 지시했고, 방심하고 있던 북한군의 기마부대는 순식간에 종적을 감추어버렸다(3).

이날 오후, 북한군은 공격을 재개하였는데, 1차 공격 때와는 달리 보다 넓게 전개하여 소규모 단위로 교대전진하면서 공격해왔다. 동시에 연막을 운용하여 2중대의 관측과 사격을 방해하였다. 이 방법은 몇 년 전 채명신 대위가 송악산에서 사용했던 공격방법이었다. 막상 자신이 사 용했던 전술로 공격을 받아보니 채명신 대위는 순간 당황했다. 하지만 그는 적의 소총 소리에 집중하면서 북한군의 접근거리를 판단했다. 채명신 대위는 자신의 청력에 모든 것을 의지하면서 부하들에게 수류탄 투척을 지시했다. 그러자 진지 전방에 접근했던 북한군은 또 다시 후퇴해버렸다.

이후 북한군의 추가적인 공격은 없었다. 대신 북한군은 270고지를 우회, 계속해서 남진했다. 그리고 북한군의 공격을 받은 대대본부는 영주 쪽으로 후퇴해 버렸

---

25 엄폐(cover): 지연 또는 인공적인 장애물에 의하여 적의 관측과 직사화기사격으로부터 보호되며, 곡사화기사격으로부터 부분적으로 보호되는 것.

26 교대전진(bounding overwatch): 소부대가 적과의 접촉이 긴박한 상황 하에서 이동제대를 나누어 기동과 감시·엄호를 반복, 상호 교대하면서 이동하는 기술.

다. 결과적으로 2중대는 적진에 고립되었다. 다행히 대대본부 및 인접부대와는 무전교신이 가능했다. 대대본부는 2중대장에게 남쪽으로 철수하여 대대와 합류하라고 지시했다. 그러나 채명신 대위는 곧바로 남진할 경우 적의 매복으로 전멸당할 수 있다고 판단하고, 야간에 북쪽으로 크게 우회하여 대대본부와 합류하기로 결정했다. 그리고 소대장들에게 "우리는 소대 단위로 분산하여 후퇴한다. 철수로는 북쪽의 산악지대를 경유하여 크게 우회한 후, 대대와 합류한다"라고 명령을 하달했다.

저녁 8시가 되자 2중대는 소대 단위로 남쪽을 향해 이동했다. 약 2시간 정도 지나자 산맥이 나타났고, 안개 또한 2중대의 기동을 적의 관측으로부터 은폐시켰다. 이후 산맥 정상에 도착한 2중대는 방향을 남쪽으로 전환하고 신속하게 남하하였다. 2중대의 철수작전은 약 5일 동안 진행되었다. 적의 관측을 피해 밤에만 기동했고, 식량은 현지 마을에서 조달했다. 마치 2중대는 게릴라처럼 주도면밀하게 소부대 단위로 분산하여 기동하였고, 결국 영주 남쪽 지점에서 대대에 합류할 수 있었다. 이후 2중대는 8사단 21연대의 일부로서 영천 북방 10km 지점에 방어진지를 편성하고, 북한군의 기나긴 8월 및 9월 공세를 막아냈다.

여기에서 소부대 지휘자 및 지휘관들은 후퇴 시 급편방어 방법, 적의 강력한 포격으로부터 생존할 수 있는 진지구축 방법 그리고 적진에 고립되었을 시 철수하는 방법을 배울 수 있다. 우선 2중대가 영주 전방 저지선에서 270고지 일대에 급편방어진지를 형성한 것은 북한군의 공격기세를 둔화시키면서 본대의 철수를 보장하기 위함이었다. 즉, 채명신 대위가 지휘하는 2중대는 지연방어 시 잔류접촉분견대 임무를 수행한 것이다. 잔류접촉분견대는 본대의 안전한 철수를 보장해야 하기 때문에 적진에 고립되기 쉽다. 이에 채명신 대위는 부하들에게 사주방어진지를 구축하라고 지시했던 것이다. 이러한 전투기술은 현대에도 유용하게 쓰일 수 있다. 왜냐하면 현재의 작전템포는 과거보다 더욱 빨라졌고, 이로 인해 모든 근접전투는 피아가 혼재된 상황하에서 진행될 가능성이 높기 때문이다. 다음으로 채명신 대위는 진지구축 시, 그 직경을 어깨 너비보다 조금 넓게 하였다. 이는 북한군의 강력한 포격으로부터 피해를 최소화하기 위한 조치였다. 현재 북한군은 강력한 포병화력을 보유하고 있으며, 개전 초기 휴전선 일대 아군의 전투진지와 각종 군사시설에 화력을 집중할 것으로 판단된다. 따라서 당시 2중대의 진지구축 방법은 개전 초기 아군의 생존성 보장에 큰 도움이 될 것으로 판단된다. 마지막으로 채명신 대위는 적진에 고립되었을 시 바로 남하하여 대대와 합류하지 않고, 북상 한 후 다시 산맥을 따라 남하하여 영주 남쪽 지점에서 대대에 합류하였다. 이것은 위기의 전술상황에서 발휘할 수 있는 전형적인 우직지계(迂直之計)의 예이고, 당시 채명신 대위는 우직지계의 정확한 의미를 꿰뚫고 철수작전을 지휘했기 때문에 최소의 희생으로 대대에 합류할 수 있었던 것이다.

# Ⅲ. 8사단 21연대 1대대 수색대의 역포위공격

## One Point Lesson Ⅲ

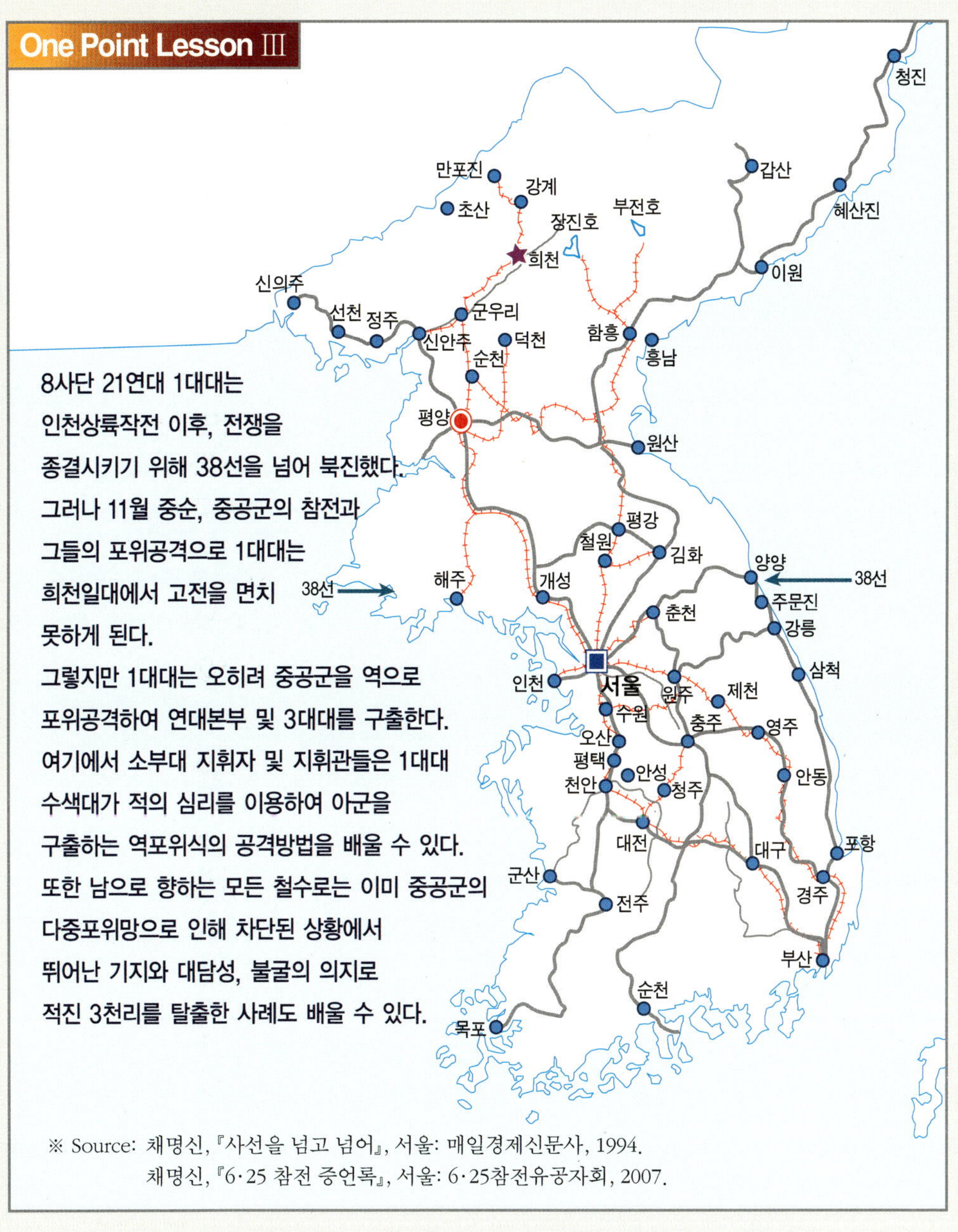


8사단 21연대 1대대는 인천상륙작전 이후, 전쟁을 종결시키기 위해 38선을 넘어 북진했다. 그러나 11월 중순, 중공군의 참전과 그들의 포위공격으로 1대대는 희천일대에서 고전을 면치 못하게 된다.
그렇지만 1대대는 오히려 중공군을 역으로 포위공격하여 연대본부 및 3대대를 구출한다.
여기에서 소부대 지휘자 및 지휘관들은 1대대 수색대가 적의 심리를 이용하여 아군을 구출하는 역포위식의 공격방법을 배울 수 있다.
또한 남으로 향하는 모든 철수로는 이미 중공군의 다중포위망으로 인해 차단된 상황에서 뛰어난 기지와 대담성, 불굴의 의지로 적진 3천리를 탈출한 사례도 배울 수 있다.

※ Source: 채명신, 『사선을 넘고 넘어』, 서울: 매일경제신문사, 1994.
채명신, 『6·25 참전 증언록』, 서울: 6·25참전유공자회, 2007.

## Ⅲ. 8사단 21연대 1대대 수색대의 역포위공격

> 6·25전쟁 당시 중공군은 전략적 포위(작전적 수준의 제대)와 전술적 포위(전술적 수준의 제대)를 배합하여 곧 전쟁이 끝날 것이라고 생각하고 북진하는 유엔군을 다중으로 포위하여 섬멸하려 했다.
>
> - 6·25전쟁 당시 중공군의 운동전 -

1950년 9월 15일, 유엔군의 인천상륙작전이 성공적으로 전개되자 낙동강 방어선 일대에 몰려있던 북한군의 주력은 순식간에 와해되었다. 왜냐하면 북한군은 1950년 8월 및 9월, 두 차례에 걸쳐 낙동강 전 전선에 걸쳐 총 공세를 펼쳤으나, 오히려 유엔군의 효과적인 연합작전 및 제병협동전투로 어느새 작전한계점에 도달했고, 유엔군의 전략적 포위(인천상륙작전)에 심리적으로 마비되어 조직적인 철수가 불가능했기 때문이다.

인천상륙작전으로 형성된 전략적 포위망 안에서 미 8군은 낙동강 방어선으로부터 38선 방향으로 북한군을 추격하기 시작했고, 인천상륙작전을 성공적으로 수행한 미 10군단은 이들의 퇴로를 빈틈없이 차단하였다. 그 결과 미 8군과 미 10군단의 협조된 공격은 순식간에 순조롭게 이루어졌고, 유엔군 예하부대들은 1950년 10월 1일에 38선을 넘어 북진하기 시작했다. 이때 채명신 소령이 지휘하는 21연대 1대대도 8사단의 일부로서 38선을 넘어 중부전선을 향해 전광석화(電光石火) 같이 북진했고, 황해도 곡산을 거쳐 10월 말에는 덕천 북방에 이르렀다.

그러나 유엔군의 순조로운 북진은 또 다른 재앙을 의미했다. 8사단 21연대가 희천에 다다르고 어둠이 찾아오자, 갑작스럽게 빛나는 파란색 조명탄 아래에서 요란하게 들려오는 피리소리와 함께 엄청난 숫자의 적들이 반격을 해왔다. 북진 이후 처음으로 직면한 적의 반격이었다. 그러나 이들은 북한군이 아니라 북한지역에 완충지대를 확보하고자 참전한 중공군이었다. 당시 중공군은 유엔군 예하부대를 북한 산악지형으로 유인한 후, 전술 및 전략적 포위를 감행하여 서부전선에 전개된 유엔군을 섬멸하기 위한 1차 공세를 전개하였다. 이때 21연대는 중공군의 1차 공세에서 외곽 포위망을 담당한 중공군 40군의 예하부대로부터 공격을 받았고, 이들은 또 다시 다중의 전술적 포위망을 형성하여 8사단 예하부대들을 섬멸하려고 하였다.

11월 중순, 1대대는 연대본부 및 인접대대와 통신이 두절되었고, 적진에 고립되어 버렸다. 이때 연대장이 고립되었다는 소식이 무전기로부터 흘러나왔다. 약 4시간 정도 떨어진 곳에 고립된 연대본부를 구출하기 위해서는 신속한 기동이 급선무였다. 또한 1대대 역시 적진에 고립되어 있었기 때문에 대대병력 모두를 기동시킬 경우, 중공군의 관측 및 사격에 대단히 취약한 상태였다. 이에 채명신 소령은 50여 명으로 편성된 수색대를 편성하고, 나머지 대대병력은 남하시켰다. 채명신 소령이 수색대를 지휘하여 약 1시간 동

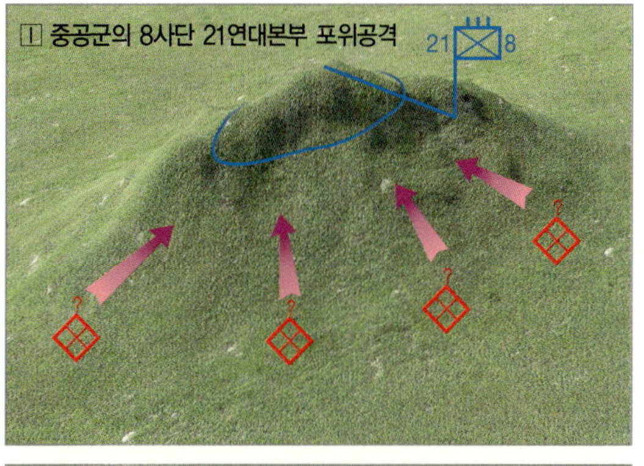


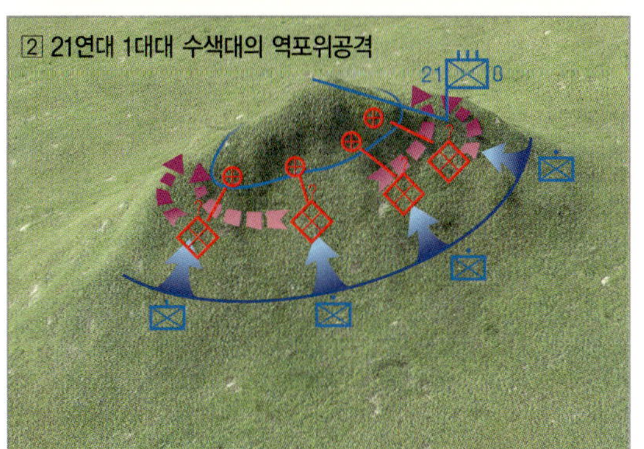


그림 20. 21연대 1대대 수색대의 역포위공격

안 남하하자 연대본부가 고립된 낮은 고지가 눈에 들어왔다. 중공군은 전투대형을 전개하여 고지정상으로 공격하고 있었고, 연대본부 병력 또한 필사적으로 중공군의 공격을 저지하고 있었다.

채명신 소령은 수색대원들에게 "전방에 보이는 고지에 연대본부가 위치하고 있고, 중공군은 1오로 전개하여 고지정상으로 공격하고 있다(1). 우리는 중공군 후방을 역으로 포위공격한다. 이때 개인 간격은 최대한 넓히고, 은밀히 중공군 후방으로 접근하고, 내가 신호탄을 발사하기 전까지는 절대로 사격을 하지마라!"라고 지시했다. 수색대는 중공군 후방으로 최대한 은밀히 접근하였고, 채명신 소령은 적색 신호탄을 발사했다. 그러자 수색대원들은 일제히 사격을 실시했고, 기습공격에 놀란 중공군들은 고지 반대편 방향으로 도주해 버렸다(2). 이후 수색대는 고지정상에 있는 연대본부 및 3대대 잔여병력과 합류할 수 있었다.

그러나 문제는 지금부터였다. 중공군 후방지역에 고립되었기 때문이었다. 이에 채명신 소령은 첨병(3명)-첨병분대(채명신 소령 지휘)-본대(3대대장 지휘) 순으로 제대를 재편성하고 남하를 지휘했다. 약 1주일 동안이나 고지능선을 타고 남하하였으나, 적의 포성은 들리지 않았다. 이것은 중공군이 적진에 고립된 21연대 병력의 남하속도보다 빠르다는 증거였다. 또 다른 문제는 바로 식량조달이었다. 이들은 주변의 마을에 소수병력을 파견하여 식량을 조달하였다. 그러나 적진에서의 민간인과의 접촉은 21연대의 위치를 노출시켰다. 21연대는 중공군의 추격을 피해 신속히 고지능선을 이용하여 남하하기 시작했다. 이때 채명신 소령은 방향탐지를 위해 부대 선두에 위치하였으며, 채명신 소령 전후방에는 각각 경계병 3명이 배치되었다. 본대는 이 첨병분대로부터 약 300m 후방에 위치하여 첨병분대를 후속하였다.

11월 중순, 어느덧 삭풍의 찬바람이 불기 시작했고, 21연대는 배고픔 이외에 추위와의 사투를 벌여야만 했다. 설상가상으로 21연대는 중공군의 매복에 걸려

들었다. 당시 시정은 무월광으로 상당히 제한되었기 때문에 채명신 소령이 지휘하는 첨병분대도 주변지형을 살피지 못한 채 적의 매복지점으로 진입한 것이었다. 순간 조명탄이 터지더니 적의 소총사격이 시작되었다. 채명신 소령은 경계병에게 "지금 즉시 본대로 가서 동쪽능선을 타고 이곳을 탈출하라고 전해!"라고 말했다. 그러고 나서, 채명신 소령은 첨병분대를 집결시켜 최후의 결전을 준비했다. 적의 사격이 상당 시간 지속되었으나, 첨병분대는 대응사격을 실시하지 않았다. 그러자 적은 횃불을 들고 첨병분대 방향으로 수색해오기 시작했다. 채명신 소령은 적이 자신의 바로 앞까지 오기를 기다렸다가 M2 카빈 소총으로 연발사격을 실시했다. 이후 중공군 6명이 순식간에 땅에 쓰러졌다. 그러자 이들을 후속하던 중공군들은 후퇴해 버렸다.

이후 첨병분대는 신속히 후방(북쪽)으로 300m 정도 이동했고, 이어서 바로 왼쪽의 바위산으로 기어서 올라가기 시작했다. 왜냐하면 계곡 안에 고립된 첨병분대는 사격으로 인해 그 위치가 노출되었고, 적은 계곡의 남쪽과 북쪽을 이미 차단해버렸기 때문이었다. 첨병분대는 필사적으로 바위산을 기어서 올라갔다. 아무 것도 보이지 않는 야밤에 기적과 같은 일이었다. 700고지 이상 되는 바위산 정상에 도착하자마자 이들은 남쪽이 아닌 북쪽으로 방향을 전환하였다. 첨병분대는 계속해서 북으로 이동하며 중간중간 주변마을을 들러 식량을 확보하였고, 마을 주민들로부터 얼마 전 헤어졌던 연대장과 연대본부의 소식을 듣게 되었다. 이후 첨병분대는 주민정보를 바탕으로 주변지역을 샅샅이 수색하였으나 연대장과 연대본부 인원들을 찾을 수는 없었다. 대신 3대대장을 비롯한 잔여병력 몇 명만 합류했을 뿐이었다.

이후 채명신 소령은 잔여병력을 지휘하여 남진하기 시작했다. 국군 복장으로 중공군 및 주민들과 조우했지만 채명신 소령은 당 직속 정찰대 행세를 하는 대담성으로 모든 위기를 극복하고 대동강을 건너 황해도 곡산에 도착할 수 있었다.

다행히 그곳에 있는 반공정신이 투철한 청우당 사람들의 도움으로 황해도 연백평야 일대까지 이동할 수 있었다. 그때가 1950년 12월 말이었다. 병력은 1개 분대에서 정상사와 김중사 단 두 명으로 줄어 있었다. 이들은 우여곡절 끝에 연백평야 해안지역에 도착했고, 그 지역 향토결사방위대의 도움으로 배를 이용 강화도를 거쳐 당진에 도착하였다. 채명신 소령은 8사단 21연대 1대대장이 아닌 게릴라로서 약 3천 리를 걸어 적진에서 탈출하였다. 그는 북한군 및 중공군과 조우시 당 직속 정찰대로 신분을 위장하였고, 적진에서 반공정신이 투철한 지역 주민들을 규합하고 지역 주민들로부터 정보 및 보급품을 획득하는 게릴라전을 전개하였다. 아마도 채명신 장군의 게릴라전 전략 및 전술의 바탕은 이 3천 리의 대장정에서 비롯된 것으로 판단된다.

여기에서 소부대 지휘자 및 지휘관들은 역포위식 공격과 첨병 운용 방법에 대해서 배울 수 있다. 우선, 적에게 포위된 아군을 구출하기 위해서는 적의 후방에 1오로 최대한 넓고 은밀히 접근하여 적절한 신호대책(호각, 신호탄 등)을 강구한 후 일제사격을 실시하는 역포위식 공격 방법이 효과적이다. 이는 적에게 자신들이 대규모 부대에게 포위되었다는 심리적 부담감을 가중시키기 위해서이다. 실제로 채명신 소령도 최대한 넓게 공격대형을 전개하였고, 이후 적의 후방에 은밀히 접근하기까지 사격을 철저히 통제했으며, 신호탄을 발사하여 기습사격을 실시하였다.

다음으로 기동부대는 반드시 첨병을 운용해야 한다. 첨병은 곤충의 더듬이와 같은 역할로서, 적의 위협을 사전에 감지하여 본대의 안전을 보장한다. 현대 전투에서도 기동 간 전위, 측위, 그리고 후위와 같은 다양한 경계부대를 운용하고 있다. 당시 채명신 소령이 운용한 첨병분대는 전위의 일종으로, 방향탐지와 본대 엄호와 같은 다양한 임무를 수행했다. 실제로 위 사례에서 첨병분대는 시종일관 방향탐지를 통해 본대의 신속한 기동을 유도했으며, 특히 계곡전투에서 전직 잔류 임무를 수행하여 본대를 엄호하였다.

# Ⅳ. 백골병단(白骨兵團)의 적지종심작전

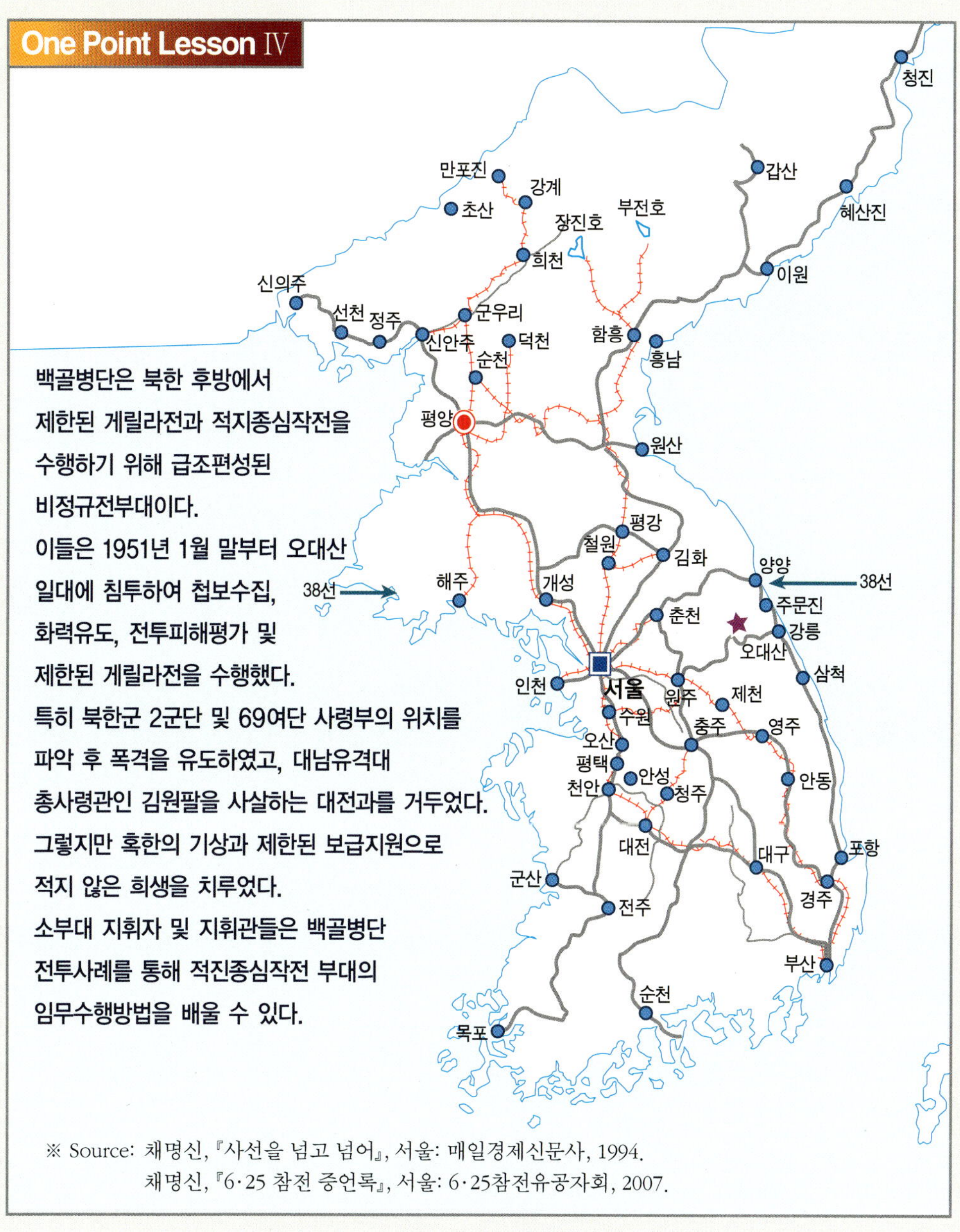


백골병단은 북한 후방에서 제한된 게릴라전과 적지종심작전을 수행하기 위해 급조편성된 비정규전부대이다.

이들은 1951년 1월 말부터 오대산 일대에 침투하여 첩보수집, 화력유도, 전투피해평가 및 제한된 게릴라전을 수행했다.

특히 북한군 2군단 및 69여단 사령부의 위치를 파악 후 폭격을 유도하였고, 대남유격대 총사령관인 김원팔을 사살하는 대전과를 거두었다.

그렇지만 혹한의 기상과 제한된 보급지원으로 적지 않은 희생을 치루었다.

소부대 지휘자 및 지휘관들은 백골병단 전투사례를 통해 적진종심작전 부대의 임무수행방법을 배울 수 있다.

※ Source: 채명신, 『사선을 넘고 넘어』, 서울: 매일경제신문사, 1994.
채명신, 『6·25 참전 증언록』, 서울: 6·25참전유공자회, 2007.

## IV. 백골병단(白骨兵團)의 적지종심작전[27]

> 게릴라전의 목적은 적과의 정규전이 아니라 적 후방을 교란시키는 것이다. 적과의 직접적인 교전을 최대한 회피하라! 그리고 게릴라전에 있어서 기동력은 생명과 같다. 그 기동력은 발에서 나온다. 특별히 동상에 유의하도록 해라!
>
> \- 채명신 장군의 『사선을 넘고 넘어』 중에서 -

1951년 1월 중순, 채명신 소령은 자신의 적진 3,000리 경험을 대구에 위치하고 있는 육군본부에서 보고했다. 그는 중공군이 유엔 공군을 가장 두려워한다는 사실, 중공군이 북한 주민의 민심을 얻어 그들을 전쟁에 동원하고 있다는 사실 그리고 연백평야 일대에서 반공청년단이 유격대를 조직하여 중공군과 북한군에 대항하고 있다는 여러 가지 정보를 당시 정일권 참모총장에게 보고하였다.

보고를 마치고 난 후, 채명신 소령은 중령으로 진급하게 되었다. 그리고 육군본부 인사국장에게 다시 적 후방에서 작전을 전개하고 싶다는 의사를 피력했다. 우연의 일치였는지는 모르겠지만, 당시 육군본부는 적 후방에서 게릴라전을 수행할 부대를 비밀리에 육군정보학교에서 훈련시키고 있는 중이었다. 마침 대위시절 태백산 일대에서 게릴라전을 경험하고 얼마 전까지 적진에서 게릴라전을 수행한 채명신 중령이 다시 적진으로 들어가고 싶다는 의사를 내비쳤으니, 이 비

27 적지종심작전(敵地從心作戰): 각급 제대의 적지종심지역에서 수행하는 모든 작전을 말하며 적의 중심을 조기에 탐지 및 타격함으로써 근접작전에 유리한 여건을 조성하기 위해 실시하는 작전.

밀부대의 지휘는 당연히 채명신 중령의 몫이었다.

채명신 중령은 게릴라전을 수행하기 위해서는 최소 3개월의 시간이 필요하다고 강조했다. 그리고 바로 육군정보학교로 가서 정예병력 100명을 선발하여 자신의 경험을 바탕으로 여러 가지 게릴라전술을 지도하기 시작했다. 그런데 유엔군사령부에서 갑자기 출동하라는 명령을 하달했다. 그 이유는 다분히 정치적이었다. 유엔군사령부에서는 북한군은 수많은 게릴라들을 유엔군 작전지역에서 운용하는데, 우리는 왜 적진에서 게릴라전을 수행하지 못하느냐라는 식으로 육군본부를 압박했던 것이다. 어쩔 수 없이 채명신 중령은 단기 속성과정으로 300명의 병력들을 훈련시켰고, 북한군 복장과 소련제 AK소총을 획득하여 이들에게 보급하였다. 또한 조폐공사에서 제작한 북한 화폐도 지급되었다. 그리고 식량은 미숫가루와 마른 야채 등으로 최대한 경량화하여 흰 보자기에 싸서 휴대토록 하였다. 물론 설상위장의 목적도 있었다. 채명신 중령은 이 유엔군 최초의 게릴라 부대를 '유격결사 11연대(이하 11연대)'로 칭하였다.

1951년 1월 말, 11연대는 드디어 강원도 영월지역으로 향하였다. 집결지에 도착한 11연대는 간단한 출정식을 실시하고, 곧바로 태백산맥을 타고 북으로 향하였다. 이때 채명신 중령은 부하들에게 "게릴라전의 목적은 적과의 정규전이 아니라 적 후방을 교란시키는 것이다. 적과의 직접적인 교전을 최대한 회피하라! 그리고 게릴라전에 있어서 기동력은 생명과 같다. 그 기동력은 발에서 나온다. 특별히 동상에 유의하도록 해라!"라고 강조하였다. 눈덮힌 산악지역을 극복하는 것은 대단히 힘들었다. 채명신 중령은 밤에만 기동했다. 왜냐하면 혹한의 날씨에 산중에서 야영을 하다가는 동상을 피할 수 없었기 때문이었다. 그리고 적의 관측과 사격을 피하기 위해 한 지역에서 1시간 이상 머물지 않았다. 그럼에도 동상환자들이 나타나기 시작했다. 이들은 분대단위로 침투로를 역행하여 후송되었다. 11연대가 정선 지역에 도착했을 때, 다행히 유엔군의 반격속도가 빨라 아군 수색대로부터 재보급을 받을 수 있었다.

11연대는 모든 준비를 끝내고 강원도 하진부리 북방지역에서 적진 침투를 준비하고 있었다. 그런데 갑자기 유격 12연대와 13연대를 통합해서 지휘하라는 명령이 하달되었고, 채명신 중령은 곧바로 본부, 11·12·13연대를 4개 대대로 재편성하고, 약 500명 규모의 이 게릴라부대를 '백골병단'으로 개칭하였다.

2월 말, 백골병단은 오대산 북쪽 두로봉 일대 초개리라는 작은 마을에 근거지를 형성했다. 이 마을은 태백산맥의 영향으로 지형이 험준했기 때문에 게릴라들의 근거지로는 안성맞춤이었다. 그리고 백골병단은 이곳을 중심으로 주변의 적 보급로 일대에서 정찰 및 매복작전을 전개하기 시작했다. 그러던 중, 백골병단은 북한군 69여단 연락군관을 생포하고 69여단장이 북한군 2군단장에게 보내는 극비문서도 획득하였다. 이 문서를 바탕으로 현재 북한군 69여단은 속초에, 북한군 2군단은 청도리에 위치하고 있다는 사실을 알 수 있었다. 채명신 중령은 곧바로 연락병을 파견하여 이 정보를 한국군 1군단 사령부에 전달하게 하였다. 며칠 후 유엔 공군은 속초와 청도리를 집중적으로 폭격하기 시작했다. 채명신 중령은 북한군 2군단의 피해정도를 파악하기 위해 100명의 병력을 이끌고 청도리로 향했다. 이는 현재 특전사나 특공연대가 적진에서 수행하는 전투피해평가[28]와 유사한 것이었다. 이때 30명의 병력을 만약의 사태에 대비하기 위해 청도리 진입로에 매복시키고, 본대는 북한군 2군단 사령부로 진입했다. 그러나 북한군 2군단 사령부가 산비탈에 위치하고 있었기 때문에 유엔 공군의 폭격에도 별다른 피해를 입지 않았다. 이에 채명신 중령은 특유의 대담성으로 적 초소를 통과하여 북한군 2군단 사령부 중심부로 서서히 접근하였다. 북한군 복장을 하고 있었으니, 별다른 의심을 받지 않았다. 그러나 4번째 초소에서 의심을 받게 되자, 순식간에 초

**28** 전투피해평가(battle damage assessment): 살상 또는 비살상무기 사용으로 사전에 결정된 목표에 발생한 피해에 대한 적시적이고 정확한 판단.

소 주변의 북한군을 사살하고 그곳을 탈출하였다. 이후 채명신 중령은 모든 병력을 규합하여 근거지인 초개리에서 서북방 방향으로 북한군의 추격을 피해 신속히 이동하였다.

백골병단은 험난한 지형을 극복하고 칠밭골이라는 마을에 도착했다. 그리고 자신들을 반란공산군으로 소개하고, 주민들에게 적극적인 협조를 요청하였다. 이후 채명신 중령은 칠밭골에 근거지를 형성하고, 주변지역에 대한 정찰 및 매복작전을 전개하고, 부대원들에게 게릴라전술 교육을 강화하였다.

3월 중순 매복작전을 나갔던 인원들이 북한군 연락병을 생포했고, 그로부터 강원도 인제군 기린면 기린리 군량밭에 북한군 고위인사가 위치하고 있다는 정보를 습득하였다. 채명신 중령은 곧바로 그 사실여부를 확인하기 위해 군량밭으로 병력을 파견하고, 그곳에서 무장자위대 1명을 생포하여 심문한 결과 군량밭에는 대남유격대 총사령관인 김원팔이 위치하고 있다는 고급정보를 획득하였다.

이후 백골병단은 김원팔을 생포하기 위해 근거지를 군량밭과 근거리에 있는 필네마을로 옮기고, 그곳 주민들에게 또 다시 백골병단을 반란공산군으로 소개하고 적극적인 협조를 요청하였다. 채명신 중령은 철저한 지형정찰을 실시한 후, 정예병력 200명을 선발하여 작전에 돌입하였다. 그는 일부 병력을 적의 증원병력을 차단하기 위해 필네마을 진입로에 매복시켰으며, 또한 일부병력을 운용하여 필네마을을 포위하였다. 그리고 채명신 중령은 약 100명의 병력을 이끌고 필네마을로 진입하였다. 필네마을을 지키고 있던 자위대는 북한군 복장을 한 백골병단을 의심하지 않았다. 채명신 중령은 이들을 순식간에 무장해제시키고, 병력을 분산하여 김원팔과 그의 부하인 강칠성이 있는 곳으로 은밀히 접근하였다. 20명 정도의 김원팔과 그의 부하들은 백골병단의 상대가 되지 못했다. 백골병단의 정예요원들은 순식간에 이들을 생포했으며, 이들의 무전기도 획득하였다. 또한 김일성의 직인이 찍힌 작전훈령과 친필서한, 작전상황도 등 수많은 고급정보들을 획득하였다.

채명신 중령은 필네마을에서 작전을 종료한 후, 곧바로 부하들에게 철수를 지시했다. 북한군의 추격을 회피하기 위해 백골병단은 동쪽의 설악산 지역으로 신속히 이동하였다. 이때가 3월 중순이었다. 이동 도중, 백골병단은 설악산 서북방 능선에서 적 추격부대와 조우하게 되었다. 불행히도 백골병단의 위치는 3면이 능선으로 포위되었고, 나머지 한 면은 끝이 보이지 않는 절벽이었다. 이 위기를 넘길 방법은 없었다. 채명신 중령은 본대가 절벽으로 뛰어내리는 동안 11연대 3대대에게 본대를 엄호하도록 했다. 다행히 두껍게 쌓여 있는 눈이 완충작용을 하여 별다른 부상자는 없었다. 다만 본대를 엄호하던 11연대 3대대 병력 20명이 적의 총탄에 운명을 달리했다.

채명신 중령은 병력을 지휘하여 신속히 계곡지역을 이탈했고, 좁은 소로지역에 다다랐다. 그러나 중공군 소부대와 조우하게 되었다. 이들은 중공군의 첨병으로 이들 뒤에는 중공군 대부대가 있다는 것을 의미했다. 진퇴양란의 상황에 빠진 채명신 중령은 부하들에게 길 좌우측으로 흩어져 편안하게 휴식을 취하라고 지시했다. 순간의 기지였다. 그리고 다가오는 중공군 군관과 자연스럽게 대화를 나누면서 이 위기를 넘겼다. 당시 중공군도 백골병단이 북한군 복장을 하고 있었기 때문에 별다른 의심을 하지 않았다.

중공군을 피한 백골병단은 다시 계곡 지역에 접어들게 되었다. 어둠 속에서 갑자기 암구호 소리가 흘러나왔다. 이때도 채명신 중령은 대담한 호통으로 위기를 모면하게 된다. 그러나 얼마 후 또 다른 북한군과 조우하게 되었고, 백골병단은 이들을 사격으로 제압하였다. 백골병단은 박달재 방향으로 신속하게 이동하였다. 그러나 사격소리를 들은 적은 백골병단을 추격하기 시작했고, 본대를 엄호하는 백골병단 후위부대는 적 추격부대와 격전을 치르기 시작했다. 일부 낙오병들이 발생하기는 했지만, 백골병단은 게릴라들이었다. 이들은 본능적으로 소부대로 분산하여 적의 추격을 피해 박달재 정상으로 속속 도착했다. 박달재 정상은 주변 지역을 감제할 수 있는 주요 지형지물이었다. 채명신 중령은 소수병력을 박달재 정상에 배치하여 이들이 적의 추격을 차단하고 낙오병들을 수습하도록 하였다. 그리고 나머지 병력들은 새로운 근거지를 형성하기 위해 주변 마을로 이동하였다. 주변 마을을 수색하던 중, 백골병단은 큰 천연동굴에 피신해 있는 주민들을 만나게 되고 그들로부터 식량을 얻을 수 있게 되었다. 백골병단은 이 천연동굴에 임시 근거지를 편성하여 적의 추격을 피하면서 오랜만에 전투력을 복원하게 되었다. 그러나 다음 날 병력을 파악해 본 결과 약 200여 명이 전부였다. 설악산에 진입한 이후 약 100여명의 병력이 손실된 것이다. 당시 백골병단의 임시 근거지는 유엔군과 중공군의 사이에 위치하고 있었다. 따라서 추가적인 작전을 전개했다가는 양쪽 모두로부터 공격을 당할 수 있는 애매한 상황이었다. 이에 채명신 중령은 소수 정찰대를 운용하여 추가적으로 낙오자를 수습하고, 유엔군과 접촉을 시도하였다. 약 3일 후(3월 말), 백골병단 정찰대는 국군 3사단 수색대와 연결하는 데 성공하였다. 곧바로 백골병단은 동쪽으로 이동하여 국군 9사단 작전지역으로 진입하였다. 그러나 9사단 작전지역에 집결한 백골병단 총인원은 약 200명이었다. 이들은 1951년 1월부터 3월 말까지 적진에서 혁혁한 전과를 기록하였다. 그리고 이들이 수집한 정보와 교란활동으로 유엔군은 동부전선에서 중공군과 북한군을 상대로 주도권을 확보할 수 있었다.

여기에서 소부대 지휘자 및 지휘관들은 적지종심작전부대의 전투수행방법에 대해 배울 수 있다. 적지종심작전은 적 후방에서 이루어지는 것으로서 적과의 직접적인 교전보다는 표적획득, 화력유도, 그리고 전투피해평가의 과정을 통해 적의 방어체계를 와해시키는 것이다. 당시 백골병단은 이와 같은 적지종심작전을 국군 전방군단과 연계하여 효과적으로 수행했다.[29] 또한 적의 추격을 회피하기 위

29 채명신 장군은 자신의 회고록인『사선을 넘고 넘어』에서 당시 백골병단의 작전을 게릴라작전으로

해 수차례 근거지를 변경하여 점령해서 생존성을 강화하였다. 그리고 근거지를 중심으로 대담한 정찰 및 매복작전을 통해 수많은 고가치 정보들을 획득했다. 따라서 백골병단의 전투사례는 우리 특수작전부대의 전술적 운용에 모티브를 제공할 수 있으며, 소부대 지휘자 및 지휘관들이 적지종심작전의 특성을 이해하는 데 크게 도움이 될 것으로 판단된다.

---

기술하고 있다. 그러나 여기에서는 당시 백골병단이 위에서 설명한 것처럼 아군 전방군단과 연계하여 작전을 수행했고, 소부대 지휘자 및 지휘관들에게 적지종심작전에 대한 이해를 높이기 위해 적지종심작전으로 기술하였다.

# Ⅴ. 7사단 5연대 침투부대의 야간공격

**One Point Lesson Ⅴ**

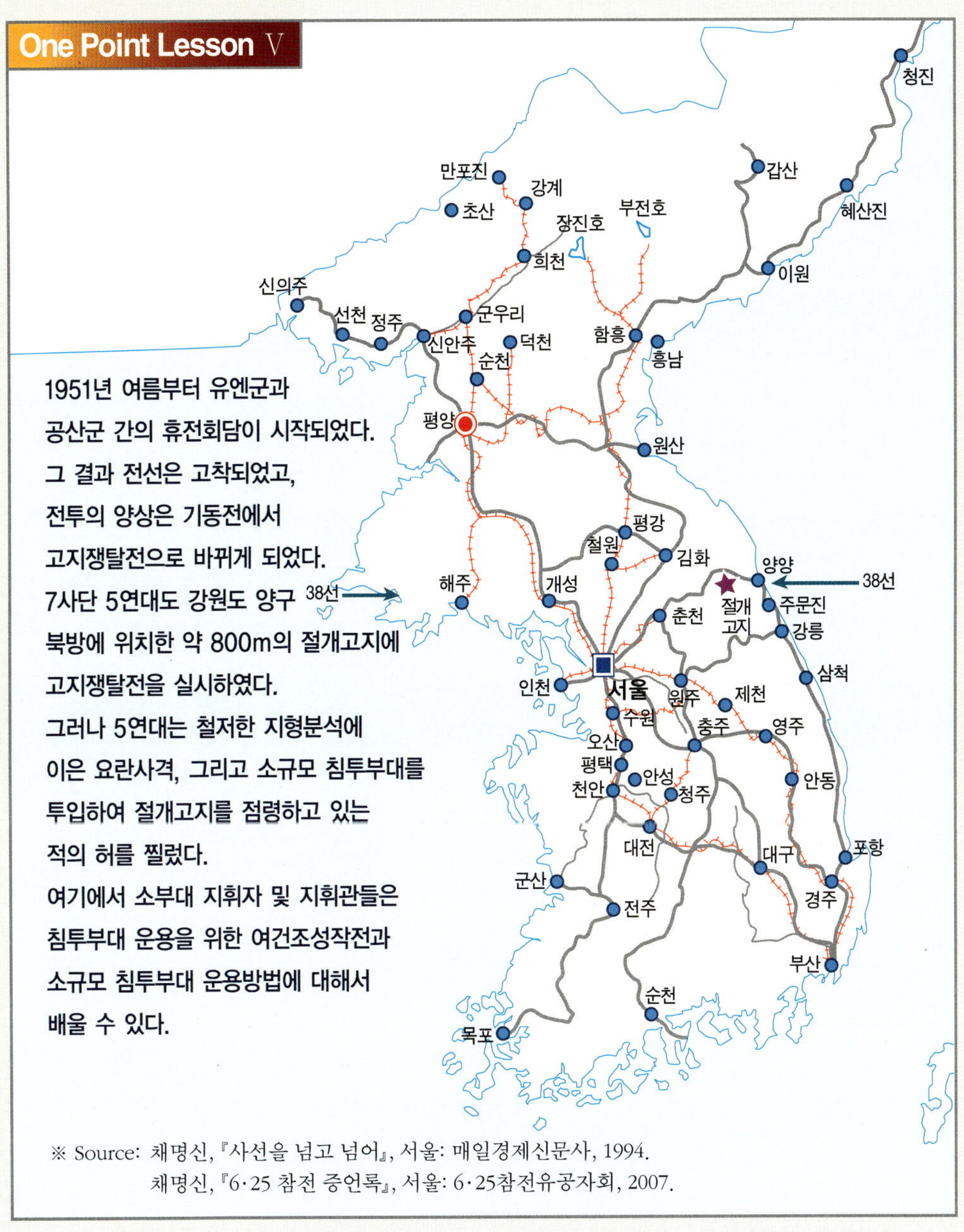


1951년 여름부터 유엔군과 공산군 간의 휴전회담이 시작되었다. 그 결과 전선은 고착되었고, 전투의 양상은 기동전에서 고지쟁탈전으로 바뀌게 되었다. 7사단 5연대도 강원도 양구 북방에 위치한 약 800m의 절개고지에 고지쟁탈전을 실시하였다. 그러나 5연대는 철저한 지형분석에 이은 요란사격, 그리고 소규모 침투부대를 투입하여 절개고지를 점령하고 있는 적의 허를 찔렀다. 여기에서 소부대 지휘자 및 지휘관들은 침투부대 운용을 위한 여건조성작전과 소규모 침투부대 운용방법에 대해서 배울 수 있다.

※ Source: 채명신, 『사선을 넘고 넘어』, 서울: 매일경제신문사, 1994.
채명신, 『6·25 참전 증언록』, 서울: 6·25참전유공자회, 2007.

## V. 7사단 5연대 침투부대의 야간공격

> 고지쟁탈전에서 침투부대를 효율적으로 운용하기 위해서는 우선 포병의 요란사격으로 적을 피로케 만들어야 한다. 그리고 침투부대를 침투기동시킨 후, 적을 목표 후사면에서 공격한다면 기습을 달성할 수 있다.
>
> - 채명신 장군의 침투부대 운용 방법 -

1951년 여름, 채명신 중령은 양구 전방에 있는 7사단 5연대 부연대장으로 보직되었다. 같은 해 7월 10일부터 휴전회담이 시작되었기 때문에 전선은 6·25전쟁 이전, 즉 38선 일대에서 양자간의 치열한 고지쟁탈전이 전개되고 있었다. 채명신 중령이 부연대장으로 부임한 7사단 5연대의 상황도 마찬가지였다. 그러나 5연대는 6·25전쟁 기간 동안 한 번도 승리를 거두지 못해 장병들의 사기는 극도로 저하되어 있었고, 야간 경계작전 간에 조그마한 소리에도 총을 쏠 정도로 전장군기 또한 허술하였다. 이런 장병들의 자신감 결여는 곧바로 심리적 불안감으로 이어져 결국 5연대는 연전연패의 치욕을 경험하게 된 것이다.

채명신 중령은 이런 5연대를 쇄신하기 위해 우선 야간사격을 강화하였다. 이때 채명신 중령은 전방의 적을 명확히 식별하기 전까지 사격을 엄격히 통제하여 장병들의 사격군기를 바로잡았다. 이는 장병들의 야간사격 능력과 담력을 강화하는 데 효과적이었다. 이렇듯 5연대의 전투력이 차츰 향상되고 있을 때, 연대장이 적 상황을 살피기 위해 전방지휘소를 방문하였다가 적의 포탄에 전사하였다. 이로 인해, 채명신 중령은 연대장 직무대리 임무를 수행하다가, 얼마 후 대령으로 진급하여 정식으로 연대장 임무를 수행하게 되었다.

사단 사령부는 5연대에 강원도 양구 동북방에 위치하고 있는 약 800고지의 절개고지를 탈환하라는 명령을 하달하였다. 채명신 대령은 곧바로 절개고지의 지형을 분석하기 시작했다. 절개고지의 좌우측은 절벽이어서 접근이 불가능했기 때문에, 채명신 대령은 절개고지를 크게 우회하여 절개고지 후사면에서 고지 정상으로 공격하는 방법을 채택하였다. 그러나 절개고지를 크게 우회하기 위해서는 적진으로의 침투가 불가피했고, 전멸까지도 감수해야만 했다. 이후 채명신 대령은 이번 작전은 적진을 침투하여 우회해야 하기 때문에 소규모 전투집단을 편성하여 기습공격을 감행하는 것이 타당할 것으로 판단하였다. 이는 채명신 대령이 대위 시절 송악산 전투에서 사용한 기습공격방법에 모티브를 둔 것으로 판단된다.

채명신 대령은 송악산 전투 시와 동일하게 약 1주일 동안 절개고지 정상에 포병화력을 집중하였다. 드디어 공격개시일이 다가왔다. 포병의 공격준비사격과 동시에 침투부대가 적진으로 침투를 개시하였다(1). 이들은 절개고지를 크게 우회하여 절개고지 후사면에서 절개고지 정상으로 신속하게 접근하였다. 아군의 공격준비사격은 절개고지 전사면에 집중되었기 때문에 침투부대는 아군의 강력한 포병화력으로부터 안전하였다. 침투부대가 고지 정상의 적 참호에 진입하였지만 몇 명의 경계병만 있을 뿐, 적 주력은 이미 대피호로 피신해 있었다. 약 1주일 동안 절개고지 정상에 포병화력만 집중하고 아군 보병공격이 이루어지지 않아 적의 경계는 이미 약화되어 있었다. 침투부대는 적 경계병을 사

그림 21-1. 5연대 침투부대의 절개고지 전투

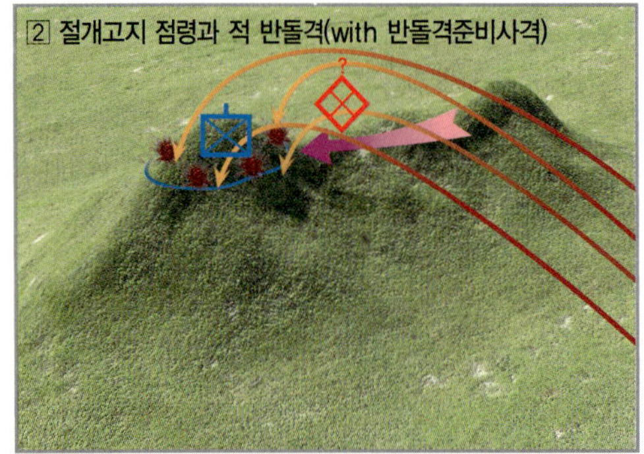

그림 21-2. 5연대 침투부대의 절개고지 전투

살하고, 적 대피호를 찾아 수류탄으로 손쉽게 적 주력을 격멸할 수 있었다.

절개고지를 점령하자마자 채명신 대령은 침투부대에 곧바로 절개고지 후사면에 진지를 구축하도록 지시했다. 이는 강력한 포병화력이 동반된 적의 반돌격에 대비하기 위한 조치였다. 그날 저녁 적은 두 차례나 반돌격을 감행하였다. 그러나 침투부대는 적의 반돌격 준비사격이 진지 후방으로 연신되고, 적 반돌격 부대가 지근거리까지 접근하면 수류탄 투척에 이은 조준사격으로 적의 반돌격을 무력화시켰다(2). 다음날에도 적의 반돌격은 계속되었다. 그러나 침투부대는 견고한 진지를 구축하고, 아군 포병화력의 엄호 아래 있었기 때문에 적의 어떠한 반돌격도 물리칠 수 있었다(3). 이렇게 이틀을 버티자 적은 절개고지 탈환을 포기하여 전선을 조정하여 새로운 고지쟁탈전을 준비하기 시작했다. 5연대는 즉각 전과확대 및 추격 작전을 전개하여 계속 북진하여 백석산을 확보했고, 동시에 1,220고지와 문등리로 뻗어나가는 능선을 확보하게 되었다(4). 이어서 채명신 대령은 연대 관측소를 1,220고지에 추진하여 적의 행동을 면밀히 관측하였다.

소부대 지휘자 및 지휘관들은 5연대 침투부대의 절개고지 전투를 통해 어떻게 침투부대를 운용해야 하는 지를 배울 수 있다. 현재 우리 군의 교리를 보면 강력히 편성된 적의 방어전단을 신속히 돌파하기 위해 침투부대를 운용하고 있다. 이때 소규모 침투부대는 야간 은밀침투기동 또는 아군의 강력한 포병화력 엄호 하에 적진으로 침투해 목표를 크게 우회하여 목표 후사면으로 접근한다. 이와 동시에 고착부대는 목표 전사면에서 근접전투를 전개하여 고지 정상에 배치된 적의 주위를 끌어 침투부대의 기동을 기만한다. 그리고 침투부대가 공격준비가 완료되면 고착부대와 협조된 공격으로 신속히 목표를 점령한다. 당시 5연대 침투부대도 이와 같은 방법으로 절개고지를 점령하였다. 여기에서 주목해야 할 점은 침투부대의 규모이다. 채명신 대령은 1개 대대가 아니라 1개 중대(-)를 침투부대로 운용했다. 왜냐하면 침투기동의 생명은 신속한 기동력과 기도비닉이기 때문이다. 5연대 침투부대의 절개고지 전투와 같은 아군 침투부대의 야간 침투기동 성공에 이은 고착부대와의 협조된 공격은 소부대 지휘자 및 지휘관들이 반드시 숙지해야 할 주요 소부대 전투기술 중에 하나이다.

# Ⅵ. 20사단 60연대 1대대 1중대의 M1 고지공격

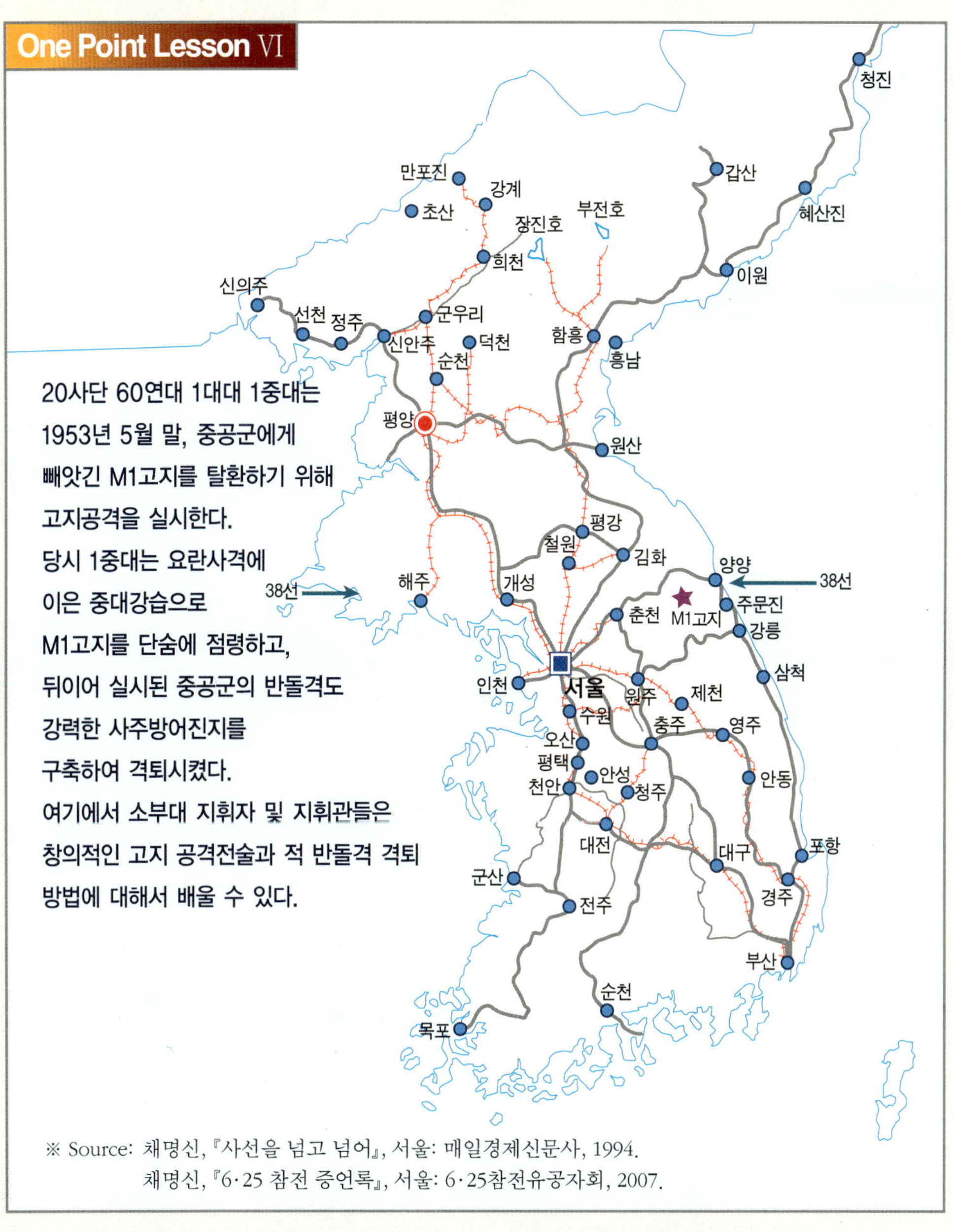


※ Source: 채명신, 『사선을 넘고 넘어』, 서울: 매일경제신문사, 1994.
채명신, 『6·25 참전 증언록』, 서울: 6·25참전유공자회, 2007.

# VI. 20사단 60연대 1대대 1중대의 M1 고지공격

고지전에서 기동과 화력이 절묘하게 통합된 1개 중대 규모의 기습공격계획은 부대 밀집현상이 빈번히 발생하는 고지전에서 효과적이다.

- 채명신 장군의 고지 공격전술 -

6·25전쟁 기간, 정규전과 비정규전을 두루 경험한 채명신 대령은 1952년 9월, 미국 고등군사반으로 국외군사교육을 떠났다. 이 교육을 통해 실전 경험이 풍부한 채명신 대령은 미군의 문화와 그들의 군사교리를 폭넓게 습득함으로써, 한미연합작전의 전문가적 소양을 갖추게 되었다.

얼마 후, 채명신 대령은 3사단 22연대장으로 보직되었다. 그러나 곧바로 미 10군단 20사단 60연대장으로 재보직되었다. 그 이유는 당시 20사단은 미 10군단 예하부대로서 양구 북방지역을 책임지고 있었는데, 중공군의 집중적인 야간 기습공격으로 연대 방어진지인 M1고지뿐만 아니라, 수많은 연대 병력도 괴멸적인 타격을 받았기 때문이다. 이로 인해 당시 미 10군단장인 화이트 장군은 한국군 중 전투경험이 풍부하고 유능한 장교를 60연대장으로 보직시켜달라고 육군본부에 강력하게 요청했고, 그 결과 수많은 전투경험과 미 군사교육 경험을 보유한 채명신 대령이 1953년 5월, 20사단 60연대장으로 새롭게 보직된 것이다.

60연대장으로 새롭게 부임한 채명신 대령의 눈에 비춰진 연대의 모습은 그야말로 오합지졸이었다. 중공군의 제파식 집중공격[30]에 겁에 질린 병사들의 사기는

---

30 제파식 집중공격은 마치 파도처럼 여러 개의 전술 또는 전투 집단이 좁은 지역을 연속해서 집중적으

땅에 떨어져 있었고 대부분의 병사가 제대로 먹지 못해 피골이 상접한 상태였으며, 무엇보다도 중공군의 야간 기습공격 이후 며칠이 지났음에도 수많은 연대 장병들이 아직도 수습되지 않았다. 이에 채명신 대령은 M1고지 탈환을 위한 전투훈련에 앞서 땅에 떨어진 부대 사기를 높이기 위해 연대 장병들에게 정비 및 협동심을 강화하기 위한 체력단련 시간을 부여하였다.

이 과정에서 화이트 장군은 60연대에서 M1고지 탈환을 위한 전투훈련을 강조했지만, 채명신 대령은 우선 연대의 사기를 끌어올리고 이후 전투훈련에 돌입하겠다는 원칙을 계속 고수하였다. 그러자 미 10군단장은 헬기를 타고 60연대 주둔지로 도착하여, 곧바로 자신의 명령을 복명하지 않은 채명신 대령을 질책하였다. 그러나 채명신 대령은 "연대 지휘에 대한 책임은 연대장에게 있으며, 사기와 체력이 저하된 상태에서의 전투훈련은 아무런 의미가 없습니다"라고 자신의 의견을 피력하였다. 이후 미 10군단장은 화를 내면서 군단 사령부로 복귀하였다. 그날 야간, 화이트 장군은 "60연대장의 말이 맞다"라는 뜻밖의 메시지를 사단장에게 전달했고, 이후 채명신 대령은 자신의 계획대로 M1고지 탈환을 위한 수순을 밟아나갔다.

며칠 후 M1고지 탈환을 위한 강력한 훈련이 진행되었다. M1고지 탈환부대로 채동석 대위가 지휘하는 1대대 1중대가 선발되었으며, 이들은 매일 M1고지와 유사한 지형에서 강도 높은 고지공격 훈련을 실시하였다. 공격개시일이 다가오자 화이트 장군이 임무수행계획보고[31]를 받기 위해 60연대 훈련장을 방문하였다.

---

로 타격하여 돌파구를 형성하고, 후방으로 종심기동을 실시하여 상대방의 퇴로차단 및 포위망을 형성한 상태에서 정면압박부대와 퇴로차단부대가 협조된 공격을 실시하여 상대방을 격멸하는 기동전의 한 형태이다.

31 임무수행계획보고: 상급부대 지휘관이 예하부대가 상급부대장 의도에 부합되도록 계획을 수립하여 전투준비를 하였는지 확인하는 것. 이때 예하부대 지휘관은 상급부대 지휘관에게 작전수행절차를 보고함.

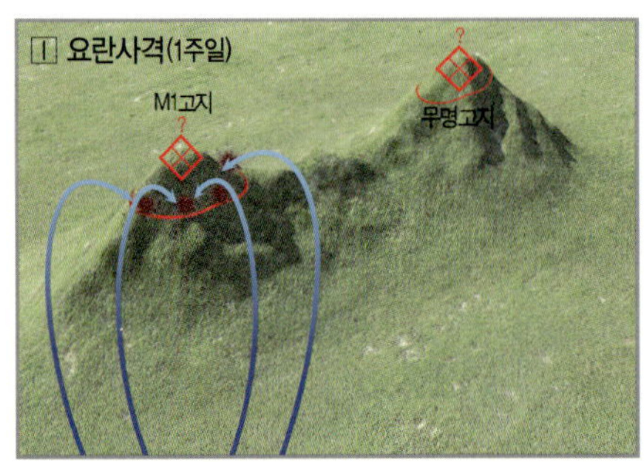


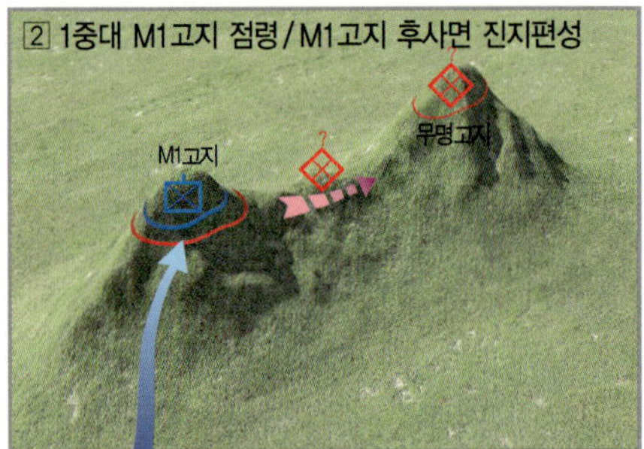


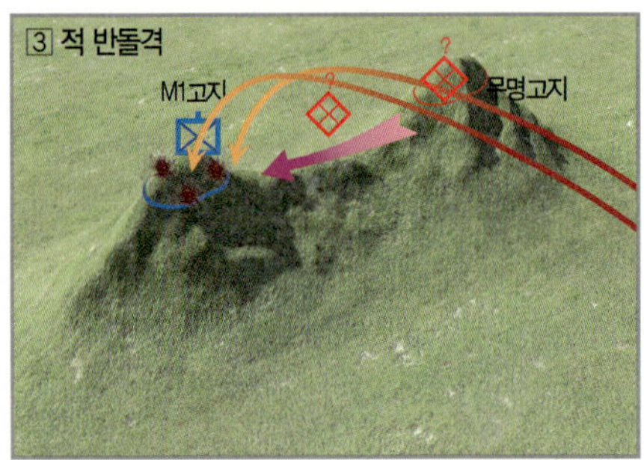


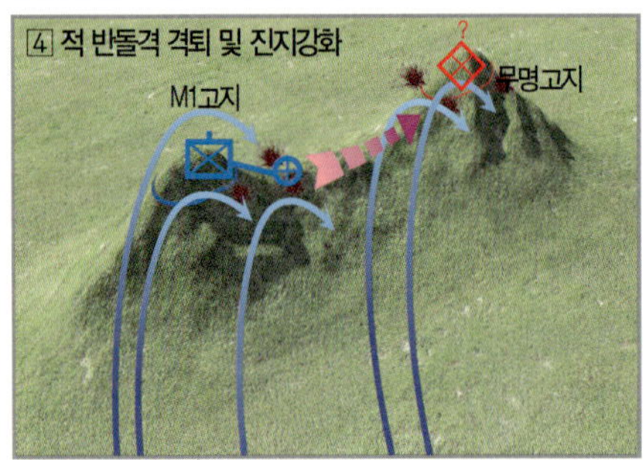


그림 22. 1중대의 M1 고지공격

60연대장은 1대대 1중대로 M1고지를 공격하여 점령하겠다고 보고했다. 그러나 화이트 장군은 "2개 대대가 공격해도 실패했었는데, 1개 중대로 공격이 가능하겠는가?"라고 반문하였다. 그러자 60연대장은 "저 좁은 능선에 1개 대대 병력이 전개하여 공격한다면 부대 밀집현상이 발생하여 적의 곡사화력에 좋은 표적이 됩니다. 오히려 1개 중대의 기습공격이 더 효과적입니다"라고 소부대 기습공격의 타당성을 피력하였다. 이미 채명신 대령은 이와 같은 소부대 기습공격을 여러 차례 성공한 경험이 있었으므로, 화이트 장군은 기동과 화력이 절묘하게 통합된 1중대의 기습공격계획을 승인할 수밖에 없었다.

곧바로 M1고지 정상부근에 아군의 포병화력이 집중하기 시작했다. 최초에는 중공군이 아군의 공격준비사격이 시작된 것으로 착각하고 경계를 강화했으나, 며칠 간 포병화력만 집중되자 중공군의 경계는 약화되기 시작했다(1). 며칠 후 새벽, 아군의 공격준비사격이 시작되었다. 1중대는 공격준비사격의 엄호 아래 신속히 M1고지 정상으로 접근하였다. 이미 '양치기 소년 전술

(wolf crying tactics)' 에 긴장이 완화된 중공군은 1중대의 기습공격을 막아낼 수가 없었다. 진지 내 적 경계병들을 간단하게 사살하고, 적 대피호에 수류탄을 투척하여 M1정상의 중공군을 격멸하였다. 이어서 1중대는 M1고지 후사면 8부 능선에 진지를 구축하였다(②). 왜냐하면 적의 반돌격을 격퇴하기 위해서였다. 잠시 후, 적의 강력한 반돌격준비사격이 M1고지 정상에 집중되었다(③). 1중대원들은 적의 포병화력이 진지 후방으로 연신될 때까지 어깨너비보다 약간 넓은 진지 안에서 엄폐하였다. 적 포병화력이 연신되자 1중대는 적 반돌격부대를 지근거리까지 유도하고, 사격을 철저히 통제하였다. 1중대장의 "수류탄 던져!"라는 명령하에 1중대원들은 수류탄을 진지 전방 지근거리까지 접근한 중공군에게 투척하였다. 이어서 1중대원들의 조준사격이 당황한 중공군들을 강타하였다. 약 두 시간 만에 1중대는 M1고지를 점령하였다(④). 1중대장으로부터 "고지점령 완료!"라는 무전을 받은 채명신 대령은 M1고지 정상으로 향했고 그곳에서 1중대원들을 격려했다.

그 날 자정이 되자 중공군의 포병화력이 다시 M1고지 정상에 집중되기 시작했다. 그 포격은 동이 틀 때까지 계속되었으나 M1고지 정상의 1중대원들은 자신들의 축성한 진지 안에서 완전하게 엄폐하면서 대기하고 있었다. 적의 강력한 포병화력 이후 중공군은 M1고지를 향해 다시 접근해왔다. 1중대는 전과 같은 방법으로 중공군의 공격을 또다시 격퇴하였다. 이런 1중대와 중공군의 실랑이는 나흘이나 지속되었다. 이때 문제는 바로 탄약, 식수 및 식량과 같은 작전지속지원이었다. 1대대는 중공군의 공격패턴을 고려하여 저녁 7시 경, 민간 지게 부대를 운영하여 M1고지 정상으로 주먹밥과 수류탄을 실어 날랐다. 당시 중공군은 유엔공군으로 인해 주간작전을 전개할 수 없었다. 그래서 중공군은 자정에 공격준비사격을 실시하고, 곧바로 보병의 공격이 시작되었다. 따라서 저녁 7시는 중공군의 관측과 사격으로부터 엄폐되고, 중공군의 공격준비사격이 시작되기 전에 복귀할 수 있는 완벽한 작전지속지원 시간이었다.

채동석 대위가 지휘하는 1중대가 닷새 째 M1고지를 점령하고 있다가, 이어서 2중대와 진지교대를 실시했다. 2중대 또한 1중대와 동일하게 중공군의 공격을 격퇴하였다. 또한 유엔 공군이 중공군 포병의 원점을 폭격하여 그 강도가 약해졌다. 그 결과 20사단 60연대는 그 동안의 치욕을 모두 벗어 버리고, M1고지를 탈환할 수 있었다.

소부대 지휘자 및 지휘관들은 60연대 1대대 1중대의 M1고지 전투를 통해 소부대 기습공격과 적 반돌격 격퇴방법을 배울 수 있다. 우선 강력한 포병화력과 소부대의 기동력이 절묘하게 결합된 1중대의 기습공격은 1차 세계대전 당시 독일군의 후티어 전술(Hutier Tactics)[32]과 유사한 것이다. 적에게 공격시간을 기만하기 위한 포병화력 운영 그리고 포병의 공격준비사격 엄호하에 신속히 M1고지 정상에 접근하는 소부대의 신속한 기동력은 어떻게 보면 후티어 전술보다도 우수한 소부대 전술이라고 평가할 수 있다. 다음으로 1중대는 목표점령 이후 곧바로 적의 반돌격준비사격으로부터 엄호 받을 수 있는 진지를 구축하고, 적 반돌격준비사격의 연신 이후 적을 지근거리까지 끌어들여 수류탄 투척에 이은 조준사격으로 적을 격퇴한 것은 적의 반돌격에 효과적으로 대응할 수 있는 소부대 전술로 평가할 수 있다. 따라서 소부대 지휘자 및 지휘관들은 이 M1고지 전투사례를 통해 고지공격과 적 반돌격 격퇴 방법을 구체화할 수 있을 것이다.

---

32 1차 세계대전 당시, 적의 참호를 극복하기 위해 강력한 포병 엄호 아래 기동부대가 목표를 향해 신속히 돌진해 나가는 일종의 보포협동전투.

# 베트남전쟁

# 창끝전투

# Icebreaker 1 베트남전쟁의 성격

주월한국군은 베트남전쟁에서 주월미군과의 협의를 통해 독자적인 작전지휘권을 확보하고 독자적인 작전을 전개하였다. 그 결과 주월한국군은 월남에 파병된 그 어느 군대보다도 신속하게 작전지역을 안정화시켰다. 이는 주월한국군이 베트남전쟁의 특성에 부합된 명확한 전략 및 전술을 보유하고 있었다는 의미이며, 동시에 그 수행교리가 상당히 효율적이었다는 의미이기도 하다.

그런데 당시 주월한국군이 수행한 전쟁은 정규전(conventional warfare)이 아닌 비정규전(unconventional warfare)에 포함된다. 비정규전에는 사이버전(cyber warfare), 심리전(psychological warfare), 비대칭전(asymmetric warfare)과 같은 여러 종류와 범주의 전쟁이 존재한다. 따라서 베트남전쟁의 성격과 특징을 정확히 이해해야만, 당시 주월한국군이 수행한 전략전술을 명확히 이해할 수 있다.

현재 세계의 여러 군사학자들과 군 전문가들은 베트남전쟁을 반란전(insurgency warfare)으로 분류하고 있다. 반란전은 현 정부에 대항하는 세력들이 장기간 폭력 및 비폭력적 수단과 방법을 동원하여 현 정부의 기능을 서서히 마비시켜, 결국에는 현 정부를 전복시키는 정치전의 일종이다. 베트남전쟁 당시 호치민이 이끄는 북베트남군과 베트콩은 실제로 위에서 언급한 반란전의 정의처럼 남베트남 정부를 서서히 전복시켰다. 특히 함메즈(Thomas X. Hammes)는 자신의 저서인 『The Sling and the Stone: On War in the 21st』에서 21세기 전쟁의 양상을 4세대 전쟁으로 규정하면서, 베트남전쟁을 약자가 강자를 굴복시킨 반란전의 주요 사례로 제시하였고[1], 대반란전 분야의 대표적인 군사학자인 갈룰라(David Galula)

1 Thomas X. Hammes, The Sling and the Stone: On War in the 21st Century, Zenith Press, Feb 17,

는 자신의 저서인 『대반란전의 이론과 실제(Counterinsurgency Warfare: Theory and Practice)』에서 당시 호치민이 이끄는 반란세력이 장기소모적인 저강도분쟁(low-intensity conflicts)을 전개하면서 미군으로부터 서서히 승리를 거두었다고 역설하였다.[2]

이런 측면에서 주월한국군 또한 남베트남 정부를 무너뜨리기 위해 반란활동을 전개한 베트콩과 그들을 지원한 북베트남군을 상대로 대반란전을 수행했다고 평가할 수 있다. 따라서 대반란전 수행교리에 대한 이해가 선행된다면, 주월한국군이 수행한 소부대 전투사례를 연구, 분석, 이해하는 데 큰 도움이 될 것이다.

---

2006.

2 David Galula, Counterinsurgency Warfare: Theory and Practice, Praeger, 1965; Robert Thompson, Defeating Communist Insurgency: The Lessons of Malaya and Vietnam, F. A. Praeger, 1966; Frank Kitson, Low Intensity operations: Subversion, Insurgency, Peace-keeping, Stackpole Books, 1971.

## Icebreaker 2 대반란전 수행교리[3]

2001년에 시작된 이라크전쟁 초, 미군은 자신들의 최첨단 무기체계로 1991년 실시된 걸프전과 같이 이라크전쟁을 조기에 끝낼 수 있을 것이라 판단했다. 미군은 이라크 정규군과의 실제적인 전투를 43일 만에 종료했지만, 이라크전쟁 명분이었던 대량살상무기를 찾아내지 못하자 새로운 상황에 직면하게 되었다. 후세인 추종세력들이 알 카에다를 비롯한 이슬람 과격단체들과 연계하여 주민들을 선전 및 선동하여 저강도 분쟁(low-intensive conflicts)을 전개하기 시작했기 때문이었다.[4] 이후 게릴라들의 각종 테러에 시달리게 된 미 정부는 자국 군 사상자와 민간인 피해가 증가되자, 이라크전쟁을 새롭게 진단하고 다양한 해법을 구상하기 시작하였다.

미 정부는 2005년 탈 아파르에서 작전 중인 한 부대로부터 이라크전쟁의 해법을 찾게 되었다. 당시 탈 아파르(Tal Afar)에서는 미 3기갑연대가 「소탕(Clear)-확보(Hold)-재건(Build)」 작전모델[5]을 적용하여 탈 아파르의 치안, 정치, 정치안정을 동시에 달성하였다.[6] 부시 대통령과 콘돌리자 라이스 국무장관은 미 3기갑연

---

3 주월한국군의 대반란전 수행교리는 필자가 2012년 육군본부 군사연구소 『군사연구』 133호에 기고한 「베트남전쟁과 이라크전쟁 시 대반란수행교리 비교분석」에 자세히 설명되어 있다.

4 이라크 평화·재건 사단 전훈분석반 보고서, "미 이라크 전쟁을 통해 본 향후 한반도 민군작전 수행방향(2006)", 부록 p.30.

5 이하 미 정부의 전략을 지칭할 때는 'CHB' 모델로, 미군의 작전절차를 지칭할 때는 'CHB' 작전모델로 부른다.

6 The White House, "U.S. Strategy for Victory-Clear, Hold, Build", http://www.scoop.co.nz/stories/WO0603/S00386.htm(검색일: 2013. 6. 25). 미 정부는 백악관 전황 보고서에서 탈 아파르는

대의 작전성과를 높이 평가하면서 'CHB' 모델을 이라크전쟁에 대한 새로운 해법으로 제시하였다. 이어서 미 정부는 이라크전쟁에 대한 미국의 새로운 정치 및 군사전략은 소탕, 확보, 재건이라고 공직적으로 발표하고, 앞으로 미군은 이라크에서 반란세력을 소탕하고, 안전하게 작전지역을 장악하며, 굳건하게 국가 시스템을 재건할 것이라고 강조하였다.[7] 이렇게 미 정부가 새롭게 제안한 'CHB' 모델은 이라크와 아프가니스탄에서 수차례의 실험적용을 거치면서 보완 및 발전되었고[8], 미군의 대반란작전 교리로 자리매김되었으며, 그 결과 2009년에 「대반란작전(FM3-24, Counterinsurgency Operations)」과 「대반란전술(FM3-24.2, Tactics in Counterinsurgency)」 교범이 발간되었다. 따라서 현재 가장 효과적인 대반란작전 수행교리는 위의 두 교범의 내용이라 할 수 있다. 여기에서는 위 두 교범 내용에 근거하여 현재 미군이 적용하고 있는 대반란작전 핵심 수행교리인 'CHB' 작전모델과 그것을 수행하기 위한 대반란전술을 제시하도록 하겠다.

## 1. 대반란작전 수행과정: 'CHB' 작전모델

미군의 「대반란작전」 교범에는 대반란작전 시 작전지역의 안정성에 따라 〈그림1〉처럼 공격, 방어, 안정화작전이 동시·통합적으로 수행되는 전영역작전(full-

---

이라크 성공 전략의 세 가지 요소인 정치, 치안, 경제가 서로 밀접한 보완 관계를 가지고 있다고 발표하면서, 미 3기갑연대의 작전성과를 전과확대하였다.

7 The White House, "President Commemorates Veterans Day, Discusses War on Terror", http://georgewbush-whitehouse.archives.gov/news/releases/2005/11/20051111-1.html(검색일: 2013. 6. 25).

8 자세한 내용은 다음 자료를 참조. U.S. Army Combined Arms Center, Clear-Hold-Build, February 13, 2009; Anthony H. Cordesman, The Afghan-Pakistan War: "Clear, Hold, Build", CSIS, May 11, 2009.

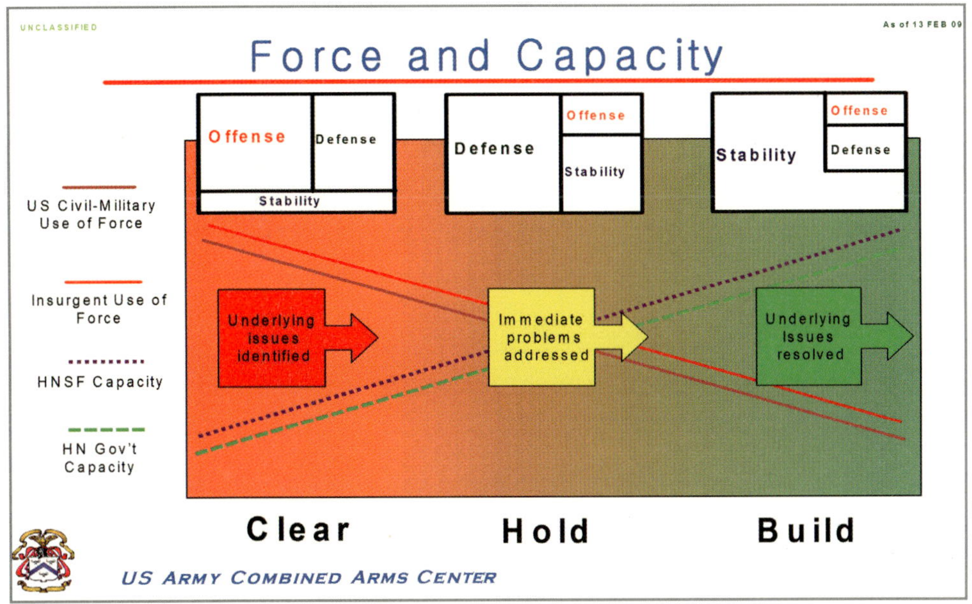


그림 1. 대반란작전에서의 전영역작전[9]

spectrum operations) 개념을 적용하도록 되어 있다.

왜냐하면 정규전은 공격자와 방어자가 특정한 전선을 형성하여 공격과 방어를 번갈아 가며 진행하지만, 대반란전은 반란세력들(적)이 주민들과 섞여 있어 쉽게 식별할 수 없고, 그로 인해 작전지역 또한 명확하지 않기 때문이다. 무엇보다도 반란세력들은 주민들을 자신들의 정보원 및 보급원으로 활용하기 때문에, 대반란세력과 반란세력은 양자 간의 직접적인 군사작전과 주민들의 지지와 협력을 얻기 위한 민군작전을 동시에 진행한다.

이런 전장환경의 특성으로 인해 대반란작전은 〈그림 1〉과 같이 수행된다. 반란세력이 우위를 점하고 있는 작전지역에서는 공격, 방어, 안정화작전 순으로 작

9 U.S. Army Combined Arms Center(2009), p. 10.

전지역 내 반란세력을 소탕(Clear)하고, 소탕작전에 의해 작전지역 내 반란세력이 약화되면 방어, 안정화, 공격작전 순으로 작전지역을 확보(Hold)하며, 확보작전에 의해 작전지역의 안정성이 높아지면 안정화, 방어, 공격작전 순으로 작전지역의 정치, 경제, 행정체계 등을 재건(Build)한다.

이 'CHB'작전모델의 효용성은 2006년 6월부터 2007년 3월까지 라마디(Ramadi)에서 약 10개월 동안 대반란작전을 수행한 미 스트라이커 여단에 의해 입증되었다. 미 육군 제병협동센터는 2009년 2월 13일 미 스트라이커 여단의 대반란작전 성과를 분석했는데, 〈그림 2〉처럼 미 스트라이커 여단의 'CHB' 작전모델 적용 결과 대반란세력들의 각종 공격이 평균 50% 이상 감소했음을 알 수 있다. 2010

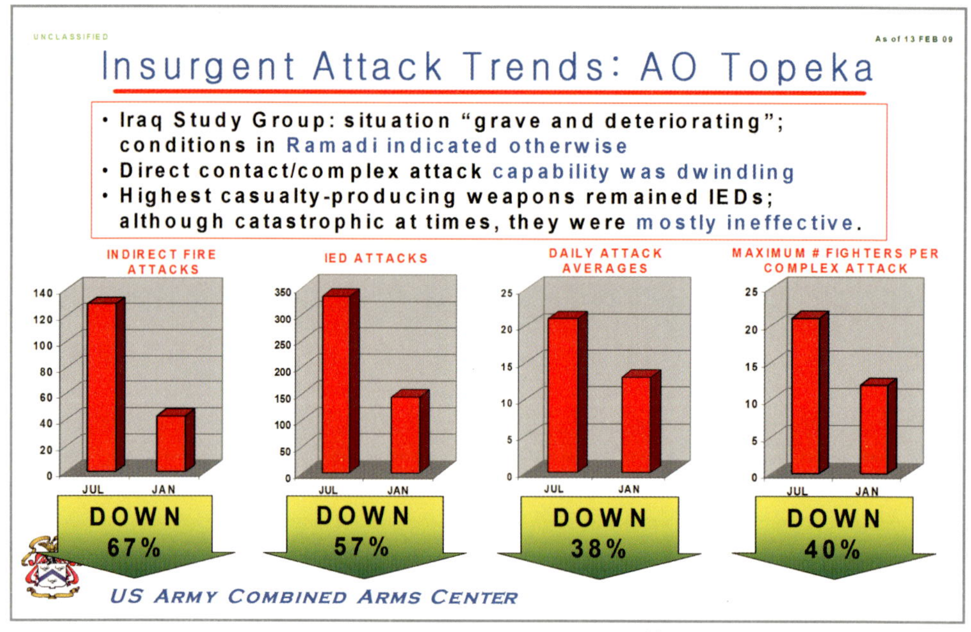


그림 2. 스트라이커 여단의 작전 성과[10]

10 U.S. Army Combined Arms Center(2009), p. 10.

년 5월, 미 국방성은 이라크전쟁의 교훈을 바탕으로 "아프가니스탄의 주요지역에서 탈레반을 소탕하고, 확보된 지역의 치안을 유지하여 아프가니스탄을 재건하기 위한 'CHB' 작전모델을 본격적으로 적용한다"라고 발표하고 본격적인 'CHB' 작전모델 수행을 위한 병력을 증파하였다. 따라서 전장의 안정성에 따라 공격, 방어, 안정화작전이 동시·통합적으로 실시되는 'CHB' 작전모델은 미군의 핵심적인 대반란작전 수행교리라고 평가할 수 있다.

## 2. 대반란전술

전술이라는 것은 전술제대가 설정된 목표달성을 위하여 가용한 전투력을 통합하여 적을 격멸하는 전투와 교전에서 적용되는 구체적이고 정형화된 방법이다. 따라서 대반란전술은 대반란작전 수행절차인 'CHB' 작전모델을 성공적으로 수행하기 위한 구체적이고 정형화된 방법인 것이다.

「대반란전술」교범에는 공격, 방어, 안정화작전 간에 수행되는 과업을 달성하기 위한 방법으로 다양한 대반란전술이 〈표 1〉과 같이 구체적으로 제시되어 있다. 각 작전에 적용되는 전술들을 살펴보면 군사활동과 비군사활동이 혼합되어 있음을 알 수 있다. 예를 들면 공격작전의 '현장 정보수집'은 반란활동의 증거를 확보하는 것으로 일종의 과학수사 방식과 유사하게 진행되고, 방어작전의 '특정지역 경계'와 '인원 및 시설 방호'는 주둔국 재건에 반드시 필요한 지도자, 국가기반시설 및 자산 등을 대반란세력의 공격으로부터 방어하는 것이다. 그리고 안정화작전의 모든 과업들은 비군사활동으로서 군이 정치, 경제, 사회, 교육 부분 등 사회 전 분야에 대한 지원활동을 전개하여 주둔국 정부와 주민들에게 재건의

**표 1. 대반란전술**

| 구 분 | 세부내용 |
| --- | --- |
| 공격작전[11] | · 탐색격멸(Search and Attack)<br>· 이동차단 / 탐색(Corden and Search)<br>· 정밀수색(Search Operation)<br>· 현장 정보수집(Site Exploitation)<br>· 습격(Raid)<br>· 매복(Ambush)<br>· 저격(Sniper Operations)<br>· 정찰(Patrols) |
| 방어작전[12] | · 선별적 경계(Site Selection)<br>· 인원 및 시설 방호(Protection)<br>· 전술기지 운용(Counterinsurgency Bases)<br>· 역 매복(Counter Ambush)<br>· 급조폭발물 탐지 및 제거(Countering IEDs)<br>· 저격 거부(Counter Sniper or Sniper Defeat)<br>· 주행 중 적 사격 거부(Countering Drive-by Shooting) |
| 안정화작전[13] | · 지역치안 확립(Establish Civil Security)<br>· 지역주민 통제(Establish Civil Control)<br>· 주둔국 정부 통제 지원(Support to Governance)<br>· 필수 서비스 복원(Restore Essential Services)<br>· 경제 및 기반시설 발전 지원(Support to Economic and Infrastructure Development) |

지를 향상시켜주는 것이다.

2006년 6월부터 2007년 3월까지 라마디(Ramadi)에서 미 스트라이커 여단이 실시한 대반란작전에서도 'CHB' 작전모델의 각 단계별로 대반란전술을 적용하여 군사작전과 민군작전을 병행하였고, 그 세부적인 사항은 〈표 2〉와 같다.

---

11 Headquarters Department of the Army, Tactics in Counterinsurgency(FM 3-24.2), pp. 5-4~5-38.

12 Headquarters Department of the Army(FM 3-24.2), pp. 6-2~6-30.

13 Headquarters Department of the Army(FM 3-24.2), pp. 7-2~7-28.

**표 2. 미 스트라이커 여단의 대반란전술[14]**

| 구 분 | 공 격 | 방 어 | 안정화 |
|---|---|---|---|
| 소 탕 (Clear) | · 차단 및 수색<br>· 습격 / 정밀수색<br>· 탐색격멸<br>· 접적전진<br>· 정보작전 | · 통행로 차단<br>· 전투전초 설치<br>· 주민 보호<br>· 저격작전 | · 간이 공공시설 설치<br>· 사상자 수집소 설치 |
| 확 보 (Hold) | · 습격<br>(반란 리더, 비밀조직 등)<br>· 매복<br>(반란세력 재침입 방지)<br>· 탐색격멸 | · 통행로 차단<br>· 통행금지<br>· 교통통제소 운용<br>(검문검색)<br>· 전투전초 활성화<br>(지역 순찰)<br>· 적 예상은거지역 고립<br>· 저격 및 정보작전 | · 반란의 근본적 원인 재평가<br>· 즉각 지원요서 / 공공시설 설치<br>· 지역 주민 / 자원 통제<br>· 지역 지도자와 인적 네트워크 구성 |
| 재 건 (Build) | · 기동타격대 지원<br>· 도보정찰 | · 주민 보호<br>· 사회기반시설 보호<br>· 전투전초 활성화<br>· 통행금지<br>· 적 예상은거지역 고립 | · 정치·사회·경제 개혁 / 발전<br>· 지역 노동력 / 물자유통 촉진<br>· 지역 주민 / 자원 통제<br>· 지역 지도자와 인적 네트워크 구성<br>· 지역 방위군 훈련<br>· 정보작전 |

〈표 1〉과 〈표 2〉를 비교해보면 미 스트라이커 여단이 적용한 대반란전술이 일맥상통함을 알 수 있다. 이런 대반란전술도 군사작전보다는 주둔국 주민들의 지지와 협력을 얻기 위한 민군작전으로 초점이 맞춰지고 있다. 미군은 이를 'WHAM(Win the Hearts And the Minds of the people)'이라고 부르고 있고, 대반란작전 교훈집인 「Couterinsurgency Organization」에서도 이를 강조하고 각개병사까지 숙지하도록 하고 있다.[15] 실제로 아프가니스탄 작전 중인 미군은 전투부대에 전방지원공병부대(FEST: Forward Engineering Support Team)를 배속시켜 탈레반

14 U.S. Army Combined Arms Center(2009)에서 발췌하여 정리하였다.

15 Center for Army Lessons Learned, Counterinsurgency Organization, Feb 2008, pp. 7-8.

과의 교전보다는 전방지원공병부대의 재건사업에 대한 경계를 강화하면서 주민들의 지원과 협력을 이끌어내고 있다.[16] 따라서 앞으로의 대반란작전은 소부대의 군사작전과 민군작전이 결합된 형태로 발전될 가능성이 높다.

16 CNN iReport, "USACE team redesigns counterinsurgency tactics in Afghanistan(2010. 8. 9)", http://ireport.cnn.com/docs/DOC-480273(검색일: 2013. 6. 25).

# Icebreaker 3 주월한국군의 독자적 작전지휘권 확보

1965년, 한국군의 남베트남 파병이 결정되자 국방부는 합동참모본부 안에 파병기획단(이하 기획단)을 설치하여 남베트남의 현지조사와 주월미군 및 남베트남과의 협조를 담당케 하였다. 이세호 소장을 단장으로 하는 기획단은 1965년 8월 19일 주월미군사령부를 방문하였다. 이 과정에서 주월미군사령부 웨스트 모어랜드 장군은 6·25전쟁 직후 체결된 한미상호방위조약을 내세워 주월한국군에 대한 작전지휘를 기정사실화하고 있었다.

그렇지만 주월한국군사령관인 채명신 장군은 이와는 전혀 다른 생각을 가지고 있었다. 그는 박정희 대통령과의 대화에서 현재 미군은 탐색격멸작전(Search & Destroy Operation)[17]을 실시하고 있기 때문에 한국군이 미군에 예속되는 것은 주월한국군이 상당한 피해를 감수해야 하는 군사적 모험이라고 피력했다.[18] 이후 박 대통령은 주월한국군의 작전지휘권을 포함한 모든 문제를 채명신 장군에게 위임하였다.

주월한국군사령부는 주월미군과 작전 지휘권 문제를 해결하지 못한 채 1965년 9월 말 남베트남에 도착하였다. 그러나 주월한국군이 남베트남에 상륙한 후 11월까지 본격적인 작전임무가 아닌 현지적응훈련을 실시하자, 주월미군사령부에서 다시 작전 지휘권 문제를 제기하였다. 주월미군사령부는 전쟁의 원칙 중 지휘통일의 원칙(Unity of Command)을 내세우며, 주월한국군이 주월미군의 작전지

17 탐색격멸작전은 1개 중대~1개 대대 규모의 부대를 캄보디아 접경지대, 즉 월맹군의 남침루트 상에 공중기동으로 내려놓고 본대가 위치한 해안선 방향으로 훑어오게 하는 것이다.

18 채명신, 베트남전쟁과 나, 서울: 팔복원, 2006, pp. 54-55.

휘를 받아야 한다고 강력하게 강조하였다.

남베트남에서 작전지휘권을 놓고 한미 간의 마찰이 거세지자 채명신 장군은 한미 주요지휘관회의에서 이 문제를 일단락 짓기로 결정했다. 그는 남베트남의 정세, 국내외 정치적 상황, 자신의 대게릴라전 경험을 구체적으로 언급하면서 베트남전쟁은 군사적인 부분보다는 정치적인 부분이 강조되어야 한다고 피력하였다. 특히, 그는 베트남전쟁은 유엔의 승인을 받지 못하여 연합군사령부가 구성되지 못했기 때문에 주월한국군이 주월미군에 예속된다면 공산주의자들은 한국군을 미군의 용병으로 매도하는 심리전을 전개할 가능성이 높고, 그것이 바로 적이 노리는 것이라고 강조하였다.[19] 그러자 주월미군사령부의 주요 지휘관 및 참모들은 채명신 장군의 견해에 동의하면서 주월한국군의 독자적인 작전권을 인정하였다.

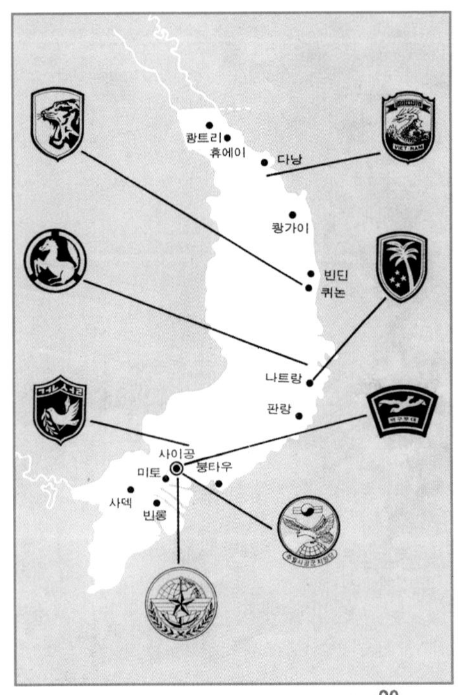

그림 3. 주월한국군의 작전지역[20]

이로 인해 주월한국군과 주월미군은 동등한 위치에서 모든 작전을 상호 긴밀한 협조하에 수행할 수 있게 되었고, 주월한국군은 라슨 장군이 지휘하는 미2군단 작전지역 내 독립적인 작전지역을 할당받게 되었다. 주월한국군의 작전지역은 1번 도로를 연한 비교적 좁은 해안지역에 편성되었다.

19 채명신, 위의 책, pp. 154-163.

20 '월남전과 한국(http://www.vietvet.co.kr/)' 자료 — 주월한국군 파월6주년 특집화보.

# Icebreaker 4 주월한국군의 작전개념

주월한국군의 예하 전투부대들은 1965년 10월 초부터 남베트남에 전개하기 시작했다. 주월한국군사령관인 채명신 장군은 본격적인 작전에 앞서 11월 말까지 약 2개월 동안 현지적응훈련을 실시하도록 예하부대에 지시했다. 베트남전쟁은 정규전이 아닌 비정규전이었기 때문에 정규군인 주월한국군이 적응하기 위해서는 시간이 필요했기 때문이었다.

이와 동시에 채명신 장군은 자신의 창군기와 6·25전쟁에서의 전투경험 및 오랜 시간의 중공군 게릴라 전략·전술 연구 결과를 바탕으로 예하부대에 주월한국군의 작전지침과 이를 구현하기 위한 작전개념을 하달하였다.[21] 그 주요내용은 〈표 3〉과 〈표 4〉와 같다.

**표 3. 주월한국군사령관의 작전지침[22]**

- 한국군이 할당받은 전술책임구역 내에서의 군사작전과 아울러 대민지원과 심리전 등으로 한국군의 특성을 뚜렷이 부각시킨다.
- 중공 모택동의 '물과 물고기와의 관계'의 게릴라 전략을 역이용하여 '물과 물고기'를 분리시킨 후 분리된 게릴라를 섬멸한다.
- 양민 보호에 최우선을 둔다. '백 명의 베트콩을 놓치는 한이 있어도 한 명의 양민을 보호하라'라는 정신에 입각하여 양민보호가 한국군의 기본전략임을 인식시킨다.
- 모든 작전에서 아군 피해를 최대한 감소시켜야 한다. 큰 희생을 무릅쓰고 점령해야 할 공격목표나 시간제한을 받아가며 급하게 점령할 공격목표는 베트남에는 없다.

21 국방부 군사편찬연구소, 증언을 통해 본 베트남 전쟁과 한국군(제1권), 서울: 국방부, 2001, pp. 86-87.

22 채명신, 위의 책, pp. 178-179.

**표 4. 주월한국군의 작전개념**[23]

| | |
|---|---|
| **군사작전** | ·'물과 물고기 분리' 그리고 대민지원의 활성화를 위해 중대 단위의 전술기지를 운용한다.<br>·모든 군사작전은 사전 충분한 정보수집과 치밀한 계획과 정찰 등으로 만전을 기한 후 실시한다.<br>·공세작전은 압도적으로 우세한 병력과 화력을 신속히 집중, 기동하여 적을 완전히 포위·섬멸한다. 또한 적을 포위한 상태에서 철저한 수색을 실시, 적을 끝까지 색출한다. |
| **대민지원/ 심리전** | ·대민관계 시 역사, 지정학, 관습, 가치관, 종교의 특성을 잘 살펴 6·25전쟁 경험을 교훈으로 삼아 베트남 국민을 이해하고 그들의 고통을 덜어 주기 위해 노력한다는 것을 인식시킨다.<br>·농업 등 중요한 생산지역의 주민을 우선 보호하며 베트콩에 대한 식량 및 기타 지원을 차단한다.<br>·주민들을 위한 의료지원을 실시하고 농사지원, 학교, 도로, 불교사당들을 보수해줌으로써 한국군에 대한 신뢰와 의존도를 높이도록 한다.<br>·모든 부대는 군부대, 경찰, 학생 등 베트남 사람들을 대상으로 태권도에 대한 홍보와 시범을 통하여 한국군의 강인성을 과시하며 필요시 태권도 연수를 지도한다. |

주월한국군의 작전개념은 〈표 3〉처럼 군사작전뿐만 아니라 대민지원과 심리전을 중요시 여기고 있다. 왜냐하면 비정규전의 특성상 게릴라들은 주민들을 정보원과 보급원으로 활용하여 자신들의 작전지속능력을 유지하기 때문에, 정규군이 대게릴라전에서 승리하기 위해서는 적극적인 대민지원 및 심리전으로 주민과 게릴라를 분리시켜야 하기 때문이다. 채명신 장군은 주민과 게릴라의 수어지교

23 채명신, 위의 책, pp. 178-179.

(水魚之交) 관계를 창군기와 6·25전쟁 당시 수많은 비정규전 경험을 통해 이미 잘 알고 있었기 때문에 주민의 마음을 얻기 위한 대민지원과 심리전을 주월한국군의 주요 작전개념으로 채택하였다.[24]

---

**24** 이 부분은 필자가 前 주월한국군사령관인 채명신 예비역 중장과 2008년에 인터뷰한 내용 및 그의 회고록 내용을 참조하여 작성한 것이다.

# Icebreaker 5 주월한국군의 작전수행과정[25]

주월한국군은 채명신 장군의 작전지침과 작전개념을 구현하기 위해 중대전술기지 배치 및 민군심리작전 전개, 적극적인 정보활동을 통한 베트콩 근거지 격멸, 대부대의 협조된 작전을 통한 작전지역 확장 순으로 작전을 전개하였다.[26] 그리고 주월한국군은 각 단계별 군사작전, 대민지원, 심리전을 통합하여 작전을 전개했는데, 이때 주월한국군은 강공위주의 군사작전보다는 주민들의 마음을 얻기 위해 대민지원과 심리전 같은 비군사작전에 중점을 두었다. 당시 주월한국군의 세부적인 작전수행과정은 다음과 같다.

## 1단계: 중대전술기지 구축 및 민군심리작전 전개

> "작전지역의 방위를 위한 거점을 구축하는 데 목표를 두고 부대를 배치하되 중대단위 전술기지를 설치하여 기지 주변의 전투정찰과 탐색을 실시한다."

채명신 장군은 3~4개의 마을을 주야로 통제할 수 있는 지점에 중대전술기지를 구축하여 주간에는 적극적인 대민지원을, 야간에는 매복을 통해 베트콩의 주

25 주월한국군의 작전수행과정에 대해서는 필자가 2012년 육군본부 군사연구소『군사연구』133호에 기고한「베트남전쟁과 이라크전쟁 시 대반란수행교리 비교분석」에 보다 더 자세히 설명되어 있다.

26 박경석, "베트남전쟁 시 한국군의 전술교리와 작전",『베트남전쟁 연구 총서 1』, 국방부 군사편찬연구소, 2002, p. 171.

민접촉을 원천봉쇄하도록 지시하였다. 하지만 주월미군과 주월한국군 예하부대 지휘관들조차도 중대단위 전술기지는 베트콩의 야간집중공격에 취약할 것이라는 우려를 표명했다. 하지만 채명신 장군은 주민과 베트콩을 분리시키고 마을 주변에 분산되어 있는 베트콩의 근거지를 파괴하지 않는 이상 주월한국군의 작전성과를 기대할 수 없다고 판단하고 중대전술기지 배치를 강행하였다.[27] 그 대신 그는 각종 화력과 장애물로 중대전술기지의 방호력을 강화시키고 중대전술기지간 간격은 전투정찰과 매복 등 소부대작전으로 보강하여 주위의 우려를 완화시켰다. 중대전술기지 배치가 완료되자, 주월한국군은 본격적인 대민지원과 심리전을 전개하였다. 채명신 장군은 현장지도를 통해 "전투는 30%, 대민지원과 심리전은 70%로 설정한다"[28]라고 강조하였다. 실제로 주월한국군은 효과적인 대민지원과 심리전을 위해 베트남의 역사 및 문화를 고려한 다양한 민군심리작전 방안들을 고안하여 적용하였다. 그 중에서 우리나라와 베트남은 오랜 시간 동안 중국의 영향으로 유교문화권에 속해 있다는 동질성을 활용한 민군심리작전이 효과적이었다. 주월한국군은 대민지원 시 어른을 만나면 공손히 예의를 표하고, 아이들에게는 머리를 쓰다듬게 하였다. 또한 한자로 필담을 나누어가면서 마을 지도자와 의사소통을 진행해 나갔다. 무엇보다도 천 년 가까운 지배로 인해 중국을 세계에서 가장 강한 나라라고 생각하고 있던 베트남인들은 6·25전쟁에서 중공군의 인해전술을 물리친 한국군을 처음부터 강한 군대로 여기고 있었다. 여기에 주월한국군 예하부대의 파괴력 있는 태권도 시범이 실시되자 주월한국군의 강인함은 모든 베트남인들의 뇌리 속에 각인되었다. 이로 인해 주월한국군은 주민들에게는 진정한 친구로, 베트콩에게는 감히 범접할 수 없는 강인한 군대로 인식되어 효과적인 1단계 작전을 전개할 수 있었다.

27 박경석, 앞의 논문, p. 172.

28 채명신, 앞의 책, p. 202.

## 2단계: 적극적인 정보작전을 통한 베트콩 근거지 소탕

> "공세로 이전할 발판을 구축하는 것을 목표로 작전지역 내의 적의 지배지대를 수복 및 평정 후, 작전지역 밖으로 공세적인 작전을 전개하여 베트콩의 근거지를 소탕한다."

주월한국군이 중대전술기지를 중심으로 활발한 민군심리작전을 전개하여 주민과 베트콩을 분리하자, 베트콩은 정보원과 보급원을 잃게 되어 생존의 위협을 받게 되었다. 이로 인해 베트콩은 북베트남 정규군과 합세하여 중대전술기지를 공격하기 시작했다. 그 대표적인 예가 바로 1966년 5월의 두코 전투와 1967년 2월의 짜빈동 전투이다. 당시 연대 규모의 베트콩과 월맹군은 야간 제파식 집중공격으로 주월한국군의 중대전술기지를 공격하였으나, 주월한국군의 필승의 의지와 제병협동전투로 인해 심각한 피해를 입고 퇴각하였다. 이로 인해 중대전술기지에 대한 주월미군의 우려는 불식되었으며, 주월한국군은 베트콩이 감히 공격할 수 없는 두려움의 존재가 되었다. 무엇보다도 주민과 베트콩이 완전히 분리되자 베트콩은 정글이나 산악 지역에 고립되어 전투력이 급격히 쇠약해지기 시작했고, 일시적으로 베트콩에 가담했던 인원들이 귀순하기 시작했다. 하지만 게릴라들은 그 근원을 제거하지 않으면 언제든지 창궐할 수 있는 존재들이었다. 이에 주월한국군은 베트콩의 근거지를 색출하여 제거하기 위한 정보작전을 전개하였다. 주월한국군의 정보수집활동은 주로 주민과 귀순자들이 제보한 첩보에 근거하여 진행되었다. 첩보가 접수되면 주월한국군은 정찰대를 투입하여 그 진위 여부를 확인하고, 야간침투공격을 전개하였다. 이 야간 침투공격은 적의 규모에 따라 중대 또는 대대작전으로 전개되었는데, 통상적으로 베트콩의 1개 근거지를 소탕하는 데 1개 중대가 투입되었다. 중대 야간침투공격은 2~3개 소대가 베트콩 근거지의 후방과 측방에서 그들의 퇴로를 차단하고 1개 소대가 정면으로 공격해 나가는 일종의 포위공격으로 진행되었다. 포위공격 간 통신병은 꽹과리와 나팔로 명령을 하달하였고, 각개병사는 '맹호'라고 외치면서 베트콩 근거지로 돌격하였다. 이로 인해 주월한국군의 기습효과는 증대되었고, 반대로 베트콩은 공포에 휩싸여 지리멸렬되었다.

### 3단계: 대부대의 협조된 작전을 통한 작전지역 확장

> "대부대작전을 전개하여 작전지역을 점진적으로 확대하며 경계선 밖에 있는 적을 격멸시키는 한편 남베트남 정부의 평정계획을 지원한다."

주월한국군은 중대전술기지와 중대 야간침투공격으로 작전지역이 안정화되면, 곧바로 공세적인 대부대작전을 전개하여 작전지역을 확장시켰다. 그 대표적인 사례가 1967년 3월 15일부터 5월 31일까지 맹호사단과 백마사단의 협동작전으로 실시된 오작교작전이다. 통상 작전지역 확장을 위한 대부대작전은 연대급 이상제대에서 수행되었는데, 파병 기간 동안 주월한국군은 군단급 작전 4회, 사단급 작전 30회 그리고 연대급 작전 186회를 실시했다.[29] 주월한국군은 3단계 작전이 시작되면 최초 작전지역을 남베트남군에게 인계하고 새로 할당받은 작전지역으로 투입되었다. 이때 주월한국군은 작전보안을 유지하기 위해서 야간침투전술을 주로 사용하였고, 기동타격부대와 증원부대는 미군의 지원을 받아 신속한 공중기동작전을 전개하였다. 베트콩은 천연 지형지물을 최대한 활용하여 동

29 최용호, 『한권으로 읽는 베트남전쟁과 한국군』, 서울: 국방부 군사편찬연구소, 2004, p. 223.

굴 속에 은폐·엄폐했기 때문에 쉽게 탐색하여 격멸할 수 없었다. 따라서 주월한국군은 작전지역을 여러 차례 반복 수색하여 은폐·엄폐하고 있는 베트콩을 끝까지 색출하여 섬멸하는 'Hit & Stay' 전법을 적용하였다.[30] 이후 주월한국군은 대대 단위로 작전지역을 재할당받고 중대전술기지 구축, 민군심리작전과 정보작전 전개 그리고 중대 야간침투공격 등 1·2단계를 반복하여 남베트남에서 안정화지역을 점점 넓혀나갔다.

30 채명신, 위의 책, p. 326.

# Ⅰ. 재구대대의 민군심리작전

## One Point Lesson Ⅰ

재구대대는 1965년 10월 말부터 남탕(Nam Tang)면 히븐 부락에 주둔하면서 4개의 중대전술기지를 중심으로 적극적이고 창의적인 민군심리작전을 전개하였다. 특히, 효과적인 민군심리작전을 전개하기 위해 특수임무소대를 편성하여 운용했다. 그리고 이를 통해 적극적인 주민숙원사업(QIP: Quick Impact Project)을 전개하여 지역 베트콩에 비해 정보작전의 우위를 점하게 되어, 효율적이고 효과적인 군사작전의 여건을 조성할 수 있었다. 여기에서 소부대 지휘자 및 지휘관들은 대게릴라전에서 민군심리작전의 중요성과 그 방법을 배울 수 있다.

※ Source: 박경석, 『월남전선에서의 재구대대』, 서울: 병학사, 1984.
박경석, 「베트남전쟁 시 한국군의 심리전과 대민지원활동」, 『베트남전쟁 연구 총서 1』, 국방부 군사편찬연구소, 2002.

# Ⅰ. 재구대대[31]의 민군심리작전

재구대대는 현재 미군의 대반란작전의 주요 작전개념 중의 하나인 'WHAM(win the hearts and the minds of the people)' 개념을 적용하여 효과적인 민군심리작전을 전개했다. 재구대대는 전투력, 정보 그리고 민군심리작전에서 게릴라에 비해 상대적 우위를 점해 히븐 마을 지역을 쉽게 안정화시킬 수 있었다.

\- 재구대대의 민군심리작전 핵심 개념 -

재구대대는 1965년 10월 22일 남베트남 빈딘(Binh Dinh)성 퀴논(Quy Nhon) 항에 상륙하였고, 남탕(Nam Tang)면 히븐 마을에 주둔하면서 〈그림 4〉와 같이 4개의 중대전술기지를 중심으로 적극적이고 창의적인 민군심리작전을 전개하였다. 이는 앞에서 언급한 주월한국군의 작전수행과정의 1단계인 '중대전술기지 배치 및 민군심리작전 전개'단계이다. 당시 재구대대는 대대 정보관 권준택 대위를 중심으로 특수임무소대를 편성하여 효과적인 민군심리작전을 전개하였다.

재구대대는 히븐 마을에 도착함과 동시에 주변을 철저히 수색정찰하고 히븐 마을 주변에 4개의 중대전술기지를 배치하였다. 중대전술기지들은 베트콩의 주민 접촉을 원천봉쇄할 수 있는 히븐 마을 주변 주요 목 지점에 배치되었고, 모든 중대전술기지는 포병화력으로 엄호되었으며, 중대전술기지별로 주간에는 수색

31 재구대대는 파병 전 교육에서 부하가 잘못 던진 수류탄에 자신의 몸을 던져 더 큰 희생을 막은 故 강재구 소령의 고귀한 희생정신을 기리기 위해 붙여진 수도사단 1연대 3대대의 일반명칭이다.

그림 4. 맹호사단의 표준 중대전술기지(1연대 6중대)[32]

정찰, 야간에는 매복을 실시하였다. 이는 성공적인 민군심리작전을 전개하기 위해서는 완벽한 경계가 전제되어야 하기 때문이었다. 이와 동시에 재구대대장 박경석 중령은 대대 장병들에게 "군사작전에서 민군작전으로 모든 작전을 전환한다"[33]라고 천명하며 본격적인 민군심리작전을 전개하기 시작했다. 왜냐하면 당시 재구대대의 전술책임 내의 적정은 경무장한 약 1개 중대 규모의 베트콩 정도였기 때문이었다.[34]

32 '월남전과 한국(http://www.vietvet.co.kr/)' 자료.

33 박경석, 『월남전선에서의 재구대대』, 서울: 병학사, 1966, p. 51.

34 박경석, 앞의 책, p. 51.

재구대대의 대표적인 민군심리작전 방법은 특수임무소대 운용이었다. 우선 특수임무소대는 대대 정보관인 권준택 대위가 창안한 것이었다. 권준택 대위는 재구대대 전입 전 미국 특수전학교 비정규전 과정을 이수한 게릴라전 전문가였다.[35] 그는 대민접촉을 통한 정보획득과 민간인 구호(humanitarian aid)를 통한 한국군의 이미지 정착을 위해 군의관, 위생병, 정보병, 경계병 등 총 46명으로 구성된 특수임무소대를 편성했다.[36] 특수임무소대의 주요 임무는 치료소와 검문소를 운용하는 것이었다. 이들은 최초 히븐 마을 주변을 돌아다니며 주민들의 애로사항을 해결해 주고, 환자는 그 자리에서 직접 치료해주는 등 적극적인 대민지원을 실시했다. 이를 통해 특수임무소대는 히븐 마을 사람들이 가장 필요로 하는 것이 쌀과 말라리아 예방약이라는 사실을 알게 되었고, 쌀과 말라리아 예방약 배급을 재구대대의 숙원사업(quick impact project)으로 선정하였다. 이후 권준택 대위는 마을 사람들을 모이게 한 후, 최대한 예의를 갖춰 공손히 쌀을 배급하고, 말라리아 예방약인 크로킹을 주민들에게 복용시켰다.[37] 이로 인해 주민들은 재구대대 장병들을 진정한 친구로 인식하게 되었고, 이 소문은 마을 주변으로 급속히 퍼졌으며, 피난을 떠났던 주민들이 히븐 마을로 돌아오기 시작했다. 이후 권준택 대위는 마을 내부에서는 치료소를, 마을 외곽에서는 검문소를 운용하면서 지속적인 의료지원을 실시하였다. 그 결과 재구대대와 히븐 마을은 1965년 10월 2일에 자매결연을 맺게 되었다.

히븐 마을 주민들이 복귀하기 시작하자 각 중대전술기지에서는 심리작전을 강

---

35 채명신, 앞의 책, p. 205.

36 박경석, 앞의 책, p. 62.

37 박경석, “베트남전쟁 시 한국군의 심리전과 대민지원활동”, 『베트남전쟁 연구 총서 1』, 국방부 군사편찬연구소, 2002, pp. 226-227. 당시 재구대대는 매일 주월미군으로부터 세 끼 분의 C레이션과 남베트남정부로부터 800g의 쌀 그리고 미군으로부터 상당량의 의료품을 지원받고 있었기 때문에 그 일부를 대민지원용으로 전환할 수 있었다.

화했다. 각 중대전술기지의 수색정찰팀은 "베트콩들이여, 한국군은 결코 그대들을 살상하지 않습니다. 따뜻한 우리 한국군의 품으로 돌아오십시오! 베트콩들이여, 왜 산 속에서 질병과 굶주림으로 고생하십니까? 여러분의 처자가 당신들을 목마르게 기다리고 있습니다. 어서 당신의 행복한 가정으로 돌아오시오. 한국군은 그대들에게 자유를 보장합니다"[38]라는 내용의 전단지를 정글 곳곳에 부착했다. 전단지의 내용처럼 베트콩들은 질병과 배고픔에 시달리고 있었다. 왜냐하면 히븐 마을 외곽에는 4개의 중대전술기지가 배치되어 베트콩들은 보급품을 제대로 조달할 수 없었기 때문이었다. 이때 웽타이라는 한 여인이 한국군의 모든 정성에 감탄하여 베트콩으로 입산 중인 아들을 설득하여 데리고 오겠다고 검문소를 찾아왔다.[39] 이틀 후 이 여인은 아들을 설득하여 하산하였고, 이후로도 귀순자의 수는 계속해서 증가했다. 이에 발맞춰 특수임무소대는 검문소 전방 300m 지점에 '베트콩 귀향자 등록소'라는 간판을 설치하고 비무장으로 베트콩 귀순을 지속적으로 유도했다. 이렇듯 재구대대가 주민들의 마음을 사로잡고 그들로부터 신뢰를 얻게 되어 귀순자의 수가 증가되자, 베트콩에 대한 정보제보가 증가하였다. 당시 재구대대는 현재 미군의 대반란작전의 주요 작전개념 중의 하나인 'WHAM(win the hearts and the minds of the people)' 개념을 적용하여 효과적인 민군심리작전을 전개했던 것이다. 이로 인해 전투력, 정보, 민군심리작전에서 게릴라에 비해 상대적 우위를 점한 재구대대는 히븐 마을 지역을 쉽게 안정화시킬 수 있었다.

히븐 마을의 안정화를 성공적으로 마친 재구대대는 1966년 초 미1기병사단으로부터 베트콩의 준동이 가장 심한 푸캇(Phu Cat) 지역을 인수받았다. 왜냐하면 미1기병사단의 작전지역은 산악지역이 넓고 적정이 많아 자체 병력으로는 효과적인 작전을 전개할 수 없었기 때문이었다. 당시 푸캇 지역의 베트콩은 미1기병

38 박경석, 앞의 논문, p. 273.

39 박경석, 위의 책, p. 68.

사단의 헬기와 트럭을 공격할 정도로 과감했고, 공격 후 곧바로 푸캇산으로 은폐·엄폐하는 '치고 빠지기 전법(Hit & Run)'을 구사하고 있었다. 이에 맹호사단과 1연대는 재구대대의 효율적인 작전의 여건을 보장하기 위해 사단 105mm 곡사포 1개 포대와 연대 4.2인치 중박격포 소대를 배속시켰다.

푸캇 지역을 인수한 재구대대는 히븐 마을에서와 같이 신속히 중대전술기지를 배치했다. 동시에 각 중대전술기지는 주야 간 철저한 경계와 동시에 푸캇 지역 주민들의 마음을 사로잡기 위해 특수임무소대를 중심으로 다양한 민군심리작전을 전개하였다. 재구대대에 의해 푸캇 지역이 안정화되자 피난을 떠났던 주민들이 속속 복귀하기 시작했고, 푸캇 군수인 록 대위는 수차례의 전투로 폐허가 된 칸폭면의 호아호이 마을을 재건할 수 있도록 재구대대에 도움을 요청했다.[40]

그림 5. 재구촌 전경[41]

40 박경석, 위의 논문, p. 288.

41 '월남전과 한국(http://www.vietvet.co.kr/)' 자료 - 파월장병(1965 비호 맹호1연대) 월남전선 앨범.

재구대대는 1966년 2월 10일부터 마을 재건공사에 착수했다. 시멘트와 건축 자재는 사단 공병대대로부터 지원받고, 일일 평균 100명씩 대대병력을 공사에 투입하여 가옥과 주요 시설들을 건설하였다. 이때 재구대대는 적시성과 미래지향성이라는 원칙을 가지고 재건사업을 진행하였다. 적시성은 주민이 지금 당장 필요한 것을 제공하는 것이었고, 미래지향성은 주민 스스로 재건사업을 진행하여 자립심과 재건의지를 향상시키는 것이었다. 우선 재구대대는 폐허가 된 마을로 복귀한 주민들에게 식량지원, 의료지원, 임시 거처지원 등 적시적인 대민지원을 실시하여 주민들의 마음을 안정시켰다. 그 후 재구대대는 건설자재와 병력을 지원하여 마을재건을 도왔는데, 모든 가옥들은 푸캇 군과 촌장의 통제 아래 주민들이 직접 자기 집을 짓도록 하였다.

동시에 재구대대는 학교, 행정사무소, 종교 시설 등의 건설과 민병대 훈련을 통해 푸캇 군민들의 재건의지를 일깨웠다. 학교는 월남의 다음 세대를 책임질 어린 학생들의 목표지향적 삶을 보장했고, 행정사무소는 행정조직망을 강화시켜 월남 정부의 통치권을 강화시켰으며, 종교시설은 오랜 전쟁으로 지친 주민들의 마음의 상처를 치유함과 동시에 주민들을 하나로 단결시키는 매개체 역할을 했다.

그리고 민병대 훈련은 주민 스스로 자신들을 지킬 수 있는 자립심을 향상시켰다. 실제로 재구대대는 푸칸군 민병대 2개 소대를 10중대와 11중대에 배속시켜 군사훈련을 받게 했으며, 그들은 한 달 동안 87명의 베트콩을 사살하는 전과를 기록했다.[42] 그 결과 호아호이 마을은 민·관·군 협력에 의해 탄생된 최초의 재건마을이 되었고, 빈딩성장에 의거 '재구촌'으로 명명되었다.

여기에서 소부대 지휘자 및 지휘관들이 알아야 할 사항은 당시 재구대대가 전개한 민군심리작전 수행절차이다. 당시 재구대대는 민군심리작전을 효과적으로

42 박경석, 위의 책, p. 406.

수행하기 위해서 첫째, 중대전술기지를 배치하여 주민과 게릴라를 분리하고, 둘째, 특수임무소대 운용을 통해 주민 숙원사업을 전개하였으며, 적극적인 심리작전을 전개하여 게릴라를 심리적으로 약화시키고, 재구촌을 건설하여 주민들의 마음을 사로잡아 남베트남에 파병된 그 어느 부대보다도 빨리 작전지역을 안정시켰다. 우리 군이 베트남전쟁과 같은 대반란적 상황하에서 작전을 전개할 경우, 재구대대가 수행한 민군심리작전 수행절차는 소부대 지휘자 및 지휘관들에게 효과적인 민군심리작전 수행을 위한 방향타가 될 것이다.

# II. 재구대대 9중대의 공중강습작전

## One Point Lesson II

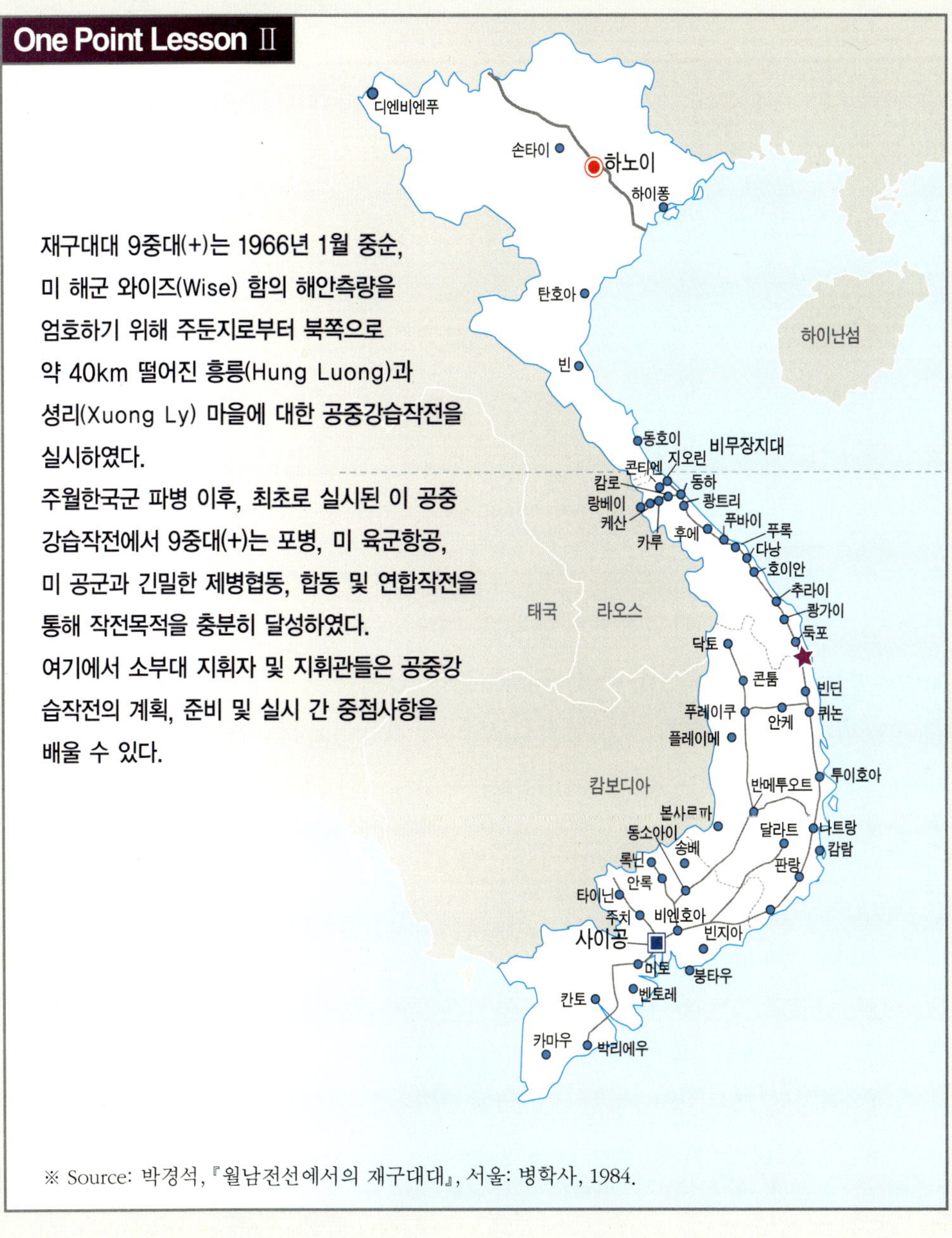


재구대대 9중대(+)는 1966년 1월 중순, 미 해군 와이즈(Wise) 함의 해안측량을 엄호하기 위해 주둔지로부터 북쪽으로 약 40km 떨어진 흥릉(Hung Luong)과 셩리(Xuong Ly) 마을에 대한 공중강습작전을 실시하였다.

주월한국군 파병 이후, 최초로 실시된 이 공중강습작전에서 9중대(+)는 포병, 미 육군항공, 미 공군과 긴밀한 제병협동, 합동 및 연합작전을 통해 작전목적을 충분히 달성하였다.

여기에서 소부대 지휘자 및 지휘관들은 공중강습작전의 계획, 준비 및 실시 간 중점사항을 배울 수 있다.

※ Source: 박경석, 『월남전선에서의 재구대대』, 서울: 병학사, 1984.

## II. 재구대대 9중대의 공중강습작전

> 깊숙한 적진에서 실시되는 공중강습작전이 성공하기 위해서는 주도면밀한 계획수립과 보병, 포병, 육군항공, 공군 간의 제병협동 수행능력과 합동성이 요구된다.
>
> \- 재구대대의 최초 공중강습작전 분석 결과 -

베트남전쟁에서 등장한 신무기는 최초 공중기동헬기인 UH-1H이다. 이 기동헬기의 등장은 미 육군으로 하여금 탐색격멸(search & destroy)이라는 작전개념을 탄생시켰다. 탐색격멸 개념은 말 그대로 적의 위치가 탐색되면, 신속하게 기동하여 적을 격멸한다는 의미이다. 이때 사용되는 수단이 바로 '휴이(Huey)'라고 불리는 UH-1H였다. 이 기동헬기의 운용은 'We were Soldiers'라는 영화에서 소개되어 군인뿐만 아니라 군사학에 관심 있는 사람이라면 누구에게나 친숙하다. 자체 방호를 위해 기관총과 로켓포로 경무장이 가능하고, 승무원을 제외하고 약 1개 분대의 무장병력을 수송할 수 있으며, 약 40km의 거리를 약 20분에 주파할 수 있다. 당시 도보보병이 주를 이루었던 주월한국군에게는 참으로 경이로움 그 자체였다. 반면에 소음으로 인해 작전기도가 조기에 노출되어 모든 공중강습작전에는 추가적인 기만작전이 필요했으며, 특히 이착륙 시에는 적의 재래식 공격에 대단히 취약했다. 그 결과 전술공군 및 포병과의 통합화력 운용이 공중강습작전의 전제조건이 되어버렸다. 또한 대부분의 공중강습작전이 장거리에 위치한 목표지역에서 시행되기 때문에 사전 철저한 지형정찰과 적정 파악이 필수였다.

1966년 1월 15일, 남탕(Nam Tang)에 위치한 재구대대는 미 해군 와이즈(Wise)

함의 해안측량을 엄호하기 위해 주둔지로부터 북쪽으로 약 40km 떨어진 홍릉(Hung Luong)과 셩리(Xuong Ly) 마을에 대한 공중강습작전을 준비하기 시작했다. 파병 후 최초로 실시하는 공중강습작전이었기 때문에 작전의 효율성, 더 나아가 성공여부는 미지수였다. 따라서 목표 일대의 적과 지형에 대한 정보획득이 무엇보다도 중요하였다. 왜냐하면 공중강습작전은 대부분 적진 깊숙한 곳에서 진행되어 자칫 잘못하면 적진에 고립되기 때문이었다.

재구대대는 이 작전을 위해 9중대가 공중강습부대로 지정되었으며, 이들을 지원하기 위해 대대 중화기중대 박격포소대와 기관총소대가 편성되었다. 그리고 수도사단으로부터는 포병연대 60포병대대 예하 2개 105mm 곡사포대가 직접지원되었고, 공중기동을 위해 미 해병대 헬기 1개 중대(15대)가 지원되었으며, 근접항공지원을 위해 미 전투기 4대(Skyraider)가 지원되었다. 그리고 대대장인 박경석 중령이 이번 작전을 진두지휘하기 위해 대대 전술지휘소가 운용되었다. 이것은 금번 작전이 최초로 실시하는 공중강습작전이라는 점과 투입자산이 중대의 지휘통제 범위를 벗어날 수 있다는 점이 고려되었기 때문이었다.

대대장은 대대 작전관 및 정보관과 함께 목표 지역의 적과 지형에 대해 연구하기 시작했다. 상급부대 첩보로 홍릉과 셩리 지역에는 약 1개 중대 규모의 베트콩이 활동하고 있는 것으로 파악되었고, 주변 지형은 정글과 해안이 어우러진 전형적인 베트남의 낮은 구릉 지역이었다. 이후 대대장은 수차례의 작전구상과 워 게임(war-game)을 통해 어떻게 싸울 것인가를 치열하게 구상하였다. 이는 전장을 가시화하여 최소의 희생으로 최대의 성과를 달성하기 위한 지휘관의 고민이었고, 고뇌였다.

대대장은 대대 작전관과 정보관을 대동하고 항공정찰을 위해 퀴논 비행장 한쪽에 자리잡고 있는 맹호 비행대로 향했다. 거기에는 주월한국군의 O-1A 연락기가 수도사단 예하 부대의 항공정찰을 지원하고 있었다. 항공정찰 전, 대대장은 작전보안을 유지하고 필요한 정보를 수집하기 위해 조종사와 비행경로, 정찰구

간, 고도에 대해 긴밀히 협조하였다. 협조회의 이후, 연락기는 순식간에 목표지역인 홍릉과 셩리 마을 일대에 도착하였다. 마을 주변은 선인장으로 둘러싸여 있었고, 여기저기에 죽창으로 방호되어 있었으며, 동시에 많은 호들이 산재되어 있었다. 그렇지만 마을 주민들은 보이지 않았다. 아마도 비행기 소리를 듣고 어디론가 숨어버렸기 때문이었다. 이런 단편적인 정찰결과로도 그 지역이 베트콩의 지배하에 있다는 사실을 쉽게 알 수 있었다. 대대장은 마을 앞과 뒤쪽에 헬기가 착륙할 수 있는 개활지를 확인하고 조종사에게 기수를 인근의 다른 마을로 돌리라고 말했다. 왜냐하면 앞에서 언급한 것처럼 아군의 작전기도를 노출하지 않고, 베트콩으로 하여금 이번 비행이 통상적인 항공정찰로 오인케 하기 위해서였다.

항공정찰에서 복귀한 대대장은 작전을 구체화하기 시작했다. 헬기착륙 장소, 9중대를 비롯한 보병부대의 기동계획, 대대 전술지휘소와 박격포진지 위치 그리고 화력계획까지 모든 것을 최신화하였다. 이때 미 해병대 헬기 중대장이 대대지휘소로 들어왔다. 그는 거수경례 후, 대대장에게 "착륙지역에 사전 포격과 폭격이 선행되어야 합니다"라고 건의하였다. 대대장은 "기습효과를 달성하기 위해 포격이나 폭격없이 공중강습작전을 시행하는 것이 좋다"라고 재차 강조했지만, 미 헬기 중대장은 "공중강습작전을 위해서는 최소한의 안전책이 필요합니다"라고 포격과 폭격의 당위성을 다시 강조하였다. 그 결과 재구대대 9중대의 공중강습작전은 공중강습 이전 수도사단 포격 및 미 전투기의 폭격, 공중강습 직전 미 무장헬기의 근접지원, 이후 보병부대 전개 순으로 진행되었다.

1966년 1월 18일 오전 8시, 수도사단 포병연대 60포병대대 2개 포대가 포문을 열고 목표지역 부근의 착륙지역을 강타하기 시작했다. 이어서 미 전투기 4대의 폭격이 요란스럽게 실시되었다. 그리고 미 무장헬기의 기관총과 로켓이 목표지역 부근을 강타하기 시작했다. 목표지역에 대한 포격과 폭격이 끝날 무렵, 미 해병대 헬기 15대가 대대 지휘소 부근에서 대기하고 있었다. 거기에는 9중대원들과 9중대를 지원하기 위한 대대 지원병력들이 탑승하고 있었다. 대대장이 미 항공연락장교와 함께 탑승하자 헬기는 곧바로 이륙하였다. 이동제대는 총 2개 제파로 편성되었다. 1제파는 9중대 병력, 2제파는 9중대 일부와 대대 지원병력으로 구성되었다. 공중기동 간 15대의 헬기 주변에는 미 전투기가 엄호하였으며, 맹호 비행대 O-1A 연락기도 그 모습을 드러냈다. O-1A 연락기에는 60포병대대에서 파견된 박원용 대위가 포병화력 유도를 위해 탑승하고 있었다.

**그림 6. 주월한국군의 공중강습작전**[43]

잠시 후 9중대의 1제파가 목표 남쪽의 안부지역에 착륙하기 시작했다. 모든 헬기들은 지면에 닿는가 싶더니 〈그림 6〉처럼 바로 하늘로 솟구치는 터치다운(touchdown) 기동을 실시했다. 재구대대 병력들은 헬기가 지면 가까이에서 하버링(hovering)하는 약 3초의 시간 동안에 신속하게 기체에서 이탈하여 건제단위 재집결을 위해 신속히 돌진해 나갔다. 이것은 혹시 모를 적의 공격에 대비하기 위해 고안된 방법이었다.

1제파로 착륙한 9중대는 신속히 공격대형으로 전개하고 홍룽과 셩리 마을을 포위하기 시작했다. 그리고 2제파로 착륙한 대대 중화기중대 박격포 소대는 신속히 안부지역 일대에 포진지를 편성했으며, 기관총 소대는 목표 주변 감제고지에 기관총 진지를 편성하고 사격준비를 실시하였다. 마지막으로 대대 전술지휘소 인원과 장비를 태운 헬기가 착륙하였고, 1제파와 2제파, 상급부대 및 미군의 자산을 운용하기 위해 착륙지역 인근에 대대 전술지휘소가 개소되었다.

---

43 '월남전과 한국(http://www.vietvet.co.kr/)' 자료.

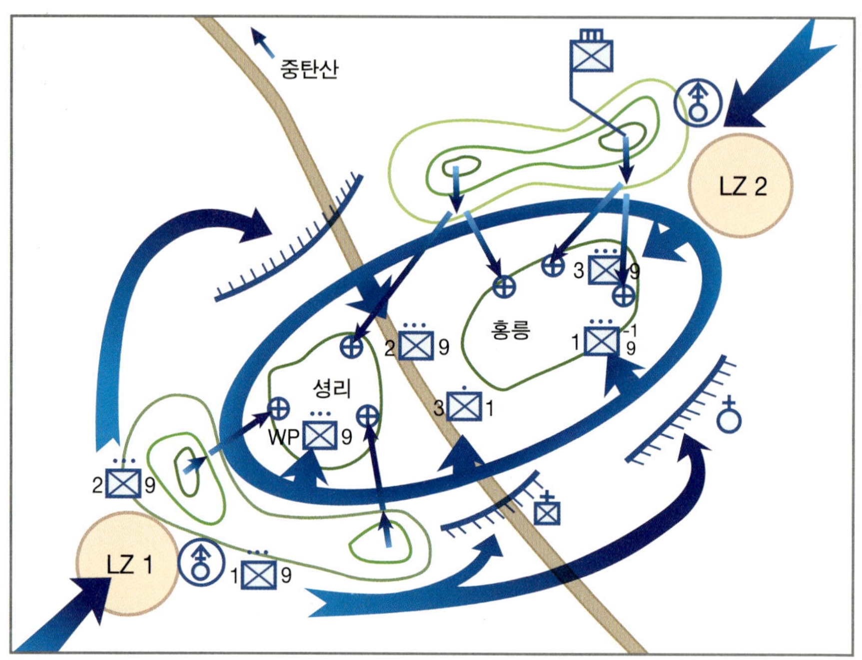


**그림 7. 9중대 기동계획**[44]

9중대는 계속해서 포위망을 좁혀나갔다. 그러나 그 어디에서도 총성이 들리지 않았다. 오히려 목표지역 상공을 선회하는 미 전투기 소리가 더 요란했다. 잠시 후, 마을 주민들이 길가로 나오더니 재구대대원들을 향해 웃음과 인사를 전했다. 9중대원들은 계속해서 마을 내부를 철저히 수색했다. 그러자 베트콩들이 사용하던 동굴과 그 안에서 그들이 사용하던 무기들을 발견하였다. 결과적으로 목표지역의 1개 중대 규모의 베트콩들은 사전 포격과 폭격 소리를 듣고 마을 북쪽에 위치한 중탄산으로 도주해버렸다. 이곳은 해발 600m 이상의 험난한 지형으로 베트콩들의 근거지였다. 더 이상의 추격은 불가능했다. 왜냐하면 이번 공중강습작전의 작전목적이 미 해군의 해안측량을 엄호하는 것이고, 또한 중탄산 방향으로

44 독자의 이해를 돕기 위해 당시 상황을 근거로 現교리에 맞춰 기동계획을 작성.

추격할 시 베트콩의 성역과 같은 정글에서 그들의 게릴라전에 적지 않은 피해가 예상되었기 때문이다.

마을 수색을 마친 대대장은 두 마을의 모든 주민들을 집합시켰다. 주민들은 불안감으로 떨고 있었다. 대대장인 박경석 중령은 공산주의로부터 자유를 억압받는 주민들을 위로해주고, 헬기로 수송한 쌀 3,000kg을 주민들에게 나누어주었다. 그리고 즉시 대대를 3개 제대로 편성하고 복귀하기 시작했다. 17시 경, 미 헬기가 하늘을 까맣게 뒤덮었다. 복귀는 대대 중화기중대 2개 소대 및 9중대 일부 그리고 9중대 순서로 진행되었다. 대대 전술지휘소는 2제파로 복귀했으며, 9중대장 용영일 대위는 1, 2제파의 복귀를 엄호하고 마지막 3제대로 홍릉과 셩리 마을을 떠나 대대 지휘소가 위치하고 있는 남탕으로 향했다. 이때에도 미 전투기와 공격헬기가 재구대대의 복귀 행렬을 요란스럽게 엄호하였다. 이로써 재구대대의 최초 공중강습작전은 소기의 작전성과를 달성한 채 마무리되었다.

소부대 지휘자 및 지휘관들이 재구대대의 최초 공중강습작전에서 배울 수 있는 점은 공중강습작전의 계획 및 실시 절차이다. 재구대대장인 박경석 중령은 지형정찰 및 협조회의를 통해 치밀한 계획을 작성했으며, 포병, 항공, 공군과의 입체작전을 통해 아무런 피해 없이 작전목적을 달성하였다. 또한 재구대대 9중대는 공중강습작전 간 화력 및 지상부대 운영절차에 대한 모델을 제시해주었다. 따라서 현재 타군과의 합동성을 강화하고, 미군과의 연합작전이 증가하고 있는 상황을 고려해봤을 때, 우리 소부대 지휘자 및 지휘관들은 공중강습작전의 계획과 실시 절차에 대해서 심도 깊은 연구가 필요할 것이고, 9중대의 공중강습작전 사례는 훌륭한 교본이 될 것이다.

# Ⅲ. 재구대대 9중대의 야간침투공격

## One Point Lesson Ⅲ

재구대대 9중대는 1966년 2월 16일, 작전지역을 확장하기 위해 베트콩의 주요 근거지 중에 하나인 빈탄지역을 공격하였다.

이때 9중대는 헬기를 이용한 공중강습작전이 아닌 야간침투공격을 감행하여 기습을 달성하였다. 이 작전은 주월한국군의 최초 야간공격으로 기록되고 있으며, 이를 전환점으로 야간작전의 주도권은 베트콩에서 주월한국군으로 넘어오게 되었다.

여기에서 소부대 지휘자 및 지휘관들은 야간침투공격 및 야간 기도비닉 유지 방법에 대해 배울 수 있다.

※ Source: 박경석, 『월남전선에서의 재구대대』, 서울: 병학사, 1984.
박경석, 「베트남전쟁 시 한국군의 심리전과 대민지원활동」, 『베트남전쟁 연구 총서 1』, 국방부 군사편찬연구소, 2002.

## Ⅲ. 재구대대 9중대의 야간침투공격

정글 깊숙이 위치한 적의 근거지를 소탕하기 위해서는 무엇보다도 작전보안과 기도비닉이 철저히 유지되어야 한다. 따라서 야간침투공격은 베트콩의 허를 찌르는 가장 유용한 기습의 한 방법이다.

- 재구대대의 야간침투공격 분석 결과 -

재구대대의 창의적인 민군심리작전과 완벽한 경계로 주민과 베트콩이 완전히 분리되자 푸캇군은 점차 안정화되어 월남정부의 행정망이 다시 가동되었다. 이로 인해 주민들은 푸캇군 주변의 베트콩에 대한 첩보를 제공했고, 베트콩에 단순가담하여 푸캇산으로 입산했던 마을 주민들은 가족의 설득과 본인의 의지로 속속 귀향하기 시작했다. 그 결과 베트콩에 대한 첩보는 점점 신빙성이 높아져 군사작전에 활용할 수 있는 정보가 되었다. 재구대대장 박경석 중령은 주민들이 제공한 첩보, 상급부대 제공 첩보, 각 중대전술기지 수색정찰팀이 확인한 결과를 종합적으로 분석하여 대대 작전지역 내 베트콩 근거지를 소탕하기 위한 '재구2호작전'을 계획하였다.

재구대대 작전지역 내 베트콩 근거지는 빈탄(Vinh Thanh)이었고, 이 지역은 곧바로 '재구2호작전'의 목표가 되었다. 재구대대장인 박경석 중령은 빈탄을 용영일 대위가 지휘하는 9중대로 공격하도록 지시했다. 이 '재구2호작전'은 베트남전쟁에서 획기적인 작전으로 기록되고 있다. 왜냐하면 9중대는 최첨단 무기체계를 보유한 미국도 시도하지 못한 야간침투공격을 실시했고, 최소의 희생으로 베트콩의 근거지를 소탕했기 때문이다. 9중대가 수행한 야간침투공격의 작전요지와 성과는 다음과 같다.

9중대장인 용영일 대위는 대대장에게 "희생 없이 적을 격멸할 수 있는 유일한 수단은 야간작전입니다"라고 보고하고 빈탄 지역을 근거지로 하는 베트콩 1개 중대에 대한 야간공격작전을 준비하기 시작했다. 우선 용영일 대위는 소규모 정찰대를 파견하여 빈탄 지역을 10일 동안이나 관측하면서 주변 지형과 베트콩의 활동상황을 샅샅이 파악했다. 당시 빈탄 마을은 1번 해안도로로부터 동쪽으로 4km 정도 떨어져 있었고, 약 150호가 모여 있는 전형적인 농촌 마을이었다. 멀리서 관측하기에는 평화롭게 보였지만 베트콩 1개 중대는 이 마을에 터널과 교통호를 구축하여 요새화하였고, 마을 외곽에는 철조망을 설치하여 아군의 접근을 차단하려고 하였다.

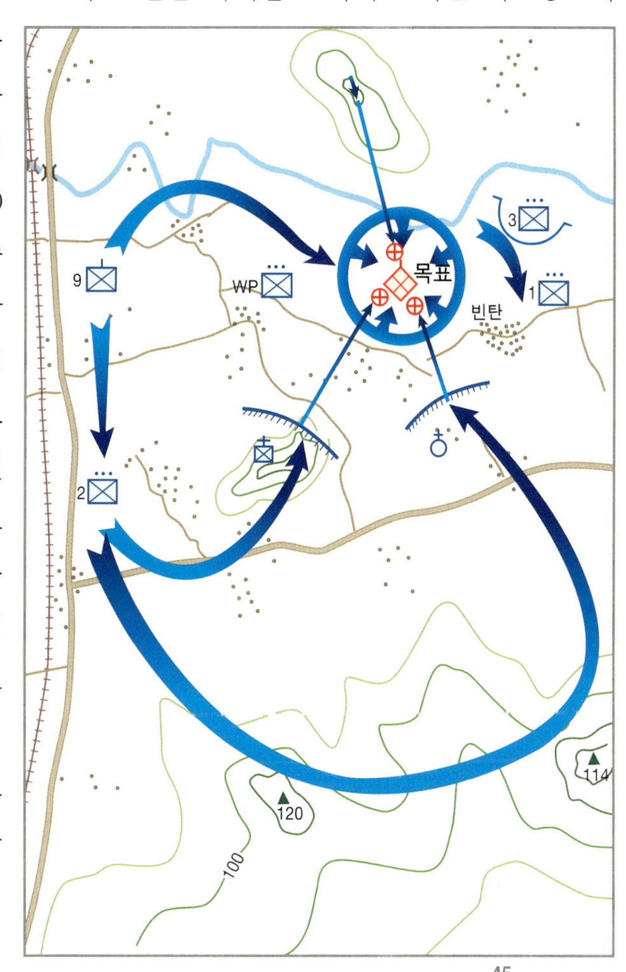

그림 8. 9중대의 빈탄 야간침투공격 계획[45]

45 국방부 전사편찬위원회, 『주월한국군전사 제1권(64-66. 6)』, 서울: 국방부 전사편찬위원회, 1967, p. 259.

정찰결과를 바탕으로 용영일 대위는 다음 3단계로 야간기습공격을 전개하기로 구상하였다. 1단계는 포위공격 이전 1개 소대를 은밀히 목표 후방으로 침투시켜 매복진지를 편성하는 것이었다. 이는 9중대가 포위공격 시 적의 증원부대와 후방으로 도주하는 베트콩을 차단하기 위해서였다. 2단계는 중대(-1)가 야간침투를 실시하여 목표 전방과 좌우측을 포위하는 것이었다. 그리고 3단계는 중대장의 돌격신호에 맞춰 목표를 포위공격하는 것이었다. 이와 동시에 만약의 상황에 대비하기 위해 목표 주변에 포병화력과 조명을 계획하였다. 그리고 대대본부에서는 9중대 포위공격 시 빈탄 주변의 다른 베트콩 근거지에 105mm와 155mm 포병화력을 집중하여 적의 상호지원을 원천봉쇄하기로 하였으며, 1개 중대를 예비대로 편성하여 우발상황에 대비하게 했다.

1966년 2월 16일 19:00, 신정웅 소위가 지휘하는 3소대가 베트콩의 퇴로 및 증원로로 사용될 수 있는 목표 동쪽 지역의 매복진지를 점령하기 위해 침투기동[46]을 실시했다. 3소대의 야간 침투기동에는 아무런 문제가 없었다. 왜냐하면 3소대는 이미 여러 번의 소규모 정찰을 실시했고, 동시에 유사한 지형에서 수차례 예행연습을 실시했기 때문에 이들의 기동에는 한 치의 주저함이 없었다. 이들은 기동로의 모든 지형지물에 이미 익숙해져 있었기 때문에 마치 주간에 기동하는 것처럼 움직였다.

3소대 1분대는 소대 전방에서 경계 및 통로개척 임무를 수행하면서 전진하였다. 이들은 육감을 모두 동원하여 적을 찾으려고 했고, 의심지역이 나타나면 분대장조와 부분대장조, 때로는 삼삼오오로 나뉘어져 그 지역을 확인하면서 전진하는 임무를 수행하였다. 약 3시간 동안, 3소대 1분대는 약 4km 거리를 침투기동하면서 모든 의심지역을 일일이 확인했다. 그 결과 3소대 전원은 목표 동쪽지

46 침투기동(浸透機動): 공격부대의 일부 또는 전부가 적 방어진지의 간격 또는 적 배치가 미약한 지역을 은밀히 통과하여 적과 교전없이 또는 최소한의 교전으로 적의 측면과 후방을 공격하는 기동형태.

역에 안전하게 도착했고, 최초 계획대로 매복진지를 구축하고 차후 명령에 대기하였다.

신태호 소위가 지휘하는 2소대는 20:00, 목표 남쪽 및 남동쪽 능선을 점령하기 위해 야간 침투기동을 실시하였다. 2소대도 3소대와 마찬가지로 2분대를 경계분대로 운영하면서 야간 침투기동을 시작했다. 그런데 2소대 또한 베트콩과 조우 없이 공격대기지점에 도착했고, 이어서 2소대는 소대장조와 부소대장조로 나뉘어져 사격지원진지를 점령하기 시작했다. 부소대장조는 목표 남서쪽에 있는 낮은 능선에, 소대장조는 120고지와 114고지를 경유하여 목표 남쪽에 있는 평지에 무사히 도착하여 사격지원진지를 점령하였다. 그런데 2소대 소대장조가 사주경계를 실시하고 있는 동안 소규모의 베트콩이 마을로 접근하기 위해 2소대장조 지역으로 접근하였다. 그러나 2소대장조의 철저한 경계와 기도비닉으로 소규모 베트콩은 아무런 의심 없이 빈탄 마을로 진입하였다.

2소대가 계획된 지역에 도착했다는 무전보고 후, 중대(-2)는 야간 침투기동을 실시하였다. 2소대장은 직접적인 무전통신 대신 무전침묵을 유지한 채, 무전기 수화기의 키를 길게 2번, 짧게 6번 눌러 목표 지역 도착보고를 실시했다. 그때가 자정 정각이었다. 이와 동시에 화기소대장인 원홍태 중위가 선두에서 방향을 탐지하면서 목표를 향해 접근해 나가기 시작했다. 화기소대장 또한 여러 번 침투기동로를 정찰했기 때문에 지체 없이 전진했다. 물론 빈탄 마을 직전에 있는 소하천을 도섭하다가 베트콩 경계병과 조우하는 위험한 순간도 있었다. 그러나 화기소대장은 적 경계병에게 은밀히 접근하여 평소 연마한 태권도 실력으로 적 경계병을 처치하고 계속해서 중대(-2)를 유도했다. 그리고 마침내 중대본부, 1소대, 화기소대, 중화기중대 중기관총반으로 구성된 중대(-2)는 03:00경 목표 서쪽지역의 공격대기지점에 도착하여 포위공격을 위한 마지막 준비를 실시하였다.

빈탄 마을을 에워싼 9중대는 04:30에 야간 침투기동에 이은 포위공격을 시작했다. 우선 9중대장이 대대에 포병화력을 요청하자 수많은 105mm 및 155mm 포탄이 빈탄 마을을 뒤흔들었다. 이어서 9중대의 기관총과 유탄발사기가 빈탄 마을을 붉게 수놓았다. 이어서 나팔과 북소리가 요란하게 퍼져나갔다. 이에 2·3소대를 제외한 9중대원들은 "맹호! 맹호!"라고 외치면서 마을 중앙으로 포위망을 좁히면서 돌격해나갔다. 그러자 기습을 당한 상당수의 베트콩들이 마을 동쪽 방향으로 도주하기 시작했다. 거기에는 이미 3소대가 매복진지를 점령하고 있었기 때문에 도주하던 상당수의 베트콩은 3소대의 사격으로 쓰러지고 말았다.

갑자기 '둥둥둥' 북소리가 들렸다. 그러자 3소대의 사격은 중지되었고, 3소대장은 소대의 1/2 병력의 사격방향을 목표 남쪽, 중탄산 방향으로 전환하고 사주방어를 지시했다. 이는 적의 증원을 대비한 조치였다. 2소대 또한 북소리와 함께 중탄산에서 뻗어 나온 줄기를 향해 사격방향을 전환하였다. 그리고 2소대의 사격이 시작되었다. 더불어 포병관측장교인 장경호 중위가 유도하는 강력한 포병화력이 중탄산 줄기를 강타하였다. 2소대의 사격방향에는 빈탄 마을에 증원될 수 있는 1개 중대 규모의 베트콩이 은거하고 있었다. 2소대의 사격은 이들로 하여금 2소대가 자기들을 공격하는 것으로 기만하여 빈탄 마을에 증원할 엄두조차 못 내게 하기 위한 것이었다.

용영일 대위가 지휘하는 1소대는 목표 동측지역에서, 화기소대는 목표 서측지역에서 1오로 전개한 후, 짧고 치열한 사격과 함께 돌격하기 시작했다. 돌격이 시작되자 모든 사격은 중지되었고, 모든 9중대의 공격은 육박전으로 전환되었다. 이는 우군 간 피해를 방지하기 위한 조치였다. 1소대와 화기소대는 베트콩이 교묘히 조성해 놓은 터널을 수색하면서 포위망을 좁혀갔다. 수류탄 투척에 이은 짧고 치열한 소총사격으로 빈탄 마을에 있는 1개 중대 규모의 베트콩은 지리멸렬되었다. 용영일 대위는 대대에 무전으로 보고하여 조명지원을 요청했다. 그러자 대대 4.2인치 박격포들은 조명탄을 쏘아 올렸다. 모든 조명탄은 9중대원의 사격 및 관측을 보장하기 위해 목표 북동쪽, 즉 9중대원들의 등 뒤쪽에서 50만 촉광을 발산하고 있었다.

시간은 흘러 어느덧 동이 트기 시작했다. 그러나 남은 약 1개 소대 규모의 베트콩은 끝까지 필사적으로 저항하였다. 화기소대는 포위망을 더욱 압축한 후, 마지막 근접전투를 전개하였다. 그러자 마을 내의 잔적들은 목표 남동쪽(2소대와 3소대 사이)으로 논을 따라 도주하였다. 중대장은 목표 북쪽 능선에 사전 배치된 대대 중화기중대 중기관총반에게 사격을 지시했다. 그러자 도주하던 베트콩이 쓰러지기 시작했다. 그럼에도 한 무리의 베트콩들이 계속해서 도주했다. 1소대장은 중대장에게 추격을 건의했으나, 용영일 대위는 아군의 전투력을 홍보할 사절로서 그들을 살려주었다. 이로써 9중대의 야간침투공격은 2월 17일 05:48에 종료되었다. 이후 용영일 대위는 재편성에 들어갔다. 사상자 파악결과 경상자 5명 이외 특이사항이 없었다. 반면, 베트콩은 37명이 사살되었고 6명이 포로가 되었다. 이후 9중대의 야간침투공격은 주월한국군의 주요 전술이 되었다. 당시 주월한국군사령관이었던 채명신 장군은 베트콩의 전유물이었던 밤을 그들로부터 탈취한 9중대의 놀라운 작전성과를 크게 치하하였다.

9중대의 야간침투공격에서 소부대 지휘자 및 지휘관들은 야간전투를 위해서는 사전 치밀한 계획수립과 예행연습이 필요하다는 사실을 배울 수 있다. 또한 9중대가 순차적 야간침투기동을 실시한 후, 포병의 사격 및 조명지원하에 베트콩을 포위공격한 전투기술은 현재 우리 보병중대에서도 유용하게 사용될 수 있다. 왜냐하면 9중대의 야간침투작전은 최소의 희생으로 최대의 작전성과를 거두었기 때문이다. 부가적으로 소부대 지휘자 및 지휘관들은 야간 시호통신, 야간 사격통제 그리고 야간 화력유도를 어떻게 해야 할 것인가를 9중대의 전투사례를 통해 배울 수 있다.

# Ⅳ. 재구대대 11중대의 야간침투공격

**One Point Lesson Ⅳ**

재구대대 11중대는 1966년 2월 27일,
연합군의 보급로인 1번 도로를 위협하는
베트콩 근거지를 소탕하기 위해
치호아 마을을 공격했다.
11중대는 9중대와 동일한 방법으로
야간침투기동을실시하여 기습을 달성하였다.
또한 중상을 입은 채, 중대를 끝까지 지휘한
11중대장 이재태 대위의 전투지휘와 용전분투는
녹색견장의 진정한 의미를 되새기게 해주는
주월한국군의 대표적인 전투사례로
기록되고 있다.
여기에서 소부대 지휘자 및 지휘관들은
녹색견장의 진정한 의미를 깨달을 수 있다.

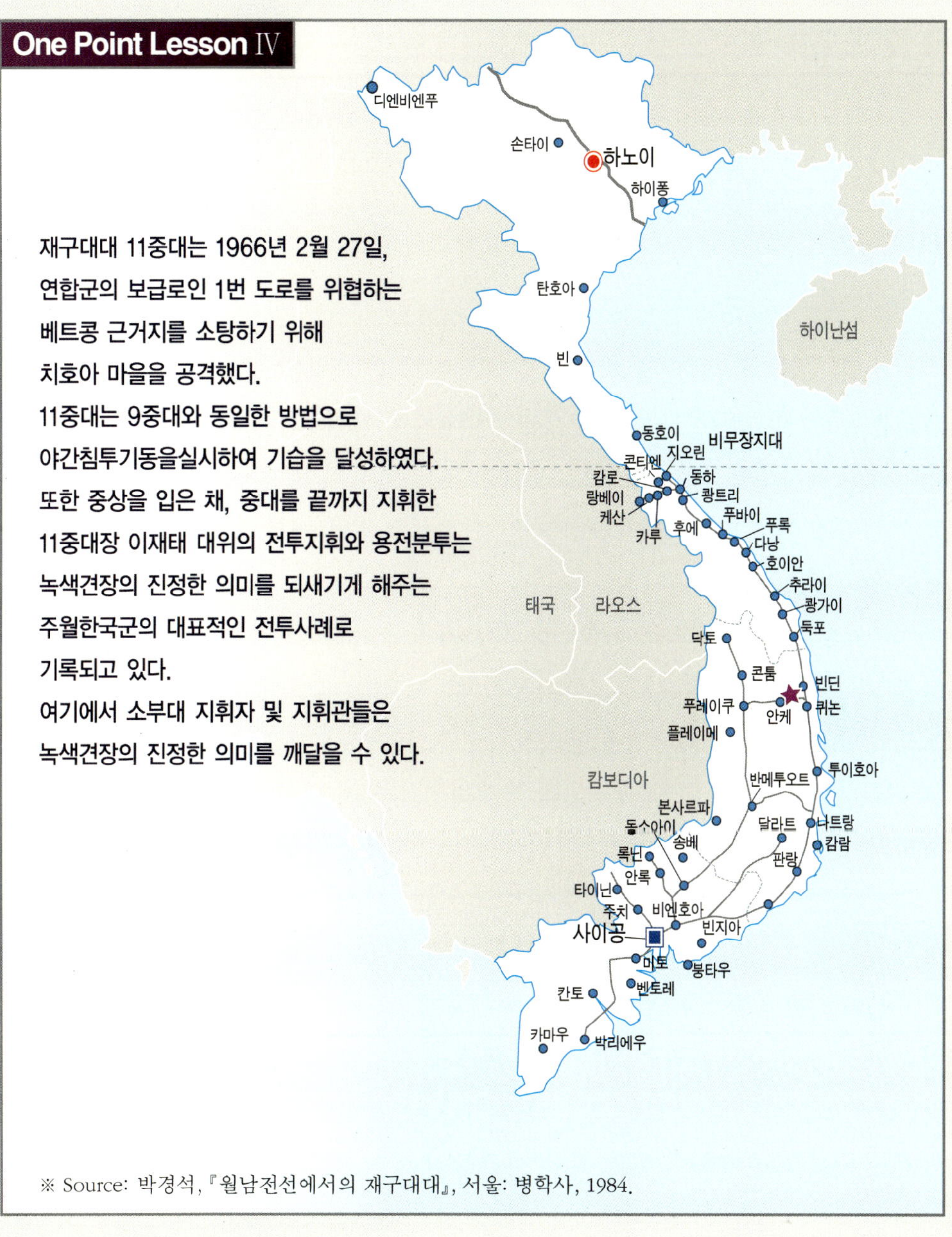


※ Source: 박경석, 『월남전선에서의 재구대대』, 서울: 병학사, 1984.

# Ⅳ. 재구대대 11중대의 야간침투공격

전투 간 지휘자 및 지휘관은 부하와 녹색견장 때문에 초인적인 능력을 발휘한다. 이 능력은 과학으로는 증명할 수 없는 것이다.

- 11중대장 이재태 대위의 전투지휘 분석 -

11중대 또한 작전지역을 확장하고 베트콩의 근거지를 파괴하기 위해, 다양한 채널을 통해 접수된 정보를 바탕으로 9중대처럼 야간침투공격을 실시하였다. 11중대의 야간침투공격은 '재구2호작전' 직후에 실시된 작전으로서 그동안 베트콩의 전유물로 치부되어 왔던 밤의 세상을 그들로부터 탈취한 대표적인 야간작전으로 평가받고 있다.

성공적인 '재구2호작전' 수행으로 작전지역이 확장되어 당시 푸캇군에 주둔하고 있던 재구대대는 북으로는 푸미군의 루 시엠(Lu Siem) 강과 접경하게 되었다. 그리고 루 시엠 강 이북지역은 남베트남군 22사단 41연대가 안정화작전을 전개하고 있었다. 이때 11중대는 재구대대 작전지역 남단에 위치한 안논(Annhon) 일대에 배치되어 지역수색에 이은 탐색격멸작전으로 지역을 안정시켜 나가고 있었다.

그러던 중, 재구대대 북쪽에 위치하고 있는 남베트남군 41연대 지역 1번 도로에서 베트콩의 연이은 급조폭발물 테러가 발생했다. 1966년 1월 31일에는 미 보급차량이, 2월 3일에는 남베트남 군용차량이, 그리고 동월 5일에는 미군 보급차량이 베트콩의 급조폭발물 공격으로 피해를 입었고 10여 명의 사상자도 발생했다. 당시 수도사단의 강력한 전투력에 기가 눌린 베트콩들이 공격목표를 남베트남 정규군으로 전환하여 이와 같은 사건들이 끊임 없이 발생하고 있었다. 이런 1

번 도로상에서의 폭발사건들은 당시 자유진영과 공산진영의 최대 격전지인 북쪽 봉손지역으로 향하는 보급로를 차단시키는 결과를 가져왔다. 이에 남베트남군 22사단장과 미 1야전군사령관은 주월한국군사령관인 채명신 장군에게 푸미 지역의 1번 도로에 대한 경계를 제공해줄 것을 간절히 요청해왔다. 그 결과 재구대대의 작전지역은 다시 북으로 6km 확장되었다.

재구대대의 작전지역이 확장되자 수도사단 1연대장은 연대 수색중대와 전투공병 1개 중대를 재구대대에 배속시켰다. 이후 재구대대장은 작전지역 남단에서 안정화작전을 수행하고 있던 11중대를 푸미군으로 투입하고, 이 지역을 연대로부터 배속받은 부대에게 계속해서 안정화작전을 수행하도록 하였다. 푸미군으로 투입된 11중대는 주요 마을들을 통제할 수 있는 지점에 중대전술기지를 구축하고 주간에는 수색정찰을, 야간에는 매복작전을 전개하였으며, 정성 어린 대민지원과 민군심리작전을 전개하여 베트콩과 주민을 분리시키고 지역을 점차 안정화시켰다. 그러자 주민들은 베트콩에 대한 정보를 제공하기 시작했고, 여기에 11중대의 공세적인 수색정찰이 더해지자 베트콩의 근거지는 치호아(Chihoa) 마을로 압축되었다.

1966년 2월 27일 새벽 1시, 이재태 대위가 지휘하는 11중대는 치호아 마을을 향해 야간침투기동을 시작하였다. 상급부대에서 제공된 항공사진에는 치호아 마을 주변 산능선에 구축되어 있는 수천 미터의 교통호가 선명하게 나타나 있었으며, 교통호 사이의 수많은 벙커들을 식별할 수 있었다. 그러나 치호아 마을은 11중대 전술기지로부터 약 5km 떨어져 있었으며, 그 사이에는 베트콩들이 운용하는 전초들과 주민 정보망들이 잔재하였다. 11중대는 베트콩들의 원거리 감시망을 피하기 위해 기동로상의 마을은 최대한 우회했다. 그러나 기동로상에는 현재 위치를 식별할 수 있는 뚜렷한 지형지물이 존재하지 않아 11중대는 이따금 정지하여 지도정치를 실시해야만 했다.

선두에서 방향을 탐지하던 2소대장 권우헌 소위는 “중대장님! 현 위치는 지도상으로 여기인 듯합니다”라고 보고했다. 중대장과 2소대장은 판초우의를 덮은 채 손전등을 비춰가면서 지도와 현재 지형을 비교하였다. 그러고 나서 2소대-중대본부-1소대(소위 박광규) 순으로 다시 목표를 향해 나아갔다. 또한 3소대(소위 신정)와 화기소대(중위 배인기)는 도주하는 적의 퇴로를 차단하기 위해 별도의 방향에서 야간침투기동을 실시하고 있었다.

잠시 후 2소대장이 “중대장님! 전방에 개울을 발견했습니다”라고 보고하자, 중대장은 “2개 정찰대를 파견하여 도섭지점을 찾아라!”라고 지시했다. 그러나 얼마 지나지 않아 정찰대는 도섭을 위한 마땅한 지역을 찾지 못했다고 보고해왔다. 이에 중대장은 적의 관측과 사격으로부터 은폐·엄폐될 수 있는 임의의 지점을 도섭지점으로 선정하고, 미리 준비해 온 밧줄을 개울 차안과 대안상에 견고하게 설치하였다.

중대장은 “아군의 포격과 그로 인해 발생하는 섬광을 이용하여 신속히 도섭하라!”라고 지시하였다. 그러자 2소대 정찰대 2개 조가 우선적으로 도섭하여 개울 대안상에서 경계를 제공하였다. 그러고 나서 나머지 병력들도 밧줄에 의지한 채, 기도비닉을 유지하면서 도섭하였다. 개울 깊이는 가슴까지 찼고, 온도도 낮았지만 병력들은 개활지를 이동하는 것처럼 신속하고도 조용하게 도섭을 완료했다. 잠시 후 정찰대는 “중대장님! 전방에 남북으로 길게 뻗은 도로가 있고, 길 좌우측에는 죽창과 함정으로 구성된 장애물지대가 설치되어 있습니다”라고 보고하였다. 이재태 대위는 정찰대 1개 분대가 우선 도로를 통과하여 본대를 엄호하도록 했다. 그리고 중대장의 전진신호는 수신호로 앞뒤로 전달되어 전 병력은 앞 전우의 발자국만을 밟으면서 계속 전진해 나아갔다.

다행히 장애물지대는 이상 없이 통과하였다. 그러나 곧, 길 좌우측에서 교통호의 윤곽이 식별되기 시작했다. 중대장의 수신호로 전 병력은 기도비닉을 유지한 채 주변 지형지물을 이용하여 은폐·엄폐하였다. 중대장은 즉시 정찰대를 파견하여 적정을 파악하도록 지시했다. 그러나 30분이 지나도 정찰대는 복귀하지 않았다. 그러다가 갑자기 건너편 숲속에서 손전등 불빛이 깜빡거렸다. 중대장은 정찰대가 적에게 발각되었다고 판단하였다. 잠시 후, 1소대장이 1개 분대와 함께 정찰대를 찾아 전방으로 나아갔다. 중대장은 1소대장에게 "우군 간 사격하지 않도록 각별히 유의해라!"라고 강조하였다.

최초 1소대 1분대장 진장록 하사가 지휘하는 정찰대는 최대한 기도비닉을 유지한 채, 포복으로 베트콩이 구축해놓은 교통호선을 통과했고, 전방에 보이는 마을로 신속히 접근했다. 그러자 개들이 짖어 댔고, 경계병으로 보이는 인원이 손전등을 들고 마을 입구로 다가오자 정찰대는 신속히 무성무기를 이용하여 그들을 처치하였다. 정찰대는 신속히 시체를 수습하고 복귀하였다. 이들은 복귀 도중, 1소대장이 이끄는 또 다른 정찰대와 조우하였다. 1소대장은 "너희들은 본대가 현 위치에 접근할 때까지 좌우측 능선에 매복진지를 편성하고 본대를 기다려라!"라고 지시하였다. 잠시 후 본대가 도착하였고, 상호 간의 약정된 시호통신으로 본대는 은폐·엄폐지역으로 유도되었다. 중대장은 다시 지도를 펴고 지도정치를 실시한 후, 소대장들에게 "현재 우리는 목표지역으로부터 1km 이격된 지역에 도착했다"라고 말했다. 그리고 "우리는 서쪽으로 침투기동을 실시하다가 다시 방향을 북쪽으로 전환하여 목표 후방으로 침투한다"라고 소대장들에게 재차 강조하였다. 침투기동 간 수많은 교통호선과 장애물지대에 봉착했지만 다행히 적 경계병은 배치되어 있지 않았다.

재구대대는 상급부대에 간단없는 요란사격을 지원하여 11중대의 침투기동을 기만하였다. 이 요란사격은 새벽 4시를 기해 종료되었다. 왜냐하면 대대는 11중대의 목표지역 도착 예상시간을 새벽 4시로 판단했기 때문이었다. 반면 베트콩은 아군의 요란사격으로 인해 수면방해를 받아 극도로 피로한 상태였다. 이때 11

중대는 신속히 숲속을 기동하여 목표지역 주변에 도착하였다. 중대장은 소대장들을 집합시키고, "1소대는 여기에서부터 200m를 더 북상하여 다시 동쪽으로 방향을 전환하고 항공사진에서 확인한 적 2선 교통호에서 내 신호를 기다려라! 그리고 2소대는 동쪽으로 기동하여 치호아 마을에 접근하고, 공격명령이 하달되면 신속하게 마을을 공격해라! 공격은 여명에 시작된다. 무전기는 공격과 동시에 개방하고, 중대장은 1소대와 2소대 사이에 위치하여 지휘하도록 하겠다"라고 단편명령을 하달하였다.

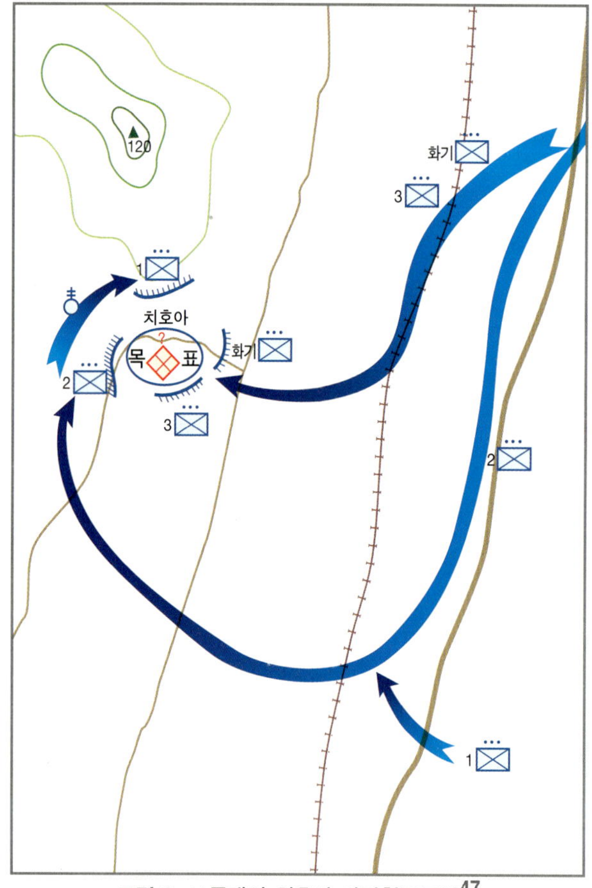

그림 9. 11중대의 치호아 야간침투공격[47]

목표 동쪽으로 침투한 3소대와 화기소대도 각각 목표 남쪽과 동쪽지역에 배치를 완료하였다. 2소대도 중대장의 명령에 따라 마을 서쪽으로 바짝 달라붙어 있었다. 잠시 후, 마을 안에서 호각소리가 요란스럽게 들리고 곧이어 횃불이 여러 번 크게 원을 그렸다. 아마도 마을 북쪽 푸미군과 푸캇군의 경계지역에 위치한 반티엔(Vanthien) 산 능선과 정기적인 신호를 주고받는

47 국방부 전사편찬위원회, 앞의 책, p. 261.

모양이었다. 적 경계병이 마을 안으로 복귀하자 2소대는 마을 서쪽 외곽에 3중으로 구축된 교통호 중 2선 교통호에 등간격으로 떨어져서 배치되었다.

잠시 후, 목표 북쪽 반티엔 산 능선으로부터 적 경계병들이 마을로 복귀하고 있었다. 그들이 마을로 진입하려는 순간, 2소대 우측 분대에서 사격이 시작되었다. 그러고 나서 2소대는 적 1선 교통호로 돌격해나갔다. 여기저기에서 수류탄 터지는 소리가 들렸고, 2소대원들은 육박전으로 1선에 배치된 베트콩 경계병들을 제압해나갔다. 치호아 마을 북쪽에 배치된 1소대 지역에서도 기관총의 예광탄이 목표지역을 향해 번쩍이며 날아가고 있었다.

2소대는 마을 안으로 진입하고 있었다. 그러자 기습을 당한 베트콩들이 남쪽으로 도주하기 시작했다. 2소대장은 다급하게 "중대장님! 적들이 남쪽으로 도주하고 있습니다"라고 보고했다. 중대장은 무전으로 3소대장에게 "적이 3소대 방향으로 도주하고 있으니 대비하라!"라고 지시했다. 도주하는 적들이 3소대 전방 지근거리까지 접근했을 때, 3소대원들은 조준사격을 통해 그들을 모두 격멸했다. 그와 동시에 목표 북쪽의 능선과 목표 주변에 사전 선정해놓은 화력집중점에는 사단 155mm 포탄이 작렬하였다. 목표 상공은 O-1A 연락기가 선회하고 있었고, 연락기 내의 관측장교는 적의 움직임을 보면서 포병화력을 조정해나갔다. 또한 연대 및 대대의 4.2인치 및 81mm 박격포도 불을 뿜기 시작했다.

중대장 이재태 대위는 대대장에게 "기습성공. 현재 잔적소탕 중!"이라고 보고했다. 대대장은 "잔적은 신속하게 소탕하고, 도주하는 적을 추격하지 마라!"라고 지시했다. 무전으로 대대에 보고하던 중대장 주변에 어느덧 2소대가 잔적을 소탕하기 위해 1오 횡대로 전개하고 있었다. 갑자기 주변 벙커에서 수류탄이 날아왔다. 2소대원 3명이 경상을 입었다. 부소대장 서도현 중사는 1분대원들을 이끌고 벙커를 수색하기 시작했다. 2부소대장은 수류탄을 투척하고 벙커 입구로 다가섰다. 순간이었다. 벙커 안에서 총알이 날아와 2부소대장이 쓰러졌다. 벙커 안에는 수류탄 대피호가 구축되어 있어 베트콩들이 아군의 수류탄 공격을 피할 수 있었던 것이었다. 중대장은 신속히 대대에 보고하여 2부소대장을 헬기로 후송하였다. 그리고 2소대장에게 "소대를 지휘하여 잔적을 소탕하면서 신속히 이곳을 이탈하라!"라고 지시했다. 2소대는 엄호와 철수를 반복하면서 목표지역을 이탈하기 시작했다. 1소대 또한 철수하는 2소대를 측방에서 엄호하고 있었다. 연락기 안의 관측장교는 지속적으로 포병화력을 유도하여 철수하는 11중대를 엄호하고 있었다. 중대장은 부대 중앙에 위치하여 우선 중대본부와 포병관측반을 철수시키고, 1소대와 2소대의 철수를 지휘하고 있었다.

갑자기 이재태 대위가 적 저격수의 조준사격에 의해 쓰러졌다. 중대 의무병은 중대장을 신속히 교통호로 옮긴 다음 응급처치를 실시했다. 중상이었다. 가슴부위에서 피가 흘러내리고 있었다. 이재태 대위는 응급처치 후, 2소대와 함께 목표지역을 이탈하기 시작했다. 대대장은 11중대장의 부상보고를 받고 걱정을 많이 했으나, 무전기에서 그의 또렷한 목소리가 흘러나오자 안심했다. 대대장은 대대작전관에게 미 항공연락장교를 통해 목표지역에 근접항공지원을 실시하라고 지시했다. 잠시 후, F-4C 팬텀 전투기가 목표지역 상공을 선회하기 시작하더니 맹렬한 폭격을 가했다.

이때 11중대는 1번 도로 방향으로 철수하고 있었다. 11중대는 3소대와 화기소대의 엄호하에 2소대, 1소대 순으로 조직적으로 철수하였다. 이와 동시에 팬텀기의 폭격은 목표 서쪽을 강타하여 11중대의 철수를 엄호했다. 11중대장은 의무병의 부축을 받으면서 교통호를 따라 철수했다. 소대장들과 부소대장들 그리고 주변의 병사들까지도 11중대장에게 후송을 애원하였다. 그러나 그는 끝까지 후송을 거부하고 의무병의 부축을 받아가며 중대원들의 철수를 끝까지 지휘하였다. 그는 3소대장에게 "3소대는 중대 철수로상의 마을을 철저히 수색하여 본대의 철수를 엄호하라!"라고 지시했다. 그 결과 11중대는 무사히 1번 도로에 도착할 수 있었다.

1번 도로상의 대대 전술지휘소에 도착한 11중대장은 대대장에게 거수경례 및 전과보고를 하고, 곧바로 후송되었다. 그는 중상을 입고도 무려 1시간 20분이나 중대를 지휘하여 작전을 성공적으로 마쳤다. 11중대장이 후송되자 6후송병원 응급실 요원들은 그를 맞이하기 위해 대기하고 있었다. 그러나 응급실 요원들이 그를 후송한 앰뷸런스를 확인하였으나 그는 앰뷸런스안에 있지 않았다. 그는 자신보다 앞서 부상을 입은 2부소대장과 병사들을 먼저 확인하였다. 그는 부대를 지휘해야 한다는 강한 신념과 정신력으로 치명적인 가슴 중상을 이겨내고, 단 35일만에 재구대대로 복귀하였다. 그는 복귀 후, 대대장에게 중대장 임무를 계속해서 수행할 수 있도록 건의하였다. 그러나 대대장은 그의 건강을 생각하여 중대장 대신 대대 부관임무를 수행케 했다.

11중대는 야간침투공격을 통해 치호아 일대 베트콩 41명을 사살하고 1명을 포로로 잡았으며, 수많은 무기와 탄약을 노획하였다. 이재태 대위는 이 야간침투공격에 대한 공로로 충무무공훈장과 남베트남 금성 무공훈장을 수여받았다.

소부대 지휘자 및 지휘관들이 이 11중대의 야간침투공격에서 배울 수 있는 점은 이재태 대위의 리더십이다. 지휘관은 때로는 초인적인 힘을 발휘한다. 그것은 부하들 때문이다. 이재태 대위도 마찬가지였다. 그는 가슴에 중상을 입었지만 1시간 20분이나 중대를 지휘하여 안전하게 철수시킬 수 있었다. 이처럼 지휘관의 책임은 막중한 것이고, 그 막중한 책임감 때문에 전장에서 불가사의한 힘을 발휘하기도 한다. 11중대의 야간침투공격에서 소부대 지휘자 및 지휘관들이 가장 크게 배울 수 있는 것은 다른 것이 아닌 녹색견장의 의미일 것이다.

# V. 재구대대의 맹호5·6호작전

## One Point Lesson V

수도사단 예하부대들은 푸캇산과 고보이 일대의 베트콩 근거지를 격멸하기 위해 맹호5호작전(1966. 3. 23~26)과 맹호6호작전(1966. 9. 23~10. 1)을 전개하였다. 당시 재구대대는 '중대전술기지 운용을 통한 주민과 베트콩의 분리(Separate)-베트콩으로부터 분리된 마을을 다양한 민군심리작전으로 확보(Hold)-주민들로부터 제공된 첩보를 바탕으로 인접부대와의 협조된 공격을 통한 확장(Spread)' 순으로 작전을 전개하였다. 소부대 지휘자 및 지휘관들은 베트남전쟁 당시 사단급 작전 간 대대 및 중대의 임무와 역할에 대해 대관세찰할 수 있다.

※ Source: 박경석, 『월남전선에서의 재구대대』, 서울: 병학사, 1984.
채명신, 『베트남전쟁과 나』, 서울: 팔복원, 2006.

# Ⅴ. 재구대대의 맹호5·6호작전

> 한국군은 독특한 전술교리를 가지고 있다... 베트콩은 미군보다도 한국군을 더 두려워하고, 이 공포심은 노획된 베트콩의 문서에도 나타나 있다... 한국군은 월남인들의 학교와 집을 지어준다. 학교에서는 태권도를 가르친다. 이 모든 것은 월남인을 즐겁게 해주고, 적에 관한 첩보를 얻을 수 있게 해준다. 정확한 정보는 한국군을 승리로 이끄는 이유 중 하나이다. 그리고 한국군은 베트콩처럼 주간에 휴식을 취하고 야간에 전투를 한다. 대부분의 월남군은 시에스타를 전후한 대낮에 베트콩을 수색한다. 그러나 한국군은 주간에는 월남 농부로부터 정보를 얻기 위해 밖으로 나가고, 야간에는 베트콩을 잡기 위해 밖으로 나간다.[48]
>
> \- Chicago Tribune (Mar 13, 1966) -

## 가. 맹호5호작전

재구대대가 '재구2호작전'을 마칠 즈음 다른 대대들도 중대전술기지 개념을 적용하고 효율적인 민군심리작전을 전개하여 최초 작전지역인 퀴논 일대를 안정화시켰다. 하지만 퀴논에서 쫓겨난 베트콩들은 대부분 푸캇 산악지대와 연결된 고보이 평야지역으로 도주하여 호시탐탐 퀴논 지역에 재침투를 기도하고, 추수기를 맞아 식량을 확보하려고 하였다. 이에 맹호사단은 2개 대대 규모에 달하는 고보

48 〈Chicago Tribune(Mar 13, 1966)〉, "Korean Tigers Called War's Best Fighters; Tactics Strike Fear in Hearts of Viet Cong".

이 지역의 베트콩들을 소탕하고 사단의 작전지역을 확장하기 위한 '맹호5호작전(1966. 3. 23~26)'을 계획하였다. 주월한국군사령관 겸 수도사단장인 채명신 장군은 사단 수색대대, 1연대 그리고 기갑연대의 16개 중대로 고보이 평야 일대를 포위한 후, 막강한 화력으로 포위망 내 베트콩을 강타하고, 서서히 포위망을 압축하여 적을 섬멸하는 토끼몰이식 전법을 계획하였던 것이다. 이때 수도사단에서는 작전지대가 대부분 평야지역이기 때문에 작전보안과 기도비닉을 유지하기 위해서는 야간 기동이 불가피하다고 판단하고 예하 전 부대에 야음을 이용해 공격대기지점을 점령한 다음, 여명을 기해 포위망을 압축하도록 명령을 하달하였다.

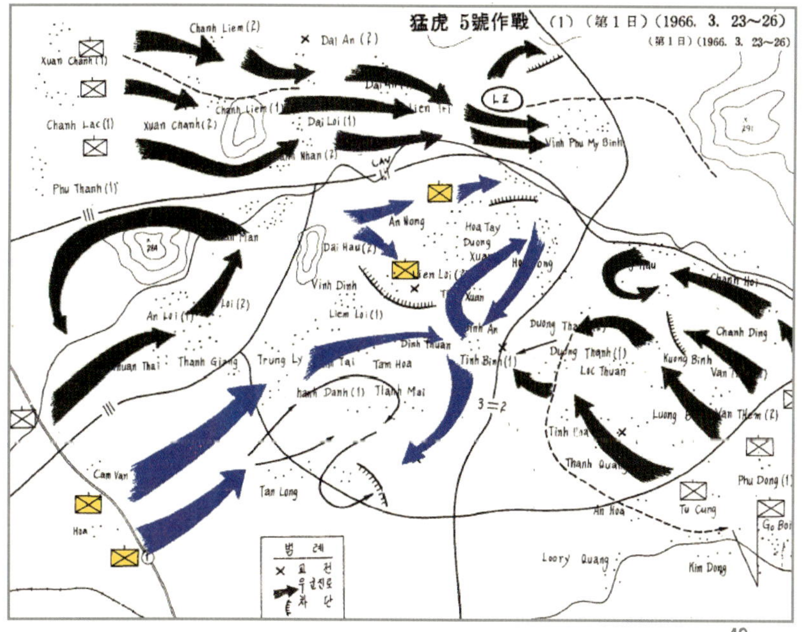

그림 10. '맹호5호작전' 1일차(1966. 3. 23) – 1차 토끼몰이식 포위공격[49]

49 국방부 전사편찬위원회, 위의 책, p. 341.

1연대와 기갑연대는 1966년 3월 22일, 새벽 1시와 2시에 각각 기동을 시작하여 공격대기지점을 점령했다. 재구대대도 3월 12일 푸캇군에 대한 경계를 월남군 22사단 41연대에 인계하고 1연대의 좌측부대로서 작전에 참가하였다. 3월 23일, 여명을 기해 기갑여단은 침투 및 공중기동으로 푸캇산과 고보이 평야 사이를 차단하고, 중대단위로 작전지역 내 마을을 중심으로 정밀수색을 실시했다. 1연대는 대대 단위로 포위망을 구축하고, 예하 중대들은 서서히 정밀수색을 실시하며 포위망을 좁혀 갔다. 〈그림 10〉을 살펴보면 각 중대들은 대부분 작전지역 내 마을 위주로 정밀수색을 실시하고 있음을 알 수 있다. 왜냐하면 베트콩은 마을에 기생하면서 자신들에게 필요한 정보와 보급품을 획득하기 때문이었다. 재구대대는 〈그림 10〉과 같이 2개 중대를 남서쪽에서 정면압박부대로, 나머지 2개 중대를 북쪽에서 퇴로차단부대로 운용하였다. 재구대대가 포위망을 좁히면서 정밀수색을 실시하자 마을 주변 땅굴에 은폐·엄폐하고 있는 베트콩들이 발견되고 소부대 전투가 시작되었다.

재구대대 예하 중대들이 도주하는 베트콩들을 추격하면서 사단 및 연대의 곡사화력을 유도하여 그들의 기동력을 약화시켰고, 이미 정밀수색한 마을도 재수색하면서 인접중대와 협조된 공격으로 그들을 포위 및 격멸하였다. 특히 3월 25일, 재구대대와 2대대가 포위망을 좁히자 작전지역 내에 집결한 2개 중대 규모의 베트콩은 격렬하게 저항하였다. 이때 재구대대와 2대대는 다시 상호 협조된 토끼몰이식 포위공격을 전개하고(그림 11), 같은 지역을 수차례 정밀수색하여(그림 12) 베트콩 사살 75명, 포로 148명, 기타 다수의 전과를 기록하였다. 이런 방식으로 재구대대는 3월 26일까지 작전을 전개하여 작전지역 내 베트콩을 대부분 소탕하였다.

소탕작전 간 재구대대의 전과는 9중대가 베트콩 16명을 사살하고 다량의 무기와 탄약을 노획한 것이 전부였다. 이는 수도사단의 양익포위에도 불구하고 지형

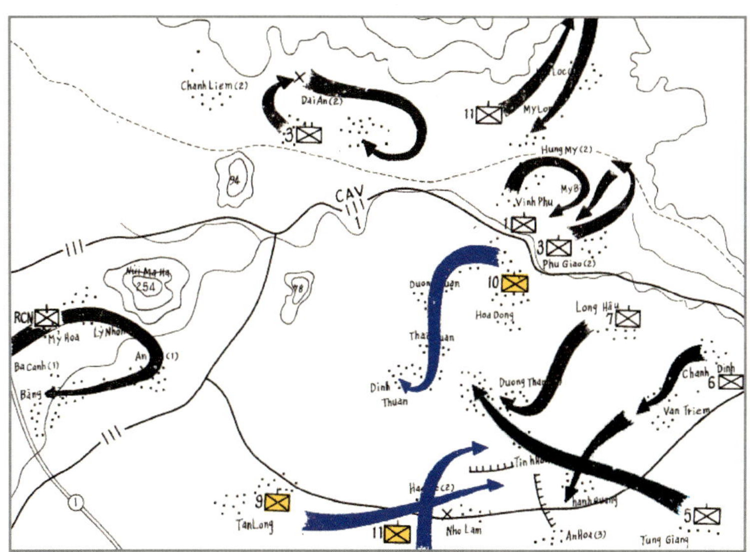


그림 11. '맹호5호작전' 2일차(1966. 3. 25) - 2차 토끼몰이식 포위공격[50]

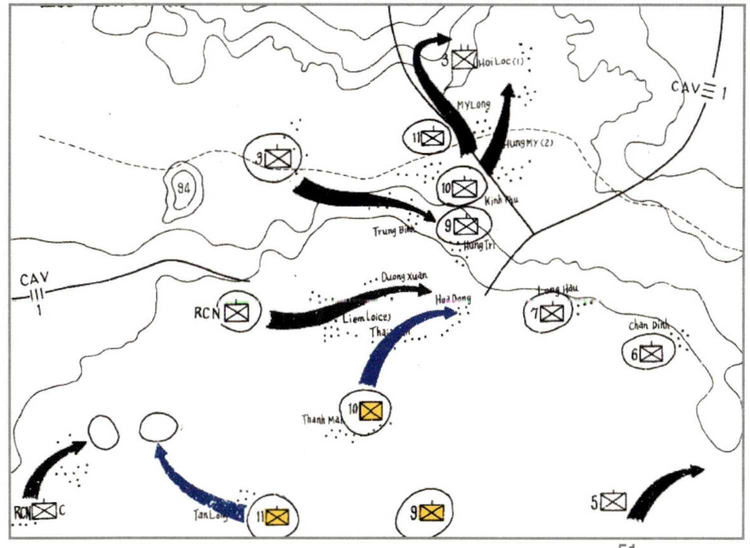


그림 12. '맹호5호작전' 3일차(1966. 3. 26) - 정밀수색[51]

---

50 국방부 전사편찬위원회, 위의 책, p. 342.

51 국방부 전사편찬위원회, 위의 책, p. 343.

의 이점을 보유한 베트콩이 푸캇산으로 도주했기 때문이었다. 1연대는 3월 26일부로, 기갑여단은 27일부로 작전을 종료하였고, 재구대대는 3월 26일 12시부로 푸캇군으로 복귀하였다. '맹호5호작전' 결과 수도사단의 작전지역은 퀴논 상륙 당시 1,200㎢에서 1,400㎢로 확장되었다. 하지만 베트콩 주력이 소탕된 것이 아니었기 때문에 푸캇산 일대에서 전투력을 복원 중인 베트콩이 고보이 평야로 재침투하는 것이 수도사단의 숙제로 남았다.

### 나. 맹호6호작전

'맹호5호작전' 이후 수도사단은 고보이 평야 일대를 안정화시켰다. 하지만 수도사단의 기습공격으로 푸캇 산악지역으로 도주한 베트콩들은 월맹군의 지원을 받아 전투력을 복원하였고, 푸캇 산악지역 주변에서 청년들을 강제로 동원하여 병력을 증강시키고 있었으며, 그 규모는 베트콩 E-2B대대와 월맹군 22연대 1개 대대를 포함하여 총 15개 중대에 달하였다.[52] 수도사단은 이들이 '맹호5호작전'으로 확보된 고보이 평야지역으로 재침투하는 것을 방지하고 푸캇 산악지역에 은거하고 있는 베트콩을 소탕하여 사단의 작전지역을 확장시키기 위해 '맹호6호작전'을 계획하였다.

수도사단은 기존 작전지역에 대한 안정화작전으로 가용병력이 부족하고 푸캇 산악지역이 600㎢에 달했기 때문에 작전을 2단계로 구분하여 진행하였다. 1단계 작전은 1966년 9월 23일부터 10월 1일까지 1연대 1대대와 재구대대, 26연대 1·2대대가 투입되어 푸캇 산악지역 남단, '통제선#2' 남부지역에서 실시되었다. 1연대의 작전지역은 〈그림 13〉과 같이 산악지역과 평야지역으로 구성되었다. 이때 재구대대는 산악지역을, 1대대는 평야지역을 담당하였고, 재구대대와 1대대는 협

52 채명신, 앞의 책, pp. 322-333.

조된 공격으로 '맹호5호작전'과 동일하게 토끼몰이식 전법을 구사하였다. 재구대대 10·11중대는 작전지역 내 베트콩이 바산(Nui Ba) 방향으로 도주하는 것을 방지하기 위해 야간침투작전으로 '통제선#2'를 연하는 지역을 차단하였고, 9중대는 재구촌 경계로 1단계 작전에서 제외되었다. 여명을 기해 1연대 예하 중대들은 정밀수색을 실시하였으나, 소규모 베트콩들과의 교전만 있을 뿐이었다.

이때 26연대가 "적이 공격하면 1시간 내에 준비된 동굴로 분산 및 잠복해야 한다"[53]라는 정보가 적혀 있는 베트콩의 작전문서를 노획하면서 '맹호6호작전'은 새로운 전기를 맞이하였다. 사단은 베트콩 주력이 험준한 산악지역 내 동굴에 은거하고 있다고 판단하고 베트콩의 은신처를 찾아 그들을 격멸할 때까지 반복적인 정밀수색을 진행하였다. 재구대대 2개 중대가 베트콩의 퇴로를 차단하고, 정밀수색을 반복하자 9월 27일부터 적이 은신하고 있는 동굴들이 발견되기 시작했다. 당시 재구대대 10중대는 록칸 계곡 일대에서 동굴수색작전을 전개하여 26명의 베트콩을 사살하는 등 다수의 전과를 기록했다. 이후 1연대 예하 중대들은 적극적인 동굴수색작전을 전개하여 상당한 전과를

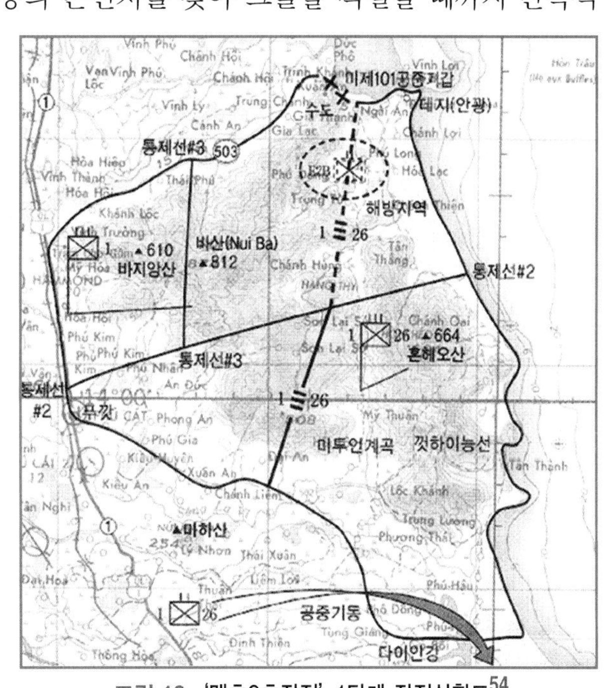

그림 13. '맹호6호작전' 1단계 작전상황도[54]

53 채명신, 앞의 책, p. 325.

54 최용호, 앞의 책, p. 275.

기록했다.

2단계 작전은 1966년 10월 2일부터 11월 2일까지 1연대 1·2·재구대대, 26연대 1·2대대, 기갑연대 2대대가 투입되어 푸캇 산악지역 북단, '통제선#2' 북부지역에서 실시되었다. 2단계 작전은 2개 대대가 추가적으로 투입되었는데, 2단계 작전지역은 베트콩의 해방지역으로 불리고 있었기 때문이다. 1연대는 11월 4일 악천후를 극복하면서 5개 중대를 공중기동으로, 4개 중대를 지상침투로 2단계 작전지역의 북동부를 포위하였다. 그러자 베트콩 주력은 작전지역 서쪽인 바지앙산(Nui Ba Giang) 방향으로 도주하려고 하였다. 사단은 이들의 퇴로를 차단하기 위해 재구촌 경계를 담당하고 있는 재구대대 9중대를 공중기동으로 바지앙산에 투입하려고 했다. 하지만 9중대장 용영일 대위는 공중기동을 할 경우 아군의 기도가 노출되어 기습효과가 반감될 것으로 판단하고 10시간 동안의 지상침투로 바지앙산 하단에 차단선을 점령하였다. 9중대는 바지앙산 일대를 정밀수색하면서 월맹군 60명을 사살하고, 8명을 포로로 잡았다. 이후 사단은 기동예비인 기갑여단 2대대를 2단계 작전지역 서쪽에 투입한 후, 9중대와 협조된 공격을 실시하여 월맹군과 베트콩의 도주를 효과적으로 차단하였다.

사단의 효과적인 포위공격으로 베트콩 E-2B대대 주력은 바산 일대에 집결하고 있었다. 이에 사단은 1연대로 하여금 바산 일대를 포위하고 E-2B대대 주력을 격멸하도록 지시하였고, 1연대장은 재구대대 9중대를 타격부대로 지정하여 바산에 투입하였다. 이번에도 9중대는 침투기동을 실시하여 바산에 접근하였다. 9중대는 적과 조우하면 2개 소대를 우회시켜 적을 포위하고, 측후방에서 동시에 공격했다. 베트콩은 갑자기 나타난 9중대의 기습공격에 와해되었으며, 9중대는 E-2B대대 주력 대부분을 사살하고 10월 10일 16시 40분 임무를 종결했다. 이와 동시에 전 부대는 일명 깔아뭉개기(Hit & Stay) 전법을 적용하여 작전지역을 반복하여 정밀수색하였다.[55] 그 결과 수도사단은 푸캇 산악지역을 근거지로 삼고 활동하던 월맹군과 베트콩 E-2B대대 1천여 명을 사살하고 5백여 명을 생포했으며, 10월 24일부로 월남군으로부터 푸캇 산악 북부지역 600㎢를 인수하여 이 지역을 안정화시키기 위한 민군심리작전을 전개하였다.

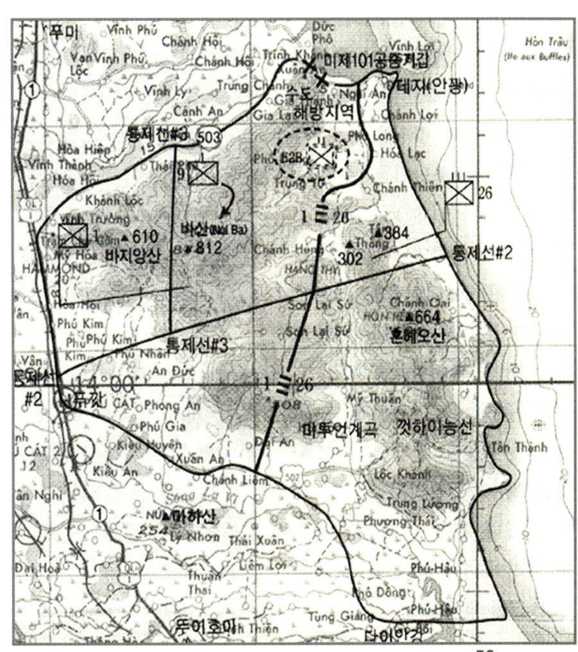

그림 14. '맹호6호작전' 2단계 작전상황도[56]

### 다. 맹호5·6호작전 간 민군심리작전

'맹호5·6호작전' 기간 수도사단은 월맹군과 베트콩을 소탕하기 위한 군사작전에만 집중하지 않았다. 수도사단은 각 연대에 수용소를 설치하여 주민들을 전투지대에서 분리시켜 그들의 안전을 보장했다. 또한 수도사단은 동굴수색작전에서 노획한 식량과 생필품을 주민들에게 나누어주는 적극적인 대민지원을 실시하였다. 이런 수도사단의 대민지원으로 인해 작전기간 중 총 6,000명의 주민들이 수용소를 찾았으며, 3명의 베트콩이 귀순하였다.[57]

수도사단이 위와 같이 민군심리작전에 집중한 이유가 있다. 베트남전쟁은 자유민주주의 국가인 월남 내에서 공산주의자인 베트콩이 월남정부를 붕괴시키기

55 최용호, 위의 책, p. 279.

56 최용호, 앞의 책, p. 280.

57 최용호, 앞의 책, p. 280.

위한 일종의 정치전이었다. 따라서 오폭이나 민간인 학살과 같은 사건은 베트콩의 선전활동에 유용하게 사용할 수 있고, 주월한국군의 참전명분을 퇴색시킬 수 있는 매개체가 될 수 있었다. 실제로 베트콩은 외국군의 사소한 민사사항도 극대화시키고, 사실무근의 사건을 조작하여 민족감정을 자극하 여 주민들을 자신의 편으로 만드는 심리전을 전개하였다.[58] 따라서 수도사단 예하부대들은 군사작전 간 적극적인 민군심리작전을 전개하여 주민들의 지지와 협력을 이끌어낸 것이었다.

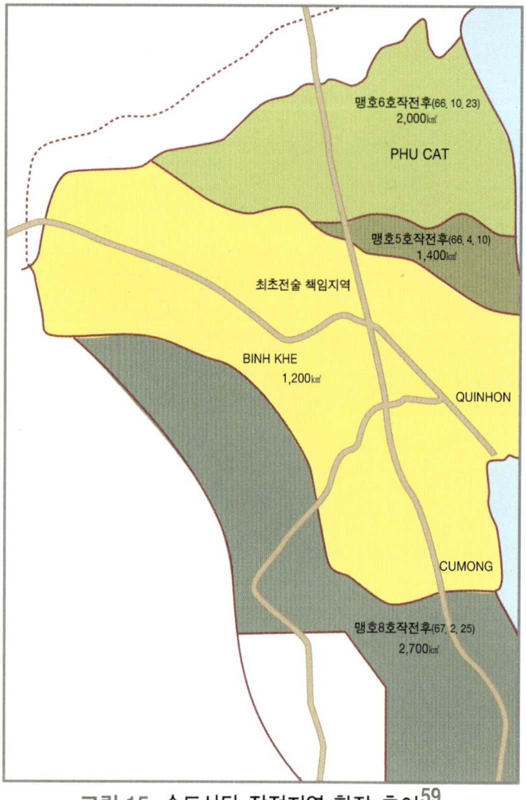

그림 15. 수도사단 작전지역 확장 추이[59]

### 라. 재구대대의 Separate-Hold-Spread 작전모델

위 맹호5·6호작전 사례를 종합해 보면 수도사단 예하부대들은 첫째, 중대단위로 중대전술기지 구축과 민군심리작전 전개를 통해 주민과 베트콩을 분리하였고, 둘째, 정보획득을 통해 작전지역 내 베트콩을 소탕하였으며, 마지막으로 인접부대와의 협조된 작전을 통한 작전지역 확대 순으로 임무를 전개하였다. 이 순서를 반복하면서 작전지역을 확장시켰던 것이

58 문영일, 「베트남전쟁의 심리전 사례 분석」, 『軍史』 제46호, 2002, pp. 125-126.

59 국방부 전사편찬위원회, 주월한국군전사 제2권(66. 7-67. 6), 서울: 국방부 전사편찬위원회, 1968, p. 272.

다. 동시에 각 단계에서 예하부대들은 야간침투공격과 공중강습작전으로 베트콩의 허를 찌르는 과감한 작전을 전개하여 작전의 효율성을 제고시켰다.

당시 수도사단은 26연대를 제외한 1연대(3개 대대)와 기갑연대(3개 대대)만이 베트남전에 참전했기 때문에, 최초 1개 대대의 작전지역은 200㎢이었다. 그리고 26연대가 추가 파병된 이후에 실시된 '맹호8호작전' 이후에는 1개 대대의 작전지역은 〈그림 15〉처럼 300㎢로 확장되었다.

이중에서도 재구대대는 특수임무소대를 운용하여 적극적인 민군심리작전을 전개하고, 베트콩의 허를 찌르는 중대 야간침투작전을 전개하여 가장 먼저 작전지역을 평정하였다. 이와 관련하여 〈시카고 튜리뷴〉 기자인 체슬리 맨리(Chesly Manly)는 재구대대를 밀착 취재하여 1966년 3월 13일자 신문에 재구대대의 효과적인 작전수행절차와 방법을 아래와 같이 기술했다.

> *"한국군은 독특한 전술교리를 가지고 있다… 베트콩은 미군보다도 한국군을 더 두려워하고, 이 공포심은 노획된 베트콩의 문서에도 나타나 있다… 한국군은 월남인들의 학교와 집을 지어준다. 학교에서는 태권도를 가르친다. 이 모든 것은 월남인을 즐겁게 해주고, 적에 관한 첩보를 얻을 수 있게 해준다. 정확한 정보는 한국군을 승리로 이끄는 이유 중 하나이다. 그리고 한국군은 베트콩처럼 주간에 휴식을 취하고 야간에 전투를 한다. 대부분의 월남군은 시에스타를 전후한 대낮에 베트콩을 수색한다. 그러나 한국군은 주간에는 월남 농부로부터 정보를 얻기 위해 밖으로 나가고, 야간에는 베트콩을 잡기 위해 밖으로 나간다."* [60]

결론적으로 맹호5·6호작전 간 수도사단 예하부대들, 특히 재구대대는 '중대전술기지 운용을 통한 주민과 베트콩의 분리(Separate)-베트콩으로부터 분리된

60 〈Chicago Tribune(Mar 13, 1966)〉, "Korean Tigers Called War's Best Fighters; Tactics Strike Fear in Hearts of Viet Cong".

마을을 다양한 민군심리작전으로 확보(Hold)-주민들로부터 제공된 첩보를 바탕으로 인접부대와의 협조된 공격을 통한 확장(Spread)' 순으로 작전을 전개하였다. 이는 현재 중동지역에서 대반란작전을 수행하고 있는 미군의 CHB 작전모델(소탕(Clear)-확보(Hold)-재건(Build))과 매우 유사하다. 미군은 이 작전모델을 발전시키기 위해 2000년 대 초에 실시한 이라크전쟁과 아프가니스탄전쟁에서 수많은 시행착오를 겪었다. 또한 엄청난 군비와 사상자가 뒤따랐다. 반면 베트남전쟁 당시 주월한국군은 미군에 비해 불비한 무기체계와 군비로 시행착오 없이 위와 같이 훌륭하게 작전을 전개하였다. 따라서 당시 주월한국군의 전술교리는 시대를 초월한 짜임새 있는 전술교리로 평가할 수 있으며, 이는 위에서 제시한 것처럼 당시 주월한국군의 작전지역 확장 추이에서도 잘 나타난다.

소부대 지휘자 및 지휘관들은 맹호5·6호작전을 통해 베트남전쟁과 같은 비정규전에서는 완벽한 군사작전을 위해서 민군심리작전이 선행되어야 한다는 사실을 깨달을 수 있을 것이다. 또한 완벽한 포위작전을 수행하기 위해서 실시하는, 포위망 형성을 위한 기도비닉과 기동의 중요성도 배울 수 있다. 여기에서 전자는 야간침투공격을, 후자는 공중강습작전을 의미한다. 마치 아날로그와 디지털의 조화처럼 말이다. 마지막으로 소부대 지휘자 및 지휘관들은 베트남전쟁과 같은 비정규전에서 어떻게 작전을 수행해야 하는지를 맹호5·6호작전 수행절차를 바탕으로 배울 수 있다. 위에서 이미 서술한 바 있는 수도사단 예하부대들의 작전 수행과정인 '분리(Separate)-확보(Hold)-확장(Spread)' 작전 개념은 우리 군이 해외파병 및 북한 급변사태 등과 같은 비정규전적 상황에서 유용하게 사용할 수 있는 전술교리이다. 따라서 소부대 지휘자 및 지휘관들은 맹호5·6호작전을 철저히 분석하여 그 절차와 방법을 숙달해야 할 필요가 있다.

# VI. 두코(Duc co) 전투

## One Point Lesson VI

수도사단 기갑연대 3대대 9중대는 1966년 8월 초, 남베트남과 캄보디아 국경 일대 푸레이쿠성에 배치되었다. 당시 9중대의 임무는 호치민 루트를 통해 캄보디아에서 남베트남으로 유입되는 병력 및 장비를 차단하는 것이었다. 북베트남 정규군 308사단 88연대 5대대는 자신들의 보급로를 차단하려고 하는 9중대를 압도적인 전투력으로 공격하였다. 그러나 9중대는 사전 병력, 화력, 장애물을 통합하여 북베트남 정규군의 파상공격을 격퇴시켰다. 소부대 지휘자 및 지휘관들은 두코 전투를 통해 방어 시 병력, 화력, 장애물의 통합이 왜 중요한지를 배울 수 있다.

※ Source: 박경석,「베트남전쟁 시 한국군의 전술교리와 작전」,『베트남전쟁 연구 총서 1』, 국방부 군사편찬연구소, 2002.
위태선,「둑코 전투의 고찰」,『軍史』 제14호, 1987.

# VI. 두코(Duc co) 전투

> 2개 중대를 포병의 지원거리 내에서 상호 증원이 가능하도록 전개시키고, 1개 중대를 예비로 편성해라. 그리고 각 중대는 중대전술기지 개념에 입각하여 사주방어가 가능하도록 원형방어진지를 편성하고, 병력들이 현지 환경에 적응하면 중대전술기지 주변의 탐색지역을 확대해 나가라! 마지막으로 적의 기습 및 집중공격에 대비하여 3일 이상의 탄약과 식량을 비축하고, 적이 공격하면 중대전술기지 간 협조된 공격으로 결전을 감행해라!
>
> \- 두코 전투 시 기갑연대 3대대 전술배치 -

1965년 당시, 베트콩은 평소에는 민간인 속에 섞여서 분산되어 있다가 특정 시간과 장소에 일시적으로 전투력을 집중하는 비정규전술로 강력한 미군에 대항하고 있었다. 미군으로서는 민간인 복장으로 민간인과 동일한 일을 하면서 직간접적으로 미군의 작전활동을 관측하여 기습공격을 감행하는 베트콩을 탐색하여 격멸하기란 여간 어려운 일이 아니었다. 즉, 미군은 이전과는 다르게 적과 전장이 불명확한 환경에서 작전을 전개하고 있었던 것이다. 명확한 목표와 작전지역이 없는 것이 비정규전의 특성임에도 불구하고 미군은 최첨단 무기체계를 총동원하여 적과 적의 근거지를 찾으려 했던 것이다.

이와 반대로 주월한국군은 명확하지 않은 적에 대해서는 찾아 나서지 않았다. 오히려 베트콩을 기다리는 전략과 전술로 모든 작전을 전개하였다. 그것이 바로 중대전술기지였다. 당시 미국의 입장에서는 중대전술기지를 구축하고 민군심리작전을 전개하는 주월한국군은 싸울 의지가 없는 것으로 간주하였고, 주요 지휘관회의에서 미군은 주월한국군의 이런 정적인 작전에 강한 불평과 불만을 제기하였다.

그러나 미군의 이런 불평과 불만은 1966년 8월 초, 남베트남과 캄보디아 국경 일대 푸레이쿠(Pleiku)성에서 수도사단 기갑연대 3대대 9중대가 실시한 두코 전투로 한 순간에 잠재워졌다. 기갑연대 3대대가 국경 부근 푸레이쿠성으로 전개한 이유는 다음과 같다. 당시 미1야전군은 1966년 3월 25일부터 월맹군이 베트콩을 지원하는 캄보디아 내 호치민 루트를 차단하려고 하였다. 하지만 호치민 루트는 남베트남과 캄보디아의 국경선을 따라 종심 깊게 형성되어 있었기 때문에 그 작전지역의 크기는 상상을 초월할 정도였고, 급기야 미1야전군은 가용병력이 턱없이 부족하게 되었다. 이에 미1야전군사령부에서는 주월한국군사령부에 공식적으로 병력지원을 요청하게 되었다. 이때 수도사단 예하 26연대는 뒤늦게 파병되었기 때문에 주월한국군사령부는 남베트남에 이미 주둔 중이던 기갑연대 3대대를 미1야전군 예하 25보병사단 3여단에 작전통제[61]시키기로 결정하였고, 그 결과 기갑연대 3대대는 5월 중순부터 필리비어 작전에 참가하게 되었다.

1966년 7월 6일, 기갑연대 3대대는 사단 준비명령(warning order)에 의거 특수임무부대로 재편성되기 시작하였다. 사단 61포병대대 3포대(105mm 6문), 628포병대대 3포대(155mm 4문), 사단 공병대대 1중대 1소대 그리고 연대 4.2인치 박격포 1개 소대가 3대대에 배속되었다.

주월한국군사령관 겸 수도사단장인 채명신 장군은 출동하기 전 대대장인 최병수 중령에게 "2개 중대를 포병의 지원거리 내에서 상호 증원이 가능하도록 전개

61 작전통제(operational control): 작전계획이나 작전명령상에 명시된 특정임무나 과업을 수행할 수 있도록 특정기간에 지휘관이 행사하는 권한을 말하며, 모든 제대 지휘관이 행사할 수 있으며, 예하부대에 위임가능한 권한.

시키고, 1개 중대를 예비로 편성해라. 그리고 각 중대는 중대전술기지 개념에 입각하여 사주방어가 가능하도록 원형방어진지를 편성하고, 병력들이 현지 환경에 적응하면 중대전술기지 주변의 탐색지역을 확대해 나가라. 마지막으로 적의 기습 및 집중공격에 대비하여 3일 이상의 탄약과 식량을 비축하고, 적이 공격하면 중대전술기지 간 협조된 공격으로 결전을 감행해라"라고 지시하였다.

1966년 7월 9일, 3대대는 부대이동을 시작했다. 3대대는 총 4개 제대로 편성되어 187대의 트럭에 분승하여, 아침 6시에 목표지역인 두코 비행장을 향해 출발하였고, 오후 14시에 도착하였다. 이후 3대대의 예하 중대 및 배속부대들은 신속히 계획된 장소를 향해 재배치되었다. 우선 628포병대대 3포대는 두코 비행장에, 두코 비행장으로부터 남쪽으로 7km 지점에 대대전술지휘소와 대대 예비인 9중대가 전술기지를 점령하기 시작했다. 그리고 61포병대대 3포대와 연대 4.2인치 박격포소대는 대대전술지휘소 주변에 포진을 점령하였다. 10중대는 대대전술지휘소로부터 북서쪽으로 2.5km 지점에, 11중대는 10중대로부터 남쪽으로 3.5km 지점에 중대전술기지를 점령하기 시작했다.

3대대 작전지역은 그 정면이 캄보디아 국경선으로부터 두코까지 약 13km이었으며, 그 종심은 19번 도로로부터 야드랑강 지류인 야프논천 중류까지 약 11km이었다. 작전지역은 대부분 정글로 뒤덮혀 있었으며, 작전지역 북쪽은 남베트남군 민방위대 1개 중대와 남쪽은 미 25사단 3여단 35대대와 접하고 있었다. 그리고 두코 비행장에는 미군의 8인치 곡사포(2문) 및 175mm 평사포(2문)가 배치되어 있었으며, 미 69전차대대 1중대와 남베트남 비정규군 1개 중대가 집결보유되어 있었다.

대대장인 최병수 중령은 예하 중대에 "중대전술기지는 내외곽에 2중으로 사주방어진지를 구축하고, 중대 관측소, 공용화기진지, 취침호는 유개호로 구축하라. 그리고 야간 조명계획을 수립하고 각종 조기경보 수단 및 장애물을 중대전술기지 주변에 설치하라. 또한 중대전술기지 외곽 150~450m 지점에 적의 예상 접근로를 고려하여 화력집중점[62] 4~5개를 선정하라"라고 명령을 하달하였다.

이렇게 진지공사에 전력하고 있는 3대대의 모습은 곧바로 미군과의 마찰로 이어졌다. 미 25사단 3여단장인 워커 준장은 3대대가 3여단에 작전통제되었으니 자신의 작전개념에 맞게 운용되어야 한다고 주장하기 시작했다. 워커 준장은 3대대 작전지역 내 적 예상접근로상에 지상 감시초소로 이어진 일종의 감시선을 형성하고, 적이 식별되면 포병화력 및 대대 예비로 격멸하는 일종의 탐색격멸을 3대대에 지시하였다. 그러나 3대대장의 입장에서는 채명신 장군의 지시도 따라야만 했다. 3대대장은 이 사항을 사단에 보고했지만 사단에서는 중대전술기지 개념에 입각하여 작전을 전개하고, 미 3여단장과 잘 협조하라는 다소 애매모호한 명령을 하달하였다. 이렇듯 3대대장은 2개의 지휘체계에 속해서 많은 어려움을 겪게 되었다.

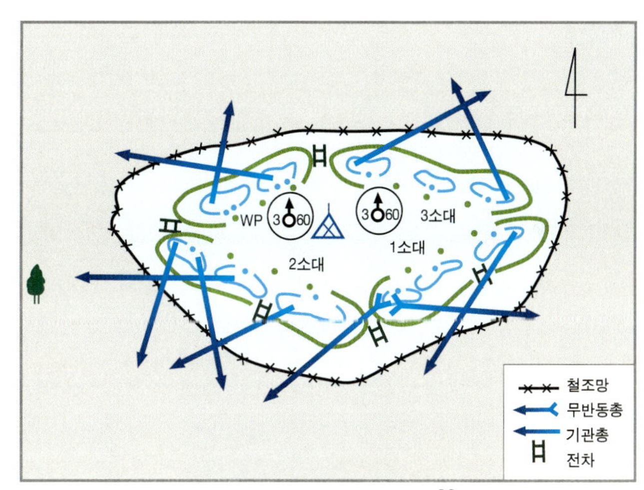


그림 16. 9중대 전술기지[63]

3대대장은 우선 중대전술기지를 완성하고, 이후 미 3여단장의 작전지시를 따르기로 결정하였다. 중대전술기지가 완성되자 3대대 예하 중대들은 미 3여단장의 작전복안대로 수색정찰과 매복작전을 전개하기 시작했다. 그 결과 3

62 화력집중점(fire concentration point): 적의 공격을 파쇄시키기 위해 적의 접근로 상에 직사 및 곡사화기의 화력을 집중하기 위해 사전 선정해 놓은 지점.

63 월남전과 한국(http://www.vietvet.co.kr/sugy/ducco/ducco3.htm) 제공.

대대는 두코 전투 전, 1966년 8월 9일까지 총 147회의 수색정찰과 358회의 매복작전을 실시하였다.

1966년 7월 10일, 미 69전차대대 1중대 1소대가 3대대에 배속되었고, 7월 27일에는 9중대와 11중대가 진지를 교대하였다. 이때 미 69전차대대 1중대 1소대(전차 5대)는 9중대에 재배속되었다. 9중대가 11중대로부터 인수한 중대전술기지는 표고가 200m정도였고, 주변은 정글로 둘러쌓여 있었다. 9중대의 전술기지는 동서로 200m, 남북으로 100m였으며, 토질이 황토였기 때문에 진지강도는 예상외로 강했다. 9중대 중대전술기지 서쪽은 정글과 약 300m의 불모지가 형성되어 있었으나, 남쪽은 정글과 접해 있어 적의 접근이 용이하였다.

9중대장 이춘근 대위는 11중대 전술기지를 인수하기 위해 7월 25일 2소대를 선발대로 투입하여 진지를 보강하게 하고 주변 지형정찰을 지시하였다. 이후 9중대 본대가 도착하자마자 중대장은 METT-TC를 고려하여 소대별 작전지역을 재할당하였다. 우선 중대전술기지 지형에 익숙한 2소대는 대대 중화기 1소대 및 미 69전차대대 1중대 1소대 전차 3대와 함께 중대전술기지 남서쪽으로부터 북서쪽까지 점령하였다. 그리고 북쪽과 북동쪽은 3소대가, 남동쪽과 남쪽은 1소대 및 전차 2대가 점령하였다. 그리고 중대전술기지 중앙에는 중대 관측소가 설치되었고, 60mm 및 81mm 박격포가 포진에 방열되어 있었다. 또한 중대장은 대대장 작전지시에 의거, 전술기지 외곽 400m 지점에 적의 예상접근로를 고려하여 화력집중점 4개소를 선정했으며 조명지뢰 100발도 설치하였다.

### 1966년 8월 5일

8월 5일, 2소대 정면 400m 지점에서 조명지뢰가 터졌고, 청음초로부터 규모 미상의 움직임이 감지되었다는 보고가 들어왔다. 다음날 9중대 정찰대가 현장을 수색하였고, 4구의 시체와 그들의 전투 장비 및 무기를 발견하였다. 아마 그들은 새롭게 국경을 넘어온 월맹군일 가능성이 높았다. 왜냐하면 미 3여단장은 3대대 전술지휘소에 도착하여 얼마 전 1개 중대 규모의 월맹군이 국경을 넘어 3대대 작전지역에 진입하였으니, 작전지역 내를 수색하라고 지시했기 때문이었다. 대대장은 이 임무

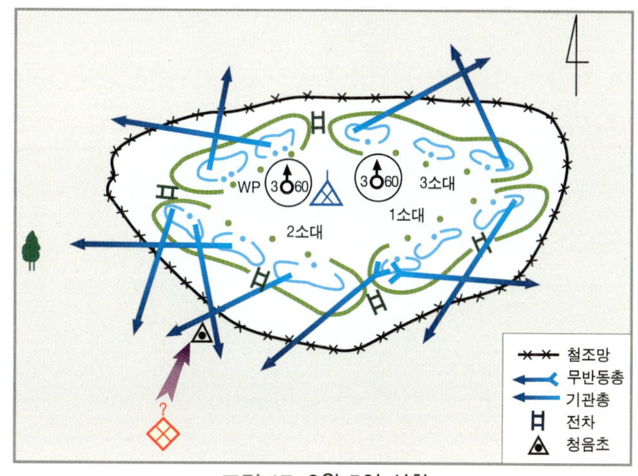

그림 17. 8월 5일 상황

를 9중대에게 하달하고, 대신 11중대 1개 소대가 9중대 전술기지를 경계하도록 조치하였다. 9중대가 정찰준비를 하고 있던 8월 7일에 9중대장 후임인 강세호 대위와 9중대 화기소대장 후임인 임복만 중위가 9중대 전술기지에 도착하여 인수인계를 시작하였다.

## 8월 8일

9중대장은 11중대 1개 소대, 대대 중화기소대 및 미 전차 1개 소대에 중대전술기지 방호를 맡기고 칠흙 같은 정글을 향해 수색정찰을 시작했다. 수색정찰 간 여러 작은 길에서 적의 표지와 발자국을 발견한 9중대원들은 자신들의 수색정찰을 기만할 목적으로 새로운 길을 개척하면서 국경을 향해 나아갔다. 결국 9중대는 17시 경 목표인 국경선 동쪽 1km 지점에 도착하였다.

목표지역에 대한 수색정찰이 완료되자 어둠이 다가오기 시작했다. 9중대는 목표 주변에 매복조와 경계조를 배치하고 야간숙영을 준비하였다. 새벽이 다가오자 9중대는 다시 목표 일대를 수색정찰하였으나, 특이사항이 없었다.

이후 9중대는 중대전술기지로 15시경에 복귀하였고, 11중대 1개 소대도 11중대 전술기지로 복귀하였다. 그리고 9중대원들은 부대정비를 실시한 후 다시 중대 전술기지 경계에 임하였다.

### 8월 9일

수색정찰을 마치고 9중대장은 신임 중대장과 화기소대장을 환영하는 조촐한 모임을 가졌고, 이춘근 대위는 국경 일대 수색정찰 작전에 동참한 신임 중대장을 격려해주었다. 그러던 중 22시 40분 경, 2소대 전방에서 조명지뢰 1발이 터졌다. 2소대 지역에서는 아무런 움직임이 감지되지 않는다고 보고를 해왔다. 그러나 잠시 후, 중대전술기지 외곽선을 순찰하던 신임 화기소대장 임복만 중위가 중대 지휘소로 뛰어와서 중대장에게 "중대장님! 2소대 전방에서 발자국 소리가 들립니다"라고 보고했다. 그러나 2소대 전방은 전술적으로 적의 접근이 불리한 개활지였기 때문에 이춘근 대위는 신임 소대장의 과민반응이라고 생각하고 중대 전투배치 명령을 하달하지 않았다. 임복만 중위가 다시 2소대 지역으로 갔을 때, 57mm 무반동총 부사수인 박충규 병장이 "전방에서 발자국 소리가 들립니다"라고 보고했고, 소총수 최병기 상병도 "전방에서 땅을 파는 소리가 들립니다"라고 보고했다. 임복만 중위는 미 전차병에게 탐조등으로 의심지역을 비추라고 지시했다. 전차 시동이 걸리는 순간 적의 기관총이 불을 뿜기 시작했고, 중대장을 포함한 9중대원들은 순간 공황상태에 빠졌다.

이춘근 대위는 중대 지휘소 밖으로 나가 중대 전투배치를 명령하였다. 이와 동시에 적의 강력한 공격준비사격이 시작되어 9중대 전술기지 내부는 하얀 포연과 파편이 가득 찼다. 이때가 22시 57분경이었다. 잠자리에서 일어난 9중대원들은 서둘러 전투진지를 점령하기 시작했다. 이춘근 대위도 포병화력을 요청하기 위해 중대 지휘소에 들어갔다. 그 순간 적의 포탄이 중대 지휘소 주변에 떨어져 이

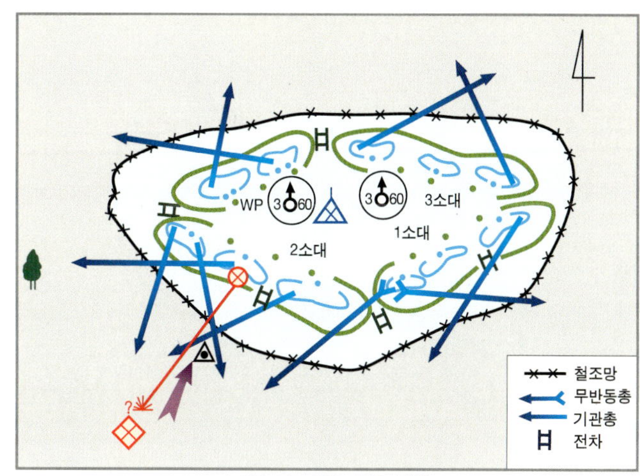

그림 18. 8월 9일 상황

춘근 대위와 강세호 대위가 쓰러졌다. 1소대장 고귀영 중위와 2소대장 이춘식 중위도 적 포탄에 부상을 입었다. 의식을 되찾은 이춘근 대위는 즉시 무전기로 대대에 상황을 보고했고, 각 소대에 무전하여 적 상황을 파악하기 시작했다. 동시에 포탄소리에 잠에서 깬 관측장교 한광덕 중위가 중대 지휘소로 황급히 달려갔다. 그 또한 적의 포탄으로 땅에 쓰러졌으나 큰 부상을 입지 않았다. 그 대신 중대 지휘소 내 관측부사관 박재영 하사가 대대에 2소대 전방 화력집중점에 포병화력을 요청했다. 그는 한광덕 중위가 중대 지휘소에 도착하기 전, 그의 공백을 메우고 있었다. 정신을 차린 한광덕 중위가 대대 사격지휘본부에 포병화력을 요청한 직후, 박재영 하사가 요청한 포탄이 2소대 전방에 작렬하였다. 이때가 23시 3분이었고, 그 포탄은 적 대열의 한복판에 떨어졌다. 이어서 한광덕 중위는 동일 지역에 포대 10발 효력사를 요청했다. 60발의 포탄이 적 진영에 쏟아졌다. 이와 동시에 적 박격포탄도 중대 지휘소 지붕을 강타하였다. 그러나 다행히 큰 부상자는 없었다.

잠시 후, 3소대에서도 적이 접근하고 있다는 보고가 들어왔다. 이춘근 대위는 3소대 전방 화력집중점에도 포병화력을 요청할 것을 한광덕 중위에게 지시했고, 적의 주력이 지향하고 있는 2소대 전방에는 적 증원을 차단하기 위한 포병화력도 요청할 것을 지시하였다. 중대전술기지 내의 4.2인치 및 81mm 박격포도 조명탄을 발사하기 시작했고, 이들은 또한 중대전술기지 외곽에 배치된 병력의 화력요

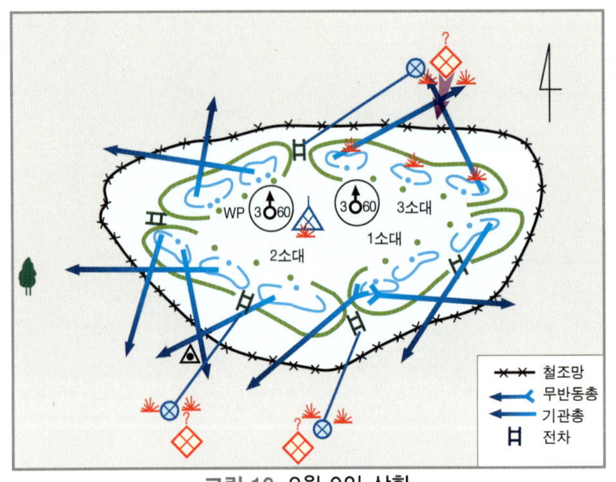

그림 19. 8월 9일 상황

청에 따라 직사화기 사각지역에 곡사화력을 집중하였다. 무엇보다도 9중대 전술기지 내에 배치된 미 전차 5대의 포사격은 가공할만한 위력을 발휘했다.

그럼에도 적의 직사 및 곡사화력은 멈추지 않았다. 오히려 그들은 공격기세를 강화하면서 9중대 전술기지에 대한 포위망을 압축하기 시작했다. 이춘근 대위는 즉시 중대 지휘소 밖으로 뛰어나가 "싸울 수 있는 모든 중대원은 끝까지 전술기지를 사수하라!"라고 울부짖었다. 그러자 호흡이 붙어 있는 모든 인원들이 착검을 하고, 수류탄을 들고 결전을 준비하였다. 그리고 9중대원들은 중대전술기지 안으로 진입하는 적을, 대검으로 수류탄으로 조준사격으로 쓰러뜨렸고, 그것도 안 되면 육박전으로 적을 막았다. 선혈이 낭자하고 숨을 쉴 수 있는 모든 인원들이 적의 진입을 필사적으로 막았다.

이춘근 대위는 부상당한 1소대장을 대신하여 화기소대장 임복만 중위에게 1소대 지휘를 지시하고, 대대장에게 현 상황을 상세히 보고했다. 그리고 이어서 2, 3소대 화력집중점에 155mm 포병화력이 집중되었고, 미 전차의 포사격이 적 중앙을 강타하자 적의 공격기세는 잠시 주춤하였다.

3대대장은 9중대망을 감청하여 상황을 파악하기 시작했다. 잠시 후, 대대장은 현재 9중대가 적지 않은 적으로부터 공격을 받고 있으며, 지속적인 포병화력 지원 없이는 9중대가 전멸당할 수 있다고 생각했다. 3대대장은 61대대 3포대장인 김진규 대위에게 대대 화력을 통합으로 지휘하라고 지시했다. 김진규 대위는 우선 4.2인치 이상 전 곡사화력을 동원하여 9중대 전술기지 상공에 조명탄을 지원했으며, 두코 비행장의 미군 8인치 및 175mm 포사격을 요청하여 적 증원병력을 차단하기 위한 차단사격을 지원했다. 또한 인접한 미 9포병대대 B포대에 화력을 요청하여 그들의 155mm 포가 9중대 전술기지를 향하여 포문을 열었다. 대대에 파견된 미 항공연락장교는 9중대 전술기지에 항공조명을 지원하였다. 주월한국군과 주월미군의 완벽한 연합작전 그리고 보병, 기갑 및 포병의 완벽한 제병협동작전이 전개되기 시작한 것이다.

## 8월 10일

3대대장은 미 3여단 본부에 포병탄을 긴급추진해달라고 요청했으나, 여단에서는 날이 밝기 전까지는 불가능하다는 회신을 해왔다. 3대대장은 적시적절한 포병지원이 없다면 적의 공격에 의해 9중대 전술기지가 유린당할 수 있다는 생각을 했다. 그리고 자신이 무전을 감청한 내용과 9중대의 보고를 종합해봤을 때, 현재 9중대 전술기지 주변에는 적 1개 대대(+)가 공격 중인 것으로 판단하였다. 시간이 없었다. 왜냐하면 적은 그들의 전술교리상 계속해서 제파식 집중공격을 감행할 것이기 때문이었다. 이에 3대대장은 10중대로 하여금 9중대 전술기지 남쪽을, 11중대로 하여금 북쪽을 차단하게 하여 9중대 전술기지 주변의 적을 포위공격하기로 결심하였다. 이 시간이 8월 10일 새벽 1시 30분이었다.

잠시 후, 적의 2제파 공격이 9중대 2소대 방향으로 집중되었다. 9중대 전술기지에 대한 적의 압박은 한층 수위를 더해갔다. 그 결과 2소대장 이춘식 중위가 적의 박격포탄에 의해 중상을 입었다. 그럼에도 2소대원과 2소대 지역의 배속부대의 전의는 사그라들지 않았다. 2소대 부소대장인 이종세 중사는 소대 지휘권을 인수하고, 소대 공용화기 사격을 통제하면서, 동시에 한광덕 중위에게 포병화력을 침착하게 요청하였다. 그리고 미 전차소대의 전차포와 기관총, 대대 중화기중대로부터 배속된 화기소대의 기관총 4정은 최저표적사격[64]으로 적의 제파식 집중 공격에 대응했다. 특히 2소대에 배속된 대대 중화기중대 1소대는 적이 2소대 전방 지근거리까지 접근하기를 기다렸다가, 말라리아로 후송 간 소대장의 대리임무를 수행하고 있던 이대일 중사의 사격지시에 따라 기관총 4정이 십자화망을 그리면서 수많은 적을 쓰러뜨렸다. 그리고 2소대 지역의 두 명의 부사관 소대장들은 소대 지역을 돌아다니면서 소대원들을 독려했고, 적의 접근 방향에 따라 기관총을 포함한 공용화기 진지를 변환하고, 소대 보유 탄약을 재분배해가며 적 공격을 끝까지 막아냈다. 특히 2소대 지역에 배치된 병력들은 조준사격을 실시하여 탄약을 절약했으며, 전술기지 안으로 진입한 적과의 피비린내 나는 육박전도 주저하지 않았다. 무엇보다도 이종세 및 이대일 중사는 한광덕 중위에게 포병화력을 요청함과 동시에 적의 기동을 고려하여 탄착점을 수정하고, 효력사를 요청하였다. 그 결과 2소대 전방에서 이런 치열한 근접전투가 총 다섯 차례나 진행되었으나 2소대 진지는 적의 제파식 집중공격에도 돌파당하지 않았다.

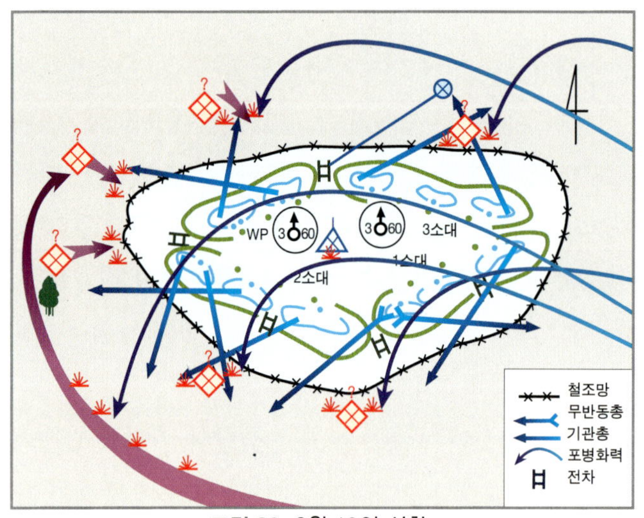

그림 20. 8월 10일 상황

이때, 관측장교 한광덕

64 최저표적사격(grazing fire): 기관총의 집중탄도의 중심이 지면으로부터 1m 이상 올라가지 않는 사격으로 탄도상에서도 피해를 줄 수 있고 피탄지에서도 피해를 줄 수 있는 사격의 효과를 최대로 거둘 수 있는 원리로서, 평탄하거나 균등히 경사진 지형에서 600m 이내에 적에게 조준사격할때 탄도 고도가 1m를 넘지 않는 사격.

중위는 적의 주력이 지향하고 있는 2소대 전방 화력집중점 AB311에 105mm 포사격을, 그 뒤쪽에는 적의 증원병력을 차단하기 위해 155mm 포사격을 계속해서 요청했다. 그는 수정사격과 효력사를 반복하면서 적의 공격기세를 누그러뜨렸다. 잠시 후, 2소대 북서쪽 독립수 방향에서 적의 강력한 기관총 사격이 실시되고 있다는 보고가 들어왔다. 3대대장은 곧바로 적이 9중대 전술기지를 양익포위[65]하고 있다고 직감하였다. 이에 대대장은 9중대장에게 2소대에서 화기소대 방향으로 향하는 적을 차단하라고 지시했다. 한광덕 중위는 곧바로 105mm와 155mm 포를 전환하여 적의 기동을 차단하였다. 이와 동시에 두코 비행장의 미군 8인치와 175mm 포는 2소대 전방의 적 증원 및 퇴로를 차단하기 위한 차단사격을 시작하였다. 인접한 미 25사단 3여단 35대대에 배속된 9포병대대 B포대 155mm 포도 한광덕 중위에 의해 유도되고 있었다.

이 모든 화력은 9중대 전술기지 내의 중대 지휘소에 위치하고 있는 한광덕 중위에 의해 유도되고 있었다. 한 명의 관측장교가 치열한 근접전투가 진행되고 있는 상황에서 5개 포대 화력을 동시에 유도한다는 것은 쉽지 않은 임무였다. 그러나 한광덕 중위는 오히려 침착했다. 우선 사단 628포병대대 155mm 포를 중대전술기지 정면의 정글에 집중하여 적의 증원을 차단하고, 미 9포병대대 B포대 155mm 포를 정글로부터 중대전술기지 외곽선 전방 150m 사이에서 적에게 집중하였다. 전자는 현재의 차단사격, 후자는 최후방어사격과 동일한 개념이라고 할 수 있다. 그리고 사단 61포병대대 3포대 105mm 포를 유도하여 중대전술기지 전방 150m 지점으로부터 중대전술기지 외곽선 사이의 공간을 강타하였다. 왜냐하면 한광덕 중위는 사단 61포병대대에서 파견된 관측장교였기 때문에 105mm 포 유도가 가

65 양익포위(double envelopment): 적 부대의 양측방에 약한 측익이 있고 압도적으로 우세한 전투력을 보유하였을 때 실시하며 우선 적의 퇴로 차단이 가능한 지형을 확보한 후 고착하는 부대와 2개의 포위부대가 함께 지대 내 적을 격멸하는 것.

장 자신 있었기 때문이었다. 그리고 두코 비행장 내의 미군 8인치와 175mm 포는 상황에 따라 차단사격과 최후방어사격을 증원하였다. 이때 미군 헬기의 항공조명이 지원되어 한광덕 중위의 화력유도는 정확성이 더욱더 높아져갔다.

갑자기 미 9포병대대 B포대 155mm 포 한 발이 중대전술기지 내 81mm 탄약고 옆에 떨어져 화력을 유도하고 있던 한광덕 중위가 그 충격으로 쓰러졌다. 그러나 다행히 큰 부상을 입지 않았다. 한광덕 중위는 곧바로 미 9포병대대 B포대 155mm의 포격을 중지시켰다. 같은 시간 적은 3제파 공격을 감행했다. 그러나 9중대 전술기지 주변에서 화력지원이 중단되지 않았다. 왜냐하면 전술기지 중앙에 배치된 60mm 및 81mm 박격포가 포병화력이 중단되었을 때, 그 공백을 메워주고 있었기 때문이었다. 화기소대장 임복만 중위는 화기소대와 1소대를 통합하여 지휘하면서, 무전감청을 통해 현 상황을 파악하였다. 그리고 포병 및 항공조명이 중단되었을 때 박격포로 조명을 지원했으며 2소대 전방에 곡사화력을 지원하기도 했다. 그 결과 적의 3제파 공격도 별다른 힘을 발휘하지 못하고 종료되었다. 이때가 새벽 2시경이었다.

잠시 후, 새벽 2시 30분부터 적의 박격포 및 기관총 사격이 약화되기 시작했다. 이는 적이 이미 공격한계점에 도달했으며 철수를 준비하고 있다는 의미이기도 했다. 이에 9중대장 이춘근 대위는 관측장교인 한광덕 중위에게 모든 화력을 전환하여 적의 퇴로를 차단하라고 지시했다. 아군의 차단사격으로 정글과 9중대 전술기지 사이에 고립된 적은 필사적으로 탈출하려고 했다. 적은 일부 병력을 9중대 전술기지로 돌격하게 했다. 적은 이 돌격을 통해 아군의 포병 차단사격을 다시 최후방어사격으로 전환하게 하여 철수로를 확보할 심산이었다. 그러나 이춘근 대위는 적의 의도를 간파하고 전술기지로 돌격하는 적을 조준사격으로 격멸하고, 포병화력은 종전과 동일하게 적의 퇴로를 차단하기 위해 집중하였다. 그러자 적의 전투대형은 무너지기 시작했으며, 심리적 공황으로 우왕좌왕하기 시작했다.

10중대와 11중대가 9중대 전술기지 주변의 적을 역포위하여 격멸하기 위해 계속해서 기동하고 있었다. 새벽 2시 30분에 출동명령을 받고 중대전술기지를 출발한 10중대는 야프논 강을 도섭하여 새벽 5시 경, 9중대 전술기지 남서쪽 1.5km에 도착하여 전개하고 철수하는 적을 기다리고 있었다. 그리고 새벽 3시 30분에 출동명령을 받고 중대전술기지를 출발한 11중대는 새벽 5시 30분 경 9중대 북쪽에 도착하여 전개하였다. 그리고 3개 중대장은 무전으로 잔적소탕을 위한 간단한 협조를 마치고 6시부터 포위망을 압축하기 시작했다. 우선 9중대가 미 전차 2대의 엄호를 받으며 중대전술기지 서쪽으로 공격해 나아갔다. 약 100m를 전진하자 급편방어진지를 구축한 적들이 마지막 발악을 하였다. 그러나 9중대는 보전협동공격으로 적의 저항의지를 말살하였으며, 결국 10명을 사살하고 5명을 포로로 잡았다. 9중대의 보전협동공격이 전개되자 적의 퇴로를 차단하고 있던 10중대와 11중대 지역으로 적 패잔병들이 접근하기 시작했다. 이들 앞에 나타난 적들은 이미 전의를 상실한 상태였기 때문에 별다른 저항의지를 보이지 않았으며, 대부분 포로가 되었다. 이로서 3개 중대의 잔적소탕작전은 별다른 피해를 보지 않은 상태에서 순조롭게 종료되었다.

전장이 정리될 무렵인 아침 7시경, 미 3여단장이 9중대 전술기지에 헬기를 타고 착륙하였다. 그는 "나는 2차 세계대전에도 참전했었으나, 이러한 협소한 진지 앞에서 이렇게 수많은 적이 사살된 경우를 보지도, 듣지도 못했다"라고 말하면서 감탄을 멈추지 않았다. 포로를 심문한 결과 지난 밤 9중대 전술기지를 공격했던 적은 북베트남 정규군 308사단 88연대 5대대로 밝혀졌다. 또한 공병특공대 3개 중대가 5대대에 배속되었으며, 5대대는 75mm 무반동총과 82mm 박격포로 중무장한 것으로 밝혀졌다. 결과적으로 9중대는 북베트남 정규군 2개 대대와 접전을 벌여 경이적인 승리를 거둔 것이다. 당시 9중대 전술기지 주변에서 확인된 적 시체만 187구였다. 이를 근거로 적의 피해를 판단해봤을 때, 적은 약 300명 이상의 사상자가 발생한 것으로 추정되었다. 이후 미군은 주월한국군의 중대전술기지에 대한 연구를 시작했으며, 다시는 주월한국군의 작전에 대해 불평이나 불만을 토로하지 않았다.

여기에서 소부대 지휘자 및 지휘관들은 제병협동전투의 중요성을 배울 수 있다. 보병, 기갑 그리고 포병의 제병협동작전은 전투력의 승수효과를 발휘하게 하였다. 그 결과 1개 중대(+)가 적 2개 대대를 상대로 승리를 거두게 된 것이다. 그리고 근접전투에서 포병화력 유도의 중요성을 배울 수 있다. 9중대 관측장교 한광덕 중위는 적 접근로를 고려하여 사전 중대전술기지 주변에 화력집중점을 선정했고, 전투 실시간 5개 포대을 통합하여 이 화력집중점 주변에 화력을 집중하였다. 또한 그는 다섯 개 포대를 지대 개념(증원차단 지역, 최후방어사격 지역, 효력사 지역)을 적용하여 효율적으로 신속하게 운용할 수 있었다. 그 결과 9중대는 근접전투 간 지속적인 화력지원을 받을 수 있었다. 그리고 전장상황에서의 기관총 운용에 대해서도 배울 수 있다. 이종세 중사(2소대장) 및 이대일 중사(중화기중대 1소대장)는 2소대 전방에서 적이 기동하는 대로 공용화기 진지를 변환하고 탄약을 재분배하였다. 근접전투에서 기관총의 화력은 그 무엇과도 비교할 수 없을 만큼 중요하다. 이들은 기관총진지를 변환해가면서 지속적인 최저표척사를 실시했기 때문에 다섯 차례나 실시된 적의 제파식 집중공격을 막아낼 수 있었던 것이다.

현재 우리 군에서는 전승의 조건으로 제병협동전투와 소부대 전투기술을 강조하고 있다. 따라서 소부대 지휘자 및 지휘관들은 베트남전쟁 당시 소부대 제병협동전투의 대표적인 사례인 두코 전투를 심도 깊게 연구할 필요가 있다. 이를 통해 모든 소부대 지휘자 및 지휘관들이 1966년 8월 초, 두코 전투에서 진두지휘했던 그들과 같이 되었으면 하는 바람이다.

# Ⅶ. 짜빈동(Tra Binh Dong) 전투

## One Point Lesson Ⅶ

청룡여단 3대대 11중대는 파병 이후, 중대전술기지 개념을 적용하여 추라이 지역을 신속하게 안정화시켜 나가고 있었다. 청룡여단의 신속한 안정화작전으로 추라이 지역에서 주도권을 상실한 북베트남군 1연대는 1966년 2월 중순, 청룡여단 3대대 11중대를 공격하여 상실한 주도권을 되찾으려고 했다. 그러나 완전무결한 11중대 전술기지는 북베트남군 1연대의 파상공격에도 방어력을 상실하지 않았다. 오히려 해병의 감투정신으로 3배의 전투력을 보유한 북베트남군 1연대는 지리멸렬되었다.

소부대 지휘자 및 지휘관들은 짜빈동 전투를 통해 소부대 공세행동 방법과 그 절차를 상세히 배울 수 있다.

※ Source: 박경석, 「베트남전쟁 시 한국군의 전술교리와 작전」, 『베트남전쟁 연구 총서 1』, 국방부 군사편찬연구소, 2002.
위태선, 「짜빈동 전투의 고찰」, 『軍史』 제13호, 1986.

# VII. 짜빈동(Tra Binh Dong) 전투

이번 기회에 우리의 정규전 능력을 연합군에게 보여줄 필요가 있다.
한국 해병을 공격하여 우리의 위상을 다른 연합군에게도 보여줄 차례이다.
- 북베트남군 군사지역사령관 홍반탄 -

1965년 중반, 해병대 청룡여단도 주월한국군사령부의 예속부대로서 남베트남에 전개하였다. 이들 또한 주월한국군사령관 채명신 장군의 작전지도 아래 중대전술기지를 중심으로 한 안정화작전을 전개하여 작전지역인 추라이(Chu Lai) 일대를 재빠르게 평정해나가고 있었다.

두코 전투에서 주월한국군에게 처참한 패배를 당한 북베트남 정규군과 베트콩들은 주월한국군으로부터 상실한 주도권을 되찾기 위해 청룡여단 작전지역 내 중대전술기지를 공격하기로 결정하고 정찰을 포함한 작전준비에 돌입하였다. 특히, 1966년 초부터 북베트남 정규군과 그들의 지원을 받는 베트콩들은 기관총과 각종 포로 무장하기 시작했고 병력 수도 급증하기 시작했다.

당시 베트콩은 청룡여단이 추라이 지역을 신속하게 평정해나가자, 자신들의 입지와 영향력이 줄어들 것을 우려하여 청룡여단에 대한 공격준비에 박차를 가하기 시작했다. 북베트남군 고위 간부들은 1966년 2월 9일, 꽝응아이성에서 작전회의를 열어 청룡여단 공격을 위한 작전계획을 수립하였다. 이 회의에서 북베트남군 2사단장은 "주월한국군은 포병화력이 강하고 그들의 전술기지는 대부분 평지에 위치하고 있기 때문에 정면공격보다는 매복과 같은 비정규전을 수행해야 한다"라고 주장했다. 그러나 북베트남군 군사지역사령관인 홍반탄은 "이번 기회에 우리의 정규전 능력을 연합군에게 보여줄 필요가 있다. 한국 해병을 공격하여 우리의 위상을 다른 연합군에게도 보여줄 차례이다"라며 청룡여단에 대한 공격 의지를 나타내었다.

청룡여단 작전지역 내 북베트남군 정규부대는 지역 베트콩과 합세하여 연대급 규모(1연대)로 전투력을 강화하였다. 북베트남군 1연대 예하에는 60대대, 80대대, 90대대가 편성되어 있었다. 2월 12일, 60대대와 80대대는 짜쿡강 북쪽의 미칸 일대로, 90대대는 짜쿡강 남쪽의 푸옥람 일대로 각각 진출하였다. 그리고 다음날인, 2월 13일에는 60대대와 80대대가 청룡여단 3대대 11중대 전술기지 남서쪽 5km 지점인 빈록과 차우나이에 진출하였고, 14일에는 11중대 전술기지 인근에 매복진지를 편성하였다. 그리고 90대대는 14일 야음을 이용하여 11중대 전술기지 부근에 공격대기지점을 점령하였다.

여러 경로를 통해 적에 대한 첩보와 정보를 입수한 청룡여단은 적 1개 연대와의 결전을 위한 전투준비를 실시해나갔다. 특히, 규모 미상의 적이 3대대 11중대 주변으로 접근하고 있다는 첩보가 입수되자 청룡여단장은 직접 11중대 전술기지를 방문하여 중대장인 장경진 대위에게 "서쪽 산악지대에 적 6개 대대가 11중대를 공격하기 위해 집결 중이다. 중대전술기지 주변에 대한 수색정찰을 강화하여 적의 공격을 사전에 경고하고, 전투준비에 만전을 기하라!"라고 적과의 강력한 결전을 예고하였다. 이에 정경진 대위는 중대전술기지의 병력, 화력, 장애물을 보강하고 적 1개 연대와의 결전을 위해 2일분의 탄약과 식량을 비축하였다. 특히 중대전술기지 주변에는 적 접근로를 고려하여 조명지뢰를 비롯한 각종 지뢰와 철조망이 설치되었으며, 이 모든 장애물은 중대전술기지 내의 박격포 및 기관총을 비롯한 곡사 및 직사화기와 통합되었다. 상급부대 포병화력도 11중대 전술기지 주변에 설치된 장애물과 통합되어 계획되었다.

2월 12일에는 대대본부의 106mm 무반동총을 11중대에 배치하였고, 1대대로부터 1개 소대가 11중대로 배속되었다. 그 결과 11중대는 청룡여단 내에서 최고의 전투력을 갖춘 완전무결한 중대전술기지를 보유하게 되었다.

11중대 전술기지는 둘레 800m, 남북이 300m, 동서가 200m의 계란형이었다. 표고는 30m로 낮았고, 중대전술기지 내 남쪽과 북쪽에는 낮은 능선이 형성되어 주변을 감제할 수 있는 관측소가 설치되었다. 중대전술기지 내부는 외곽진지와 내곽진지로 구성되어 있었으며, 진지와 진지 사이, 소대와 중대 지휘소 사이 포진지와 중대 지휘소 사이에 약 800m의 교통호가 구축되어 전투력 전환 및 연락이 용이하였다. 또한 진지의 50%가 유개호였으며, 개인호 주위에는 취침호가 구축되어 최단 시간 내에 전투배치가 가능하였다. 그리고 교통호 곳곳에는 대피호가 구축되어 적의 곡사화력으로부터 생존성이 보장되었다. 중대전술기지 외곽

**그림 21. 11중대 전술기지[66]**

66 월남전과 한국(http://www.vietvet.co.kr/sugy/trabin/trabin.htm) 자료.

장애물은 폭 40m의 단선 철조망과 5중 원형철조망이 설치되었으며, 적 접근 우선순위에 따라 대인지뢰 140발, 크레모아 63발, 조명지뢰 38발이 종심 깊게 그리고 불규칙하게 매설되었다. 물론 이 모든 장애물들은 여단, 대대, 중대의 곡사 및 직사화기와 통합되어 있었다.

11중대장은 1소대를 남서쪽, 2소대를 남동쪽, 3소대를 북쪽에 배치하여 중대 전술기지 외곽을 담당하게 하였고, 화기소대의 기관총은 각 소대에 배속시켰다. 그리고 내곽진지에는 1대대에서 배속된 1중대 3소대 각 분대가 외곽 소대를 증원할 수 있도록 배치되었으며, 60mm 및 81mm 박격포도 방열되었다. 또한 중대 전술기지 주변에는 105mm 화력집중점 5개소, 81mm 박격포 화력집중점 5개소, 그리고 60mm 박격포 화력집중점 7개소 등 총 17개의 화력집중점이 계획되었고, 이 화력집중점들은 외곽진지에 배치된 기관총과 연계되어 있었다.

11중대장은 장병들의 무형전투력을 강화하기 위한 조치도 강구하였다. 그는 장병들에게 "우리 중대도 두코 전투처럼 적 연대급 부대의 집중공격을 받을 수 있다. 그리고 상급부대 첩보에 의하면 우리 중대 주변에 수많은 북베트남 정규군과 베트콩들이 집결하고 있다"라고 강조하면서 빈틈없는 경계를 강조했으며, 수시로 전투배치 훈련을 실시하여 적의 기습을 방지하였다. 또한 사격군기를 강조하여 야간 경계근무 간 불명확한 물체에 사격을 가해 중대 위치가 적에게 식별되지 않도록 작전보안도 강화하였다. 그리고 중대전술기지 주변에 제원사격을 실시하여 장병들에게 화력집중점의 위치를 숙지시켰으며, 주간에는 수색정찰을 야간에는 매복작전을 전개하는 등 적의 접근을 사전에 경고하기 위한 국지경계활동을 강화하였다.

### 2월 8일

신원배 소위가 지휘하는 1소대가 중대전술기지 서쪽 1km 지점에서 수색정찰을 실시하던 중 적 2명을 사살하였다. 그리고 이어서 약 1개 중대 규모의 북베트남 정규군을 발견하였다.

### 2월 13일

김성부 소위가 지휘하는 2소대 정찰대가 위와 동일한 지점에서 사격을 받고, 지역수색을 실시하던 도중 적이 굴토한 공용화기진지와 개인호를 발견하였다.

이렇듯 11중대 전술기지 주변에서 적의 활동이 증가했기 때문에 11중대원들은 결전의 날이 얼마 남지 않았다는 사실을 본능적으로 직감하게 되었다.

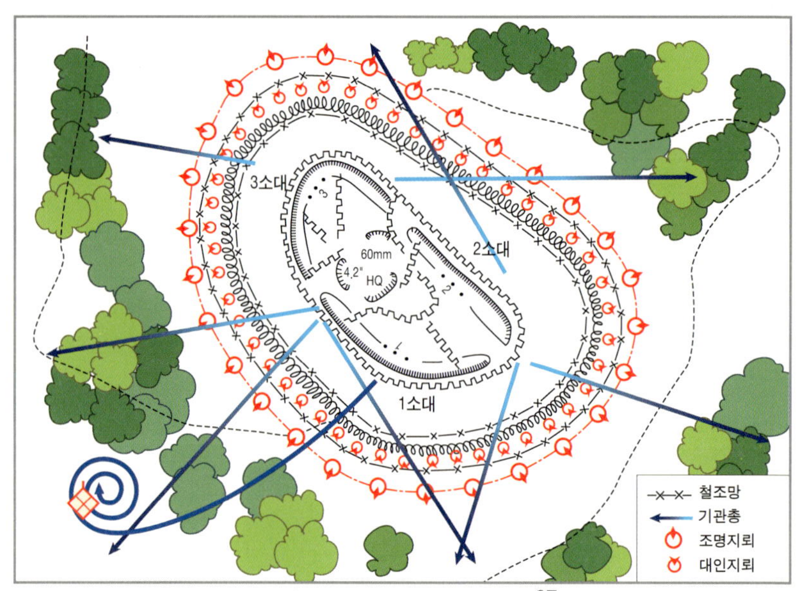


그림 22. 2월 8일 및 13일 상황[67]

67 월남전과 한국(http://www.vietvet.co.kr/sugy/trabin/trabin.htm) 자료.

## 2월 14일

22시 10분, 짙은 안개와 부슬비 그리고 강한 바람이 11중대 전술기지를 뒤덮었고, 급기야 11중대 전술기지 내외곽에 배치된 국지경계병들의 눈과 귀를 멀게 하였다. 중대장은 마음속으로 “오늘 같은 기상은 적이 공격하기 좋은 조건이다”라고 생각하고 중대전술기지 외곽진지에 배치된 중대원들을 격려하기 위해 순찰을 출발하였다. 순찰 간 소대장들도 중대장과 동일한 생각을 하고 있었다. 그리고 중대장은 “청음초 경계를 강화하고, 통신망을 점검하여 적의 기습공격에 대비하라!”라고 강조하였다.

23시 20분 경, 3소대 전방에서 청음초 임무를 수행하고 있던 1분대 박기장 일병이 적을 발견하고 즉시 소대장에게 보고하였다. 그리고 잠시 후, 적이 3소대 전방의 장애물지대를 개척하기 위해 파괴통을 폭파시켜 요란한 굉음이 울려 퍼

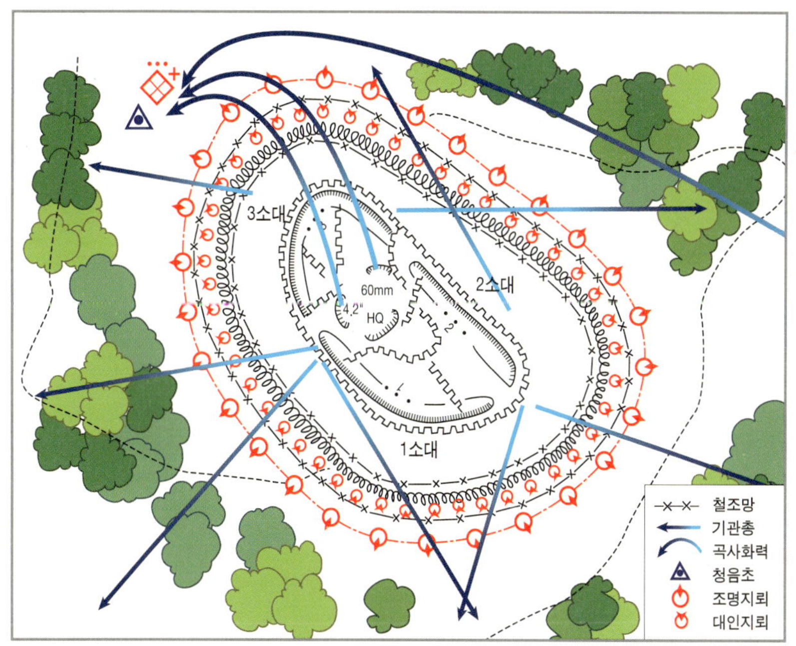


그림 23. 2월 14일 상황

졌다. 중대장의 직감은 정확했다. 중대장은 즉시 '전원 전투배치'라는 명령을 하달했고, 11중대원들은 쏜살같이 각자의 위치를 점령하기 시작했다.

중대장은 관측장교에게 "즉시 대대에 화력을 요청하고, 4.2인치와 81mm 조명탄을 띄워 적정을 확인해라!"라고 명령했다. 3소대 1분대장 배장춘 하사와 청음초가 현장을 확인하니 약 40명의 적이 철조망을 파괴하고 도주하고 있었다. 이후 3소대 청음초는 중대전술기지 안으로 철수하였다. 이어서 포병화력이 적의 철수로에 집중되었다. 포병화력지원 이후, 다시 3소대 정찰대가 최초 3소대 청음초 지역을 확인해보니 적 시체 한 구가 철조망 위에 걸쳐져 있었다.

중대장은 소대장들에게 "이것을 적의 전형적인 전술이다. 최초 정찰대를 파견하여 아군의 정확한 진지위치를 파악하게 하고, 지속적으로 소규모 공격을 감행하여 아군을 피로하게 만들려는 심산이다. 현 시간부로 1/2 전투배치하 경계작전을 실시하고, 간헐적으로 조명을 띄워 중대전술기지 주변을 관측한다. 또한 철수한 청음초도 재배치하고 병력들에게 각자의 사격구역을 재확인시킬 수 있도록 할 것!"이라고 지시했다.

### 2월 15일

새벽 4시 10분 경, 3소대 1분대 청음초인 조정남, 도성룡 일병이 적의 움직임을 식별하고 소대장에게 보고했다. 소대장이 이 사실을 중대장에게 보고하자, 중대장은 은밀히 전원 전투배치 명령을 하달하고 적이 지근거리까지 접근할 때까지 사격을 철저히 통제하라고 지시했다. 중대장의 명령에 따라 11중대원들은 기도비닉을 유지하면서 전원 각자의 진지를 점령해나갔다. 이어서 중대전술기지 외곽에 배치된 전 청음초들이 복귀하기 시작했다.

중대장은 관측장교에게 조명탄을 발사하라고 지시했다. 3소대 전방 철조망 외곽지역에서 수많은 적들이 몰려들고 있었다. 그리고 적의 박격포 및 기관총 사격이 11중대 전술기지를 강타하기 시작했다. 중대장은 즉시 사격명령을 하달하고, 관측장교인 김세창 중위에게 포병화력을 요청하라고 지시했다. 사전 계획된 3소대 전방 화력집중점에 강력한 포병화력이 쏟아지기 시작했다. 이 상황은 곧바로 3대대 지휘소에 보고되었다. 3대대장인 조형남 중령은 11중대를 지원하기 위해 미군 항공연락장교를 통해 항공조명과 공중폭격을 요청했으나, 악화된 기상으로 인해 별다른 효과가 없었다.

새벽 4시 20분, 11중대 전술기지 외곽 전 지역에서 파괴통이 요란하게 터졌고, 적은 박격포 사격을 멈춤과 동시에 징과 꽹과리를 치며 11중대 전술기지를 향해 수 개의 방향에서 돌격해왔다. 11중대원들은 조용히 적의 접근을 기다리고 있다가 적이 지근거리에 도착하자마자 조준사격을 실시했다. 11중대의 무반동총, 로켓포, 기관총, 개인화기 사격이 불을 뿜자 수많은 적들이 쓰러져갔다.

그렇지만 적의 공격기세는 멈추지 않았다. 3소대 전방으로 적 1제파가 들이닥쳤다. 1분대는 수류탄으로 적의 돌파를 저지하고, 새벽 4시 30분에 실시된 적의 2제파 공격도 수류탄 및 조준사격으로 물리쳤다. 그렇지만 일부 병력이 적의 총탄에 목숨을 잃거나 부상을 입었다. 1소대 지역도 마찬가지였다. 소대장인 신원배 중위가 소대 진지를 점검하고 있을 때 소대 정면에서 적 파괴통이 터지고, 곧바로 적의 제파식 집중공격이 시작되었다. 그렇지만 1소대 전방의 크레모아 3발이 동시에 터지자 수많은 적들이 쓰러졌다. 잠시 후, 신원배 중위는 부소대장에게 소대 좌측에 배치된 1분대와 화기분대에 대한 지휘를 맡기고, 자신은 적의 주력이 지향되는 2분대와 3분대 사이에 위치하였다. 그리고 소대 전방 철조망이 절단된 곳이 적의 유일한 기동로임을 간파하고 소대 내 경기관총과 자동소총을 그곳을 향해 재배치하였다. 그리고 적의 후속제대를 차단하기 위해 60mm 및 81mm 박격포를 유도하였다. 이때 3소대 진지가 적에게 돌파당하기 시작했다는 다급한 소식이 무전으로 전파되었다. 이에 1소대장은 소대원들에게 "우리마저

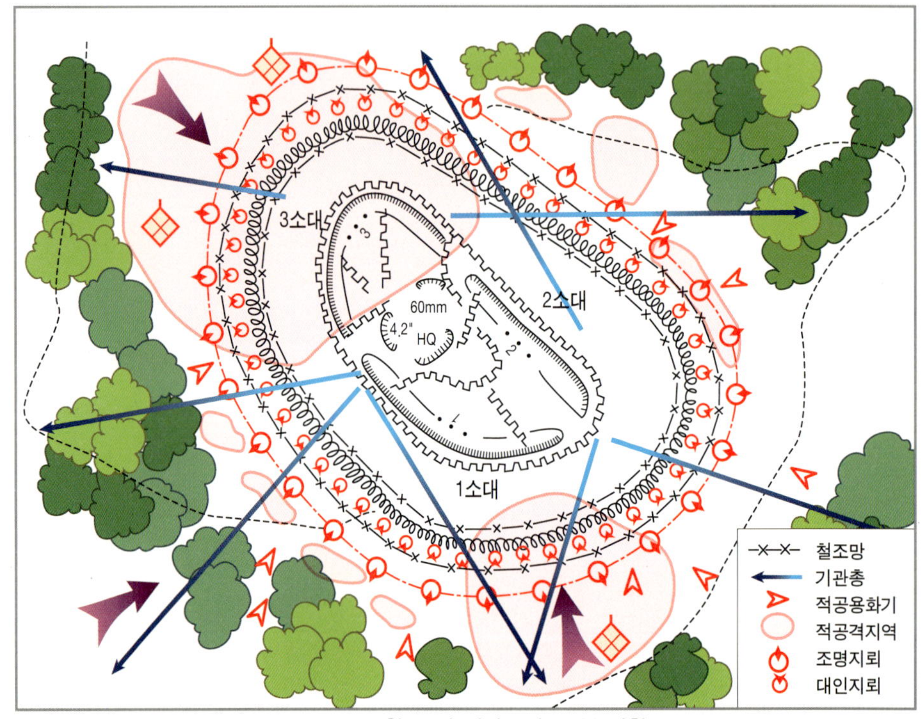


**그림 24.** 2월 15일 새벽 4시 40분 상황

적에게 진지를 내줄 수 없다. 마지막 한 사람까지 여기에서 죽는다"라고 독전하였고, 결국 1소대는 소대진지를 끝까지 사수하였다.

새벽 4시 40분 경, 적은 3소대 지역을 돌파하는 데 성공하였다. 그들은 자동화기와 박격포 사격을 통해 중대 지휘소를 파괴하면서 3소대를 돌파해나갔다. 적은 1소대 2, 3분대 지역을 돌파하여 돌파구를 형성하고, 계속해서 제파식 집중공격을 감행했다. 그들은 쓰러진 동료의 시체를 밟고서 계속해서 중대 지휘소를 향하였다. 1소대장 이수현 소위는 일단 소대를 중대 지휘소 방향으로 재배치하고 적 돌파구 확장을 저지하기 위해 최선을 다했다. 1소대 부상병들은 수류탄을 들고 공격하는 적들과 함께 산화했고, 기관총사수가 적탄에 부상을 당하자 분대원들은 기관총을 이어받아 계속해서 사격을 실시했다. 1분대장 배장춘 하사는 부상에도 불구하고 후송을 거부하고 수류탄을 던졌고, 수류탄이 떨어지면 야삽으로 육박전을 감행하여 적들을 쓰러뜨렸다. 1분대장은 소대장에게 무전으로 "1분대는 제가 마지막입니다. 여기에서 싸우다 죽겠습니다"라고 보고하고 보이는 적은 손에 잡히는 모든 것을 이용하여 쓰러뜨렸다. 1소대 부소대장 김준광 중사가 1분대장을 안전한 곳으로 대피시키려 하자 그는 끝까지 거부하였다. 1분대장 배장춘 하사는 인접한 2소대 2분대장 오승환 하사에게 "우리 분대 앞에 적들이 몰려들고 있으나 대부분이 전사했다. 지원을 요청한다"라고 눈물을 흘리면서 말했다. 오승한 하사가 이 사실을 소대장에게 보고하자 2소대장은 2분대가 3소대 1분대 지역을 증원토록하여 적의 돌파구가 더 이상 확장되지 않았다.

내곽진지에 배치된 1대대 1중대 3소대는 1분대를 우, 2분대를 중앙, 3분대를 좌로 하여 적 돌파구 첨단을 저지하였다. 이들은 육박전을 감행하여 돌진하는 적들을 쓰러뜨렸다. 3소대장 정정상 소위는 소대원들에게 "각자 수류탄 10발씩을 휴대하고 돌진하는 적을 격멸하라!"라고 지시했다. 밀집대형으로 돌진하는 적들은 3소대의 수류탄 공격으로 계속해서 쓰러지고 말았다.

관측장교 김세창 중위는 평소 자신의 수첩에 기록해놓은 적 예상 박격포진지와 적 예상 지휘소 위치에 포병화력을 유도하였다. 또한 대대 중화기중대 4.2인치 소대는 적이 근접하여 더 이상 사격을 할 수 없게 되자 박격포를 숨겨두고 소대를 2개 분대로 재편성하여 소대장인 이정국 중위와 사격지휘반장인 김세기 대위가 지휘하여 중대 지휘소를 공격하는 적을 수류탄과 육박전으로 막아냈다. 11중대 위생병까지도 수류탄과 야삽을 들고 중대전술기지 내로 침입한 적을 쓰러뜨리고 있었다. 11중대 전술기지 여기저기에서 비명소리가 울려퍼졌고, 하얀 포연이 낮게 날아다니고 있었다. 이렇게 적과의 피비린내 나는 육박전은 아침 6시 30분까지 지속되었다.

날이 밝자 적의 공격기세가 꺾이기 시작했다. 중대장은 지금이 공세행동의 호기라고 판단하고 1소대 1개 분대를 돌파구의 기저부[68] 좌로, 2소대 1개 분대를 우로 공격하도록 하였다. 관측장교는 적의 추가적인 돌파구 진입을 차단하기 위해 3소대 전방지역에 강력한 포병 차단사격을 유도하였다. 그 결과 적의 돌파구 기저부는 차단되었고, 수많은 적이 11중대 전술기지 내부에 고립되었다. 중대장은 화기소대장인 김기홍 중위에게 "중대본부 인원과 1대대 1중대 3소대 인원으로 공세행동을 실시하라!"라고 명령했다. 공세행동부대는 2소대 방향에서 측방으로 돌파구 중심으로 공격을 해나갔다. 11중대의 공세행동이 시작되자 적들은 우왕좌왕하기 시작했고 돌파구 중앙 교통호에 몰리기 시작했다. 공세행동부대는 기관총 및 수류탄 등 모든 화력을 집중하여 고립된 적을 격멸하였다. 이때가 아침 7시 15분경이었다.

아침 7시 30분경, 증원부대인 6중대가 공중기동으로 11중대 전술기지 남쪽에 착륙하였다. 6중대는 다음날인 2월 16일까지 11중대 전술기지 주변을 샅샅이 수색했다. 그 결과 124구의 유기시체를 확인했고, 1명을 포로로 잡았다. 또한 수많은 적 장비도 노획하였다.

11중대는 총 4시간 동안이나 적 1개 연대의 파상공세를 막아냈고, 공세행동을 통해 적의 격멸하였다. 총 294명의 1개 중대(+) 규모가 적 1개 연대의 제파식 집중공격을 막아낸 것이다. 이로써 주월한국군의 중대전술기지는 전 세계의 주목을 받게 되었으며, 미국을 비롯한 연합국들은 중대전술기지에 대해 연구하기 시작했다. 산술적으로 11중대는 9대 1의 전투력 차이를 극복하고 짜빈동에서 승리하였다. 특히, 그 좁은 공간에서 적의 돌파구 확장을 저지하기 위해 자신의 목숨까지 마친 해병대의 감투정신과 그것을 바탕으로 실시된 소부대 공세행동은 전 세계 소부대전사를 통틀어 가장 빛나는 전례가 아닐까.

68 기저부(基底部): 공격자의 집중공격으로 형성된 돌파구의 입구.

여기에서 소부대 지휘자 및 지휘관들이 배울 수 있는 소부대전투기술은 국지경계부대 운용과 소부대 공세행동이다. 우선 11중대는 정찰대, 매복조, 청음초와 같은 국지경계부대를 운용하여 적의 기습을 사전에 경고해서, 적의 기습공격을 방지하였다. 그리고 3소대 지역이 적에게 돌파당했을 때, 11중대장은 추가적인 적의 돌파구 내 진입을 차단하기 위한 포병 차단사격, 저지부대 증원, 공세행동부대 편성 및 운용 등 소부대가 실시할 수 있는 실질적인 공세행동 방안을 제시하였다. 따라서 소부대 지휘자 및 지휘관들이 청룡여단 11중대의 짜빈동 전투사례를 심도 깊게 연구한다면 소부대 국지경계부대 운용 및 공세행동 방안에 대한 실질적인 전투기술을 습득할 수 있을 것이다.

# 참고자료


## 1. 회고록

박경석, 월남전선에서의 재구대대, 서울: 병학사, 1984.

채명신, 사선을 넘고 넘어, 서울: 매일경제신문사, 1994.

채명신, 베트남전쟁과 나, 서울: 팔복원, 2006.

채명신, 6·25 참전 증언록, 서울: 6·25참전유공자회, 2007.

## 2. 연구논문

강신철,「알렉산더 대왕의 망치와 모루 전술: 합동과 제병협동의 뿌리를 찾아서」,『군사연구』120호, 육군본부 군사연구소, 2004.

문영일,「베트남전쟁의 심리전 사례 분석」,『軍史』제46호, 2002.

박경석,「베트남전쟁 시 한국군의 심리전과 대민지원활동」,『베트남전쟁 연구 총서 1』, 국방부 군사편찬연구소, 2002.

박경석,「베트남전쟁 시 한국군의 전술교리와 작전」,『베트남전쟁 연구 총서 1』, 국방부 군사편찬연구소, 2002.

위태선,「짜빈동 전투의 고찰」,『軍史』제13호, 1986.

위태선,「둑코 전투의 고찰」,『軍史』제14호, 1987.

이라크 평화·재건 사단 전훈분석반 보고서, "미 이라크 전쟁을 통해 본 향후 한반도 민군작전 수행방향(2006)".

조상근,「한국전쟁에서의 중공 지도부의 인천상륙작전 예측과정」,『군사』제71호, 군사편찬연구소, 2009.

조상근, 「베트남전쟁과 이라크전쟁 시 대반란수행교리 비교분석」, 『군사연구』 133호, 2012.

## 3. 군사서적

국방부 군사편찬연구소, 증언을 통해 본 베트남 전쟁과 한국군(제1권), 서울: 국방부, 2001.

국방부 전사편찬위원회, 주월한국군전사 제1권(64-66. 6), 서울: 국방부 전사편찬위원회, 1967.

국방부 전사편찬위원회, 주월한국군전사 제2권(66. 7-67. 6), 서울: 국방부 전사편찬위원회, 1968.

국방부 전사편찬위원회, 비정규전사(1945-1960), 서울: 국방부, 1988.

김정계·허창무(역), 모택동의 군사전략, 대구: 중문출판사, 1994.

육군본부 군사연구소, 6·25전쟁의 실패사례와 교훈, 대전: 육군본부, 2004.

육군본부 정보참모부, 북괴 6·25남침분석, 서울: 보진재, 1970.

조상근, Fog of War - 인천상륙작전 vs 중공군, 서울: 집문당, 2010.

최용호, 한권으로 읽는 베트남전쟁과 한국군, 서울: 국방부 군사편찬연구소, 2004.

David Galula, Counterinsurgency Warfare: Theory and Practice, Praeger, 1965.

Frank Kitson, Low intensity operations: subversion, insurgency, peace-keeping, Stackpole Books, 1971.

Robert Thompson, Defeating Communist Insurgency: The Lessons of Malaya and Vietnam, F. A. Praeger, 1966.

Thomas E. Ricks, The Generals: American Military Command from World war II to Today, Penguin Press, Oct 30, 2012.

Thomas X. Hammes, The Sling and The Stone: On War in the 21st Century, Zenith Press, Feb 17, 2006.

## 4. 군사교범

Headquarters Department of the Army, Tactics in Counterinsurgency(FM 3-24.2).

U.S. Army Combined Arms Center, Clear-Hold-Build, February 13, 2009.

## 5. 군사관련 사이트

월남전과 한국(http://www.vietvet.co.kr/).

U.S. Army, Center of Military History(http://history.army.mil/books/korea/maps/map8_full.jpg).

박경석 서재(http://cafe.daum.net/pks6464)

## 6. 각종 매체 군사정보

〈국방일보〉.

Anthony H. Cordesman, The Afghan-Pakistan War: "Clear, Hold, Build", CSIS, May 11, 2009.

Center for Army Lessons Learned, Counterinsurgency Organization, Feb 2008.

〈Chicago Tribune(Mar 13, 1966)〉, "Korean Tigers Called War's Best Fighters; Tactics Strike Fear in Hearts of Viet Cong".

CNN iReport, "USACE team redesigns counterinsurgency tactics in Afghanistan(2010. 8. 9)." http://ireport.cnn.com/docs/DOC-480273.

The Christian Monitor, "Afghanistan surge: Is the 'clear, hold, build' 'strategy working?(2010. 5. 8)", http://www.csmonitor.com/USA/Military/2010/0508/Afghanistan-surge-Is-the-clear-hold-build-strategy-working.

The White House, "President Commemorates Veterans Day, Discusses War on Terror", http://georgewbush-whitehouse.archives.gov/news/releases/2005/11/20051111-1.html.

The White House, "U.S. Strategy for Victory-Clear, Hold, Build", http://www.scoop.co.nz/stories/WO0603/S00386.htm.

## 저자소개

조상근 소부대전투 연구가

박경남 연합작전 연구가

조철희 작전수행과정 연구가

NEW MILITARY PARADIGM 3

**창끝전투** 18,000원

2014년 10월 10일 1판 1쇄

| | |
|---|---|
| 기 획 | 조상근 |
| 저 자 | 조상근 · 박경남 · 조철희 |
| 발 행 인 | 임 삼 규 |
| 발 행 처 | **지 문 당** |
| 주 소 | 413-756 경기도 파주시 광인사길 85(본사) |
| | 110-360 서울시 종로구 돈화문로 82(서울사무소) |
| 등 록 | 1997. 12. 30. 제406-2003-000038호 |
| 영 업 부 | (02)743-3192~3 팩스 (02)742-4657 |
| 전자우편 | sale@jimoon.co.kr |
| 편 집 부 | (02)743-3096 팩스 (02)743-0227 |
| 전자우편 | edit@jimoon.co.kr |
| 홈페이지 | www.jimoon.co.kr |

ISBN 978-89-6297-168-2

이 도서의 국립중앙도서관 출판예정도서목록(CIP)은 서지정보유통지원시스템 홈페이지(http://seoji.nl.go.kr)와 국가자료공동목록시스템(http://www.nl.go.kr/kolisnet)에서 이용하실 수 있습니다. (CIP제어번호: CIP2014027093)